Direito do Trabalho em Transformação

Paulo Sergio João

Direito do Trabalho em Transformação

LACIER

LACIER
Lacier Livraria e Editora
www.livrarialacier.com.br

Rua Doutor Quirino, 808 – Centro
CEP 13015-081 – Campinas, SP – Brasil

Junho, 2025

Diretor: *Lacier José de Rezende*
Coordenação editorial: *Peter Fritz Strotbek*
Projeto de capa: *Daniele Porfirio*
Projeto gráfico e editoração eletrônica: *The Best Page*

Ficha Catalográfica

Dados Internacionais de Catalogação na Publicação (CIP)
(Câmara Brasileira do Livro, SP, Brasil)

J62d João, Paulo Sergio

Direito do trabalho em transformação / Paulo Sergio João. — 1. ed. — Campinas, SP : Lacier Editora, 2025.

258 p. ; 17 x 24 cm.

ISBN 978-65-5275-001-3

1. Direito do trabalho — Leis — Brasil. 2. Relações de trabalho. 3. Contrato de trabalho — Brasil. 4. Direito do trabalho — Princípios. I. Título.

CDU 34:331(81)

Índices para catálogo sistemático:
Direito do trabalho (Brasil)
Angela Schmidt da Rosa – Bibliotecária – CRB-14/1171

À ***Sandra Ciocci*** *que*
me fez encontrar a esperança
no tempo de viver

Nada do que foi será
De novo do jeito que já foi um dia
Tudo passa, tudo sempre passará

A vida vem em ondas
Como um mar
Num indo e vindo infinito

Tudo que se vê não é
Igual ao que a gente viu há um segundo
Tudo muda o tempo todo no mundo

Não adianta fugir
Nem mentir
Pra si mesmo agora
Há tanta vida lá fora
Aqui dentro sempre
Como uma onda no mar
Como uma onda no mar
Como uma onda no mar
Como uma onda no

Nada do que foi será

Tudo que se vê não é
Igual ao que a gente viu há um segundo
Tudo muda o tempo todo no mundo

Compositores:
Luiz Maurício Pragana dos Santos
e Nelson Candido Motta Filho

Sumário

Lista de Abreviaturas

ABDT ..... Academia Brasileira de Direito do Trabalho

ACP .... Ação Civil Pública

ADCT..... Ato das Disposições Constitucionais Transitórias

ADI .... Ação Direta de Inconstitucionalidade

AMT .... Acordo Marco sobre Teletrabalho

CCP .... Comissão de Conciliação Prévia

CF .... Constituição Federal

CIPA .... Comissão Interna de Prevenção de Acidentes e Assédio

CLT......... Consolidação das Leis do Trabalho

CTPS ...... Carteira de Trabalho e Previdência Social

DDHC.... Declaração dos Direitos do Homem e do Cidadão

ECA .... Estatuto da Criança e do Adolescente

FGTS ...... Fundo de Garantia do Tempo de Serviço

LGPT ..... Lei Geral de Proteção de Dados

MTE .... Ministério do Trabalho e Emprego

MP .... Medida Provisória

MPT .... Ministério Público do Trabalho

NR........... Norma Regulamentadora

ODS........ Objetivos de Desenvolvimento Sustentável

OIT .... Organização Internacional do Trabalho

OGMO... Órgão Gestor de Mão de Obra

ONU .... Organização das Nações Unidas

PAT .... Programa de Alimentação do Trabalhador

PLR......... Participação nos Lucros ou Resultados

STF .... Supremo Tribunal Federal

TEA........ Transtorno do Espectro Autista

TRT .... Tribunal Regional do Trabalho

TRCT ..... Termo de Rescisão do Contrato de Trabalho

TST......... Tribunal Superior do Trabalho

Prefácio

Nelson Mannrich(1)

Fiquei extremamente honrado com o convite para prefaciar o mais recente livro do professor Paulo Sérgio João: "Direito do Trabalho em Transformação".

O livro se apresenta como a apoteose de sua carreira. Reflete a transformação do autor, ao longo de uma trajetória invejável, em simbiose com a profunda transformação do Direito do Trabalho, nestes últimos anos.

A trajetória do professor Paulo Sérgio João pelo magistério remonta aos tempos em que lecionava língua portuguesa em cursinhos preparatórios, entre os anos de 1970 e 1973. Sua vocação pelo ensino acabou se consolidando, à medida que conseguiu conciliar sua vida acadêmica com sua vertiginosa carreira profissional, reconhecido como um dos mais prestigiados advogados trabalhistas.

Inicialmente, auxiliar de ensino do Professor Cássio Mesquita Barros Jr., já em 1978 foi promovido a professor Associado Doutor da PUC – Pontifícia Universidade Católica, de São Paulo. Na condição de professor de graduação e pós-graduação, por décadas, foi responsável pela formação de gerações de juristas. Foi também professor da Escola de Administração de Empresas de São Paulo, da Fundação Getúlio Vargas.

Seu interesse pelo Direito do Trabalho é precoce. Já em seu estágio na Procuradoria Regional do Trabalho, no centro de São Paulo, percebeu que o segredo do verdadeiro aprendizado em Direito do Trabalho é conciliar teoria com a prática. Nesta perspectiva, atuou, ainda, como advogado da Federação dos Bancários de São Paulo, Mato Grosso e Mato Grosso do Sul. Também foi orientador trabalhista junto à Secretaria do Trabalho do Estado de São Paulo, quando, além de preparar cartilhas educativas, dava aulas a trabalhadores e dirigentes sindicais.

(1) Professor Titular de Direito do Trabalho, da Faculdade de Direito – Largo São Francisco, da USP – Universidade de São Paulo (professor *senior*). Mestre, doutor e livre-docente, pela USP. Presidente da AIADTSS – Academia Iberoamericana de Direito do Trabalho e Seguridade Social. Coordenador do GETRAB-USP, grupo de pesquisa vinculado à Faculdade de Direito da USP. Advogado em São Paulo, sócio de Mannrich e Vasconcelos Advogados.

Muito jovem, já percebeu a importância da internacionalização de seus estudos. Na Espanha, cursou Seguridade Social, na Organização Ibero-Americana de Seguridade Social; na Bélgica, concluiu mestrado em Direito Social, na Universidade Católica de Louvain. Ainda na Europa, traduziu uma enciclopédia jurídica. Embora não publicada, essa experiência ampliou sua sensibilidade pelo diálogo em Direito Comparado.

Paulo Sérgio João tem sólida formação acadêmica. É mestre em Direito, pela Universidade de São Paulo e doutor em Direito pela Pontifícia Universidade Católica, de São Paulo. Recentemente, foi eleito para integrar a Academia Brasileira de Direito do Trabalho. Essa conquista nem dependeu da publicação deste livro, comprovando que seu ingresso resultou do reconhecimento de sua trajetória acadêmica e que a Academia precisa dele.

Além de suas atividades acadêmicas e profissionais, o autor tem compromisso com a comunidade. Sem fazer alardes, como é próprio de pessoas virtuosas, colabora com uma ONG, em Campinas, atendendo crianças em situação de vulnerabilidade. Com isso, reafirma seu compromisso com a comunidade, para além das salas de aula e tribunais.

A presente obra é resultado de vivências, inquietações e ensinamentos que se sedimentaram ao longo de décadas de magistério e intensa advocacia especializada. Poucos como Paulo Sérgio João acumularam tanta cultura e conquistaram tanto reconhecimento junto aos Tribunais especializados e aos acadêmicos que atuam na área do Direito do Trabalho, daí seu prestígio como advogado e acadêmico.

Neste livro, o leitor encontrará mais do que uma exposição técnica, própria de um curso de Direito do Trabalho. O livro leva o leitor a penetrar nos temas mais candentes do Direito do Trabalho na atualidade, permitindo-lhe entender as mudanças profundas que estão ocorrendo no mundo do trabalho e os desafios que o Estado tem para conciliar interesses econômicos e sociais, aparentemente tão inconciliáveis. Com isso, o livro dirige-se tanto a estudantes, quanto a profissionais do Direito que buscam compreender, com clareza e profundidade, estes desafios, que acabam impactando toda a sociedade.

O autor oferece uma abordagem do Direito do Trabalho na perspectiva da transformação pela qual passa esse ramo do Direito, ao longo do tempo, em especial provocada pela revolução digital, ao mesmo tempo em que suas reflexões levam em conta sua transformação pessoal, como ser humano e como profissional, ao longo de sua trajetória, permitindo-lhe oferecer obra inédita, densa e inspiradora.

Ao longo de dezesseis capítulos, o livro examina temas centrais do Direito do Trabalho, utilizando-se de abordagem própria de quem conhece as entranhas de seus mecanismos. Percebem-se as marcas transformadoras do tempo, em especial as produzidas pela reforma trabalhista de 2017, quando se pretendeu reduzir o tamanho do Estado e de sua interferência na vontade do trabalhador, tanto no âmbito individual, quanto coletivo, com destaque para o ressignificado do princípio de proteção, tão caro ao Direito do Trabalho.

O Direito do Trabalho assumiu proporções e importância não imaginadas desde quando o autor do livro iniciou sua carreira como professor e advogado. A efetividade do Direito do Trabalho, com o avanço na proteção dos direitos fundamentais do trabalhador cidadão; o surgimento de outros trabalhadores, que podem optar por outros modelos de proteção, fora da CLT, a depender da escolha da modalidade de contratação, de natureza civil ou mercantil, distinta do contrato de trabalho; os efeitos da revolução digital, quando o trabalho em plataforma digital vem desafiando o Estado em face de novos trabalhadores "sem rosto e sem direitos"; os ajustes em matéria de competência da Justiça do Trabalho para resolver conflitos envolvendo os chamados "pejotas" e respectivo ônus da prova nas hipóteses de alegação de fraude na contratação. São em parte algumas referências do quanto mudou o Direito do Trabalho e de como o Autor também amadureceu para conseguir compreender esse novo mundo do trabalho em transformação.

O Autor dedica um capítulo especial (XIV) à "Participação dos Trabalhadores nas Empresas". E o faz não apenas por se tratar de instrumento transformador das relações trabalhistas e ferramenta de gestão das empresas, como esclarece, mas porque, ao eleger este tema para sua tese de doutorado, foi pioneiro em oferecer um estudo sistemático, ainda hoje referência no assunto.

Como o estimado leitor perceberá, a abordagem do livro é científica e, ao mesmo tempo, acessível e didática. Cada capítulo reflete não apenas o domínio que o autor tem da matéria, mas o enfrentamento de diversos temas que integram o complexo ordenamento jurídico trabalhista, sedimentado ao longo de tantas décadas e durante as quais foi se transformando, com acesso e compreensão difícil até a iniciados mais experientes.

Paulo Sérgio João, no entanto, tem a ousadia de oferecer uma visão simplificada de um Direito do Trabalho que apenas se limita a reverberar a complexidade da vida em sociedade, como expediente para o leitor não apenas entender esse ramo tão sensível do Direito, mas de certa forma ser induzido à compreensão do mecanismo de justiça por ele instituído.

Muitos leitores podem até não entender essa capacidade de Paulo Sérgio de ensinar o Direito do Trabalho, da mesma forma como gerava críticas a técnica de pintura que costumava utilizar Vicente van Gogh. Esse gênio da pintura era criticado pelo gosto de pintar árvores e, sobretudo ciprestes, mais altos que as estrelas. Em sua própria defesa, esclarecia van Gogh, não estava pintando árvores mais altas que as estrelas — o que estava pintando era o anseio da terra para se comunicar com as estrelas por meio das árvores.

Cumprimento Paulo Sérgio João pela excelência da obra e pela capacidade de provocar o leitor para uma nova abordagem desse "Direito do Trabalho em Transformação", com votos para que a semente lançada por ele produza muitos e bons frutos.

Nelson Mannrich

Capítulo I

Introdução

O tempo é um momento indefinido na vida do ser humano pois no mesmo instante em que se vive o tempo já desaparece. O passado não existe porque já foi, o futuro ainda não chegou e não nos permite tê-lo em conta de forma material e, o presente é volátil porque ao mesmo tempo em que estamos vivendo ele está se tornando coisa do passado. Então o tempo é o instante imediato em que estamos vivendo.

A decisão de escrever um livro sobre Direito do Trabalho envolveu, de um lado, o desafio do tempo, especialmente porque o foco foi de uma abordagem que trata do Direito do Trabalho em Tranformação. De outro lado, o desafio, com as mesmas características de hoje, já foi tomado quando decidi pela dedicação ao Direito do Trabalho e, talvez, essa dinâmica do inacabado ou do direito que se reinventa a todo momento, tenha sido o estímulo dessa paixão assumida desde o estágio na Procuradoria Regional do Trabalho da 2ª Região, ao lado do companheiro de vida Pedro Paulo Teixeira Manus e sob a orientação do Procurador Carmo Domingos Jatene.

Foi uma escrita consciente de que ao chegar ao fim, certamente, o Direito do Trabalho não seja mais o mesmo em razão das transformações frequentes provocadas nas relações de trabalho pelos meios tecnológicos.

O leitor vai encontrar nesse livro a base do Direito do Trabalho construída na luta dos trabalhadores pela conquista de direitos, sempre a partir de movimentos paredistas e sob ameaça de comprometer o desenvolvimento econômico do país ou das empresas.

São dezesseis capítulos que reproduzem direitos fundamentais dos trabalhadores garantidos pela Constituição Federal e questões relevantes que os temas requerem, sempre observando as alterações produzidas pela reforma trabalhista de 2017, pelas Leis ns. 13.429 e 13.467, que representam um divisor de águas no Direito do Trabalho.

No Capítulo que traz os princípios do Direito do Trabalho (IV), depois de passar pelo campo de aplicação (II) e principais eventos que marcaram a sua história (III), embora os princípios ainda ocupem papel relevante na aplicação e interpretação da lei trabalhista, a reforma introduziu nova abordagem, fortalecendo especialmente a autonomia da vontade manifestada na celebração contrato de trabalho e na definição de seu conteúdo, permitindo a interpretação da relativização do princípio protetor.

Ao tratar das Relações de Trabalho em Gênero e Espécie (V), a análise dos elementos configuradores da condição de empregado permitiu constatar que, ao longo do tempo, em razão das transformações nas relações de trabalho, com novos modelos de prestação de serviços, existe uma lacuna entre a proteção do trabalhador empregado e aquele que se coloca como autônomo ou como pessoa jurídica, motivo que dá oportunidade a que se busque na Justiça do Trabalho readequação da natureza contratual. Essa discussão criou verdadeiro embate de competência entre os Tribunais e o Supremo Tribunal Federal uniformizou entendimento contrário à tradição da Justiça do Trabalho, permitindo um alargamento na forma de contratação de trabalhadores em atividade-fim da empresa como pessoa jurídica, na chamada "pejotização", consentida na Lei n. 13.429/2017.

Ao analisar o contrato de trabalho e suas modalidades atípicas (VI) evidenciam-se o contrato de trabalho temporário e o contrato de trabalho intermitente, alterado pela reforma trabalhista, na Lei n. 13.429 de 2017, introduzido pela lei da reforma n. 13.467/2017, respectivamente, sem deixar de avaliar sua relevância e efeitos práticos, em especial para o trabalhador e para o universo do mundo jurídico do trabalho. Os demais contratos (de prazo determinado da Lei n. 9.601/1998, de trabalho avulso, de aprendizagem e de estágio) adquirem importância pelo que representam de efeitos para as relações trabalhistas e como forma de proteção da relação de emprego.

Os contratos de trabalho, quanto ao conteúdo (VII) e quanto à sua alteração (VIII), mereceram destaque especial porque são utilizados como forma de retenção de profissionais de talento e, em geral, criam situações que resultam, não raro, em discussões judiciais na busca de reparação de cláusulas tidas como abusivas ou descumpridas.

O tempo no contrato de trabalho (IX) e os períodos de descanso (X) têm recebido do legislador e da doutrina atenção especial, porque dizem respeito ao elemento mais íntimo do trabalhador, isto é, a renúncia ao tempo e sua colocação à disposição de terceiro e, da mesma forma e no mesmo sentido, os períodos de lazer, tais como os descansos semanais remunerados, as férias e o direito à desconexão, tão importante de ser preservado nesse momento em que existe a possibilidade de o empregado ser demandado a qualquer momento e em qualquer lugar.

No capítulo que trata do salário e da remuneração (XI), a atenção foi redobrada dadas as transformações conceituais sofridas pela legislação, a partir da Lei n. 13.467/2017, e os impactos que apresentam para as empresas. Aquela verba que sempre se considerou como integrante da remuneração e, portanto, de natureza salarial, por força da nova disposição legal, deixou de ter o mesmo tratamento, como por exemplo, os prêmios e as gratificações. No mesmo capítulo, o tratamento dispensado pela reforma trabalhista para a aplicação da igualdade salarial nas suas modalidades de equiparação, passando, ainda, pela Lei n. 14.611/2023, que dispôs sobre a igualdade salarial e de critérios remuneratórios entre homens e mulheres.

O destaque especial à participação dos trabalhadores nos lucros justifica-se porque se trata de uma forma transformadora das relações trabalhistas e que é, usualmente, inserida em negociações coletivas com viés de conflito quando, efetivamente, é um instrumento de gestão das empresas. Desde o início de sua regulamentação em 1994 e até sua regulamentação final pela Lei n. 10.101/2000, a participação dos trabalhadores nos lucros ou resultados parece ter sido encampada pelos sindicatos profissionais e o modelo poucas vezes traz benefícios criativos e capazes de construir uma nova sociedade mais responsável em que o trabalho/emprego não seja descartável.

A rescisão do contrato de trabalho (XII) é o cenário de fechamento da relação de emprego. A abordagem necessária passa pelas formas de garantia de emprego e pelo Fundo de Garantia do Tempo de Serviço suas origens e efeitos com o abandono de uma forma efetiva de indenização do tempo de serviço pelo legislador que esqueceu de cumprir a previsão da constituinte de elaboração de lei complementar que pudesse, efetivamente, indenizar o trabalhador pela rescisão sem justa causa ou arbitrária.

A prescrição e a decadência (XIII) são imprescindíveis quando de trata de proteção de direitos trabalhistas e eventual reparação das ofensas sofridas durante a relação de emprego, justificando-se a presença no contexto do livro.

A participação dos trabalhadores na gestão das empresas tomou relevância a partir da reforma trabalhista que pretendeu, ainda que de modo inconsistente, regulamentar o disposto no art. 11, da Constituição Federal e que assegura aos trabalhadores a eleição de um representante de pessoal nas empresas com mais de 200 trabalhadores. Durante anos foi aguardado o reconhecimento por lei ordinária da representação de pessoal ou delegado de pessoal, todavia recebemos uma regulamentação de pouca efetividade prática.

Os direitos da personalidade e de imagem no contrato de trabalho (XV) ocupam inquietação relevante, em especial diante da evolução dos meios tecnológicos em que o empregado se expõe desde o primeiro momento de contato com o empregador (ou futuro empregador) de tal modo que a responsabilidade da empresa assume o compromisso de respeitar a dignidade da pessoa humana e deve cuidar para que o ambiente de trabalho não produza manifestações discriminatórias em relação à vida íntima do trabalhador.

No contexto da proposta de escrever sobre o Direito do Trabalho em Transformação (XVI), nada mais singular e importante do que tratar das alterações contemporâneas nas relações de trabalho e os impactos jurídicos.

Finalmente, espera-se que a dinâmica das relações de trabalho, muito embora invadida pelos meios tecnológicos, preserve sempre o cuidado da pessoa humana e sua diginidade diante de qualquer que seja o conteúdo da relação jurídica, valorizando, antes de tudo, o trabalho decente, a qualidade de vida e a igualdade de tratamento.

Capítulo II

Direito do Trabalho: Campo de Aplicação e Conceito

O Direito do Trabalho, se considerarmos a expressão de forma restritiva, se ocuparia do conjunto de normas que regulam o trabalho humano tanto de modo individual, que envolve o trabalhador na sua singularidade e o empregador, como coletiva, que trata dos trabalhadores e empregadores na sua expressão por meio de entes legitimados, sindicatos ou comissões, capazes juridicamente, de manifestar a vontade coletiva dos representados. Assim considerado, no seu campo de aplicação quanto aos agentes envolvidos, percebe-se que não é tão vasto, contrapondo-se ao seu conteúdo de direitos humanos e fundamentais sem limites definidos.

A grande característica do Direito do Trabalho e que lhe dá relevante conteúdo jurídico e científico, seguindo a teoria objetivista, é a relação jurídica de vínculo de emprego, isto é, o trabalho subordinado e, de outro lado, segundo a teoria subjetivista, a razão de sua origem protecionista que é a debilidade econômica dos trabalhadores, causa geradora da proteção das normas trabalhistas.

Essa percepção doutrinária, em torno do Direito do Trabalho na sua origem, gera uma cisão entre aqueles indivíduos que trabalham por conta própria e aqueles que trabalham a serviço de outrem.

Os primeiros, os que trabalham por conta própria são considerados independentes ou autônomos e não receberam espaço no direito do trabalho que pudesse regulamentar sua atividade. Tais trabalhadores e formas de trabalho, excluídos que estão das leis trabalhistas, encontram no direito civil as normas a eles aplicáveis. Tais trabalhadores atuam por sua própria conta e risco e assumem o risco da atividade econômica.

Já os que trabalham mediante pagamento de remuneração, por conta e sob controle e autoridade de outra pessoa e sob suas ordens, diz-se, que se encontram em estado de subordinação jurídica, campo especializado do Direito do Trabalho, que trata das relações trabalhistas do setor privado.

As relações de trabalho de que se ocupa o Direito do Trabalho são as individuais e as coletivas, sendo as primeiras aquelas que envolvem empregado e empregador no âmbito do contrato de trabalho sob relação de emprego. As segundas, de ordem coletiva, encontram pelo lado dos trabalhadores a representação coletiva seja associação profissional, sindicatos ou comissão de trabalhadores, no limite, qualquer ente de natureza coletiva e legitimado pelos seus integrantes. Em outras palavras, na relação individual o empregado é integralmente identificado no momento da contratação, relaciona-se diretamente com o empregador mediante contrato individual de trabalho. Na relação coletiva de trabalho, o trabalhador não se identifica individualmente, mas sim é parte integrante de um grupo de interesses comuns, liderado por alguma entidade de representação coletiva que, em nome da vontade extraída em assembleia dos interessados, manifesta-se na defesa dos interesses dos representados, gerando normas de natureza trabalhista.

Portanto, o Direito do Trabalho pode ser definido como o conjunto de normas aplicáveis às relações individuais e coletivas, com origem legal heterônoma ou normativa, chamadas autônomas, destinadas a regulamentar os contratos celebrados entre empregadores e respectivos empregados.

Desse modo, são fontes do Direito do Trabalho de natureza autônoma aquelas oriundas das conquistas sociais obtidas pelos trabalhadores ao longo da história de luta e de pressão exercida pela classe trabalhadora por meio de movimentos sociais ao longo da história. Por esta razão se diz que o Direito do Trabalho é um direito de conquista que tem suas raízes históricas na reação dos trabalhadores contra o modo de exploração capitalista.

No rol das fontes autônomas do Direito do Trabalho, também chamadas fontes primárias, encontram-se os direitos produzidos mediante negociações coletivas, os costumes de acordo com a região e empresa, os regulamentos de empresa entre outros, todos caracterizados pela ausência da intervenção do Estado.

Quando o Estado impõe leis, decretos, portarias, resoluções, tendentes a regular a prestação de serviços e interfere nas relações trabalhistas, cria normas de natureza heterônomas.

Capítulo III

Principais Eventos na Formação Histórica do Direito do Trabalho

A história do Direito do Trabalho não é a mesma que a do trabalho.

O trabalho foi elevado a direito social fundamental pela Constituição Federal de 1988, no artigo 6º e se insere como fundamento do Estado Brasileiro, no art. 1º, inciso IV, e, ainda é a base da ordem econômica na valorização do trabalho humano e base da ordem social, consoante art. 193, da Carta Maior. Consequentemente, mantém estreita relação com o respeito à dignidade da pessoa humana e aos direitos sociais dele emergentes.

O trabalho sempre existiu para o homem, utilizado para sua própria subsistência, na busca de alimentos, ou na criação de meios de cultivo ou de trabalhos artesanais para fabricação de instrumentos de trabalho ou instrumentos de guerra.

O Direito do Trabalho é fruto da alteração do modelo de produção, com o surgimento do capitalismo e a criação da mais-valia a partir da exploração da força de trabalho. O Direito do Trabalho surgiu como forma de proteção do empregado, fraco economicamente, contra o empregador, supostamente rico e forte economicamente e detentor dos meios de produção e capaz de prover a subsistência do trabalhador mediante pagamento de salário. Nas palavras de Couturier, o Direito do Trabalho teria sido constituído como um direito "tutelar e sua história seria aquela do desenvolvimento dos instrumentos jurídicos da proteção dos assalariados[(1)].

A formação histórica do Direito do Trabalho marcou seus fundamentos e trouxe características e elementos que sobrevivem até hoje, levados pela disputa econômica entre capital e trabalho.

Ainda que de forma breve, um escorço histórico é importante para a compreensão do Direito do Trabalho e seus princípios.

---

(1) COUTURIER, Gérard. *Droit du travail.* 1. *Les relations individuelles de travail.* Collection Droit Fondamental. 2. ed. Editora Presses Universitaires de France, 1994, p. 25.

Muito embora as obrigações entre trabalhador e empregador tenham sido abrangidas pelas regras de direito civil, há uma constatação evidente de que no âmbito da formação histórica da legislação trabalhista, constata-se o abandono dos princípios civilistas e a identificação de uma nova modalidade de relação de trabalho como necessidade a ser protegida em razão do envolvimento da pessoa humana e de sua força de trabalho como forma de subsistência.

Desse modo, a subordinação caracterizada inicialmente, como econômica, oprimia e o modelo civilista concentrado na liberdade contratual entre as partes, se mostrou incapaz de resolver a desigualdade social e econômica provocada nas relações de trabalho. Portanto, havia a necessidade de que se estabelecesse uma ordem social com segurança jurídica adequada não mais baseada nos princípios civilistas os quais se revelaram insuficientes ao exercício da livre manifestação da vontade.

Foi no berço da Revolução Industrial, chamada Primeira Revolução Industrial, ocorrida na Grã-Bretanha, entre os anos de 1760 e 1840, cujo início é atribuído à invenção da máquina a vapor, que alterou o modelo de produção, com a substituição da força muscular pela energia mecânica. A partir de então, formaram-se as grandes preocupações em estabelecer algum regramento que pudesse equilibrar a concorrência entre as empresas, produzindo alguma forma de garantias contratuais àqueles que se submetiam às condições inumanas de exploração da sua força de trabalho.

Foi a Revolução Francesa, pela Lei Allarde, de 2 e 17 de março de 1791, que proclamou o princípio de liberdade de comércio e de indústria e de liberdade de trabalho e decretou o fim das corporações de ofício que submetiam os operários aos poderes do mestre que controlavam o exercício das profissões(2). Tratou-se da abolição jurídica da subordinação e a inauguração de uma relação contratual entre indivíduos supostamente iguais. Depois, a Lei le Chapelier, de 14 e 17 de junho de 1791, proibiu aos membros de uma mesma profissão de se reunir com fundamentos em seus interesses comuns. Tais princípios fundados no liberalismo e no individualismo inspiraram os autores do Código Civil que deixam a relação de trabalho baseada no princípio da autonomia da vontade. O contrato de trabalho foi classificado como de "locação de serviços". No mesmo tempo, a legislação penal da época proibia a coalisão de operários e de patrões. Nesse período as negociações de condições de trabalho ocorriam entre duas pessoas, supostamente reputadas iguais. Tais medidas, com abstenção do Estado na ordem econômica (liberalismo econômico) e ordem jurídica baseada no direito comum, geraram um terreno extremamente frágil para os trabalhadores com exploração cada vez mais crescente da força de trabalho, gerando uma crise social sem precedentes.

A Revolução de 1848, na França, foi determinante para as reformas sociais. Nesse período, destaca-se o florescimento das ideias socialistas, em especial, com a publicação

(2) "il sera libre à toute personne...d'exercer telle profession, art ou métier, quele trouvera bon..."

do primeiro documento relevante para a formação do Direito do Trabalho, o Manifesto Comunista, de Marx e Engels, publicado em 1848, um "desafio aberto ao liberalismo e à hegemonia burguesa"(3).

Na Alemanha, em 1883, surge a legislação que vai cuidar de riscos sociais decorrentes de doença, acidentes do trabalho e velhice, com a obrigação de subscrever apólice de seguro para as empresas que submetessem seus trabalhadores a risco acentuado. Foi uma medida extrema em razão do crescente número de trabalhadores acidentados em razão da introdução de máquinas na produção, cuja operação nem mesmo quem havia inventado sabia exatamente como funcionava ou não se preocupava com questões de segurança.

A Igreja Católica, em 1891, diante da evolução crescente da exploração humana e a degradação da vida daqueles que se submetiam ao trabalho, chamada "questão social", publicou a *Encíclica Rerum Novarum*, do Papa Leão XIII, que tratou em especial de questões de ordem trabalhista, foi um marco na doutrina social da igreja, conclamando os Estados a se preocuparem com a sorte dos trabalhadores ao mesmo tempo em que alertava para os "perigos do socialismo".

O Direito do Trabalho e a legislação social em geral estão fadados a evoluir somente em momentos de crise. Foi assim com o período da Revolução Industrial que obrigou os Estados, diante da crescente popularidade das ideias socialistas, a uma legislação de garantias sociais nas relações de trabalho e de proteção a menores e mulheres. Essa iniciativa foi se estendendo para outras formas de garantias.

A Primeira Guerra Mundial demonstrou que os países em conflito dispunham de sistemas de proteção de trabalhadores desiguais, criando entre eles uma forma de profunda competição comercial e exigiu a intervenção do Estado. A Primeira Guerra Mundial foi concluída com o Tratado de Versalhes em 1919, verdadeiro Tratado de Paz que centralizou sua preocupação na eliminação das desigualdades de tratamento no trabalho e com a criação da Organização Internacional do Trabalho (OIT) com a finalidade de estabelecer regras de caráter universal que os países implantassem nos respectivos direitos internos. Destacam-se, ainda, como documentos importantes nesse período, a constituição do México, de 1917, a primeira a conter referências a direitos trabalhistas (jornada máxima de oito horas diárias, jornada noturna reduzida para sete horas, proibição do trabalho para menores de 12 anos, limitação da duração de trabalho para o menor de 16 anos a seis horas, descanso semanal, salário mínimo, igualdade salarial, direito de sindicalização, de greve etc.) e também a constituição de Weimar, na Alemanha, em 1919.

(3) MAGANO, Octávio Bueno. *Manual de Direito do Trabalho*. São Paulo, LTr: Editora da Universidade de São Paulo, 1980-1991. Parte geral, p. 19.

A Segunda Guerra Mundial foi outro evento importante que impulsionou, ao seu final, os países em guerra a reconhecerem a importância das relações coletivas de trabalho na vida social. Dessa época, portanto, objetivando maior proteção social no campo das relações trabalhistas, pressionados pelos sindicatos obreiros, os sindicatos passaram a desempenhar relevante papel na retomada do crescimento econômico, com imposição do reconhecimento do fato político do sindicato nas empresas (delegado sindical), a participação dos trabalhadores na gestão das empresas (delegado de pessoal e comitê de trabalhadores) e participação dos trabalhadores nos lucros e resultados das empresas.

O período seguinte, a partir de 1945, foi de consolidação do protocolo de intenções que, paulatinamente, os países europeus, sobretudo, foram reconhecendo aos trabalhadores.

Octávio Bueno Magano aponta a utilização da expressão "nouvelle vague" diante da

> impossibilidade de caracterizar o Direito do Trabalho contemporâneo de modo preciso. O máximo que se pode fazer é indicarem-se alguns de seus traços mais marcantes. Entre estes, figuram, certamente, a multiplicação de formas de contratação; a crise do Estado providência; o pluralismo social e a desregulamentação e a flexibilização.(4)

No Brasil, o Direito do Trabalho sofre as influências e as consequências da história de país colonizado sob um regime escravocrata de exploração da mão de obra. Embora muitos pretendam didaticamente dividir a evolução do Direito do Trabalho em fases, somente se pode tratar efetivamente do Direito do Trabalho após a Abolição dos escravos, em 1888. O que se tem antes, não se compatibiliza com a liberdade para o trabalho, condição fundamental para o exercício do Direito do Trabalho.

Foi a partir da Proclamação da República, em 15 de novembro de 1889, que teriam início entre nós alguns movimentos de preocupação com a questão trabalhista a partir da Constituição Federal de 1891, que assegurou o direito de associação e de reunião.

Foi assim criado o Departamento Nacional do Trabalho

> "o Decreto n. 3.550, de 16 de outubro de 1918, que transformou o Serviço de Povoamento no Departamento Nacional do Trabalho, ao qual se conferem entre outras as seguintes atribuições: a de preparar e dar execução às medidas referentes ao trabalho em geral; a de dirigir e proteger as correntes emigratórias, a de superintender a colonização nacional e estrangeira. Pelo Decreto n. 3.724, de 15.01.1919, disciplinam-se os acidentes do trabalho.

(4) MAGANO, Octávio Bueno. Op. cit., p. 23.

> Em São Paulo, pela Lei n. 1.869, de 10.10.1922, instituem-se os tribunais rurais. Pelo Decreto n. 4.682, de 24.01.1923, cria-se em cada uma das empresas de estradas de ferro, existentes no país, uma caixa de aposentadoria e pensões para os respectivos empregados. Pelo Decreto n. 16.027, de 30.04.1923, institui-se o Conselho Nacional do Trabalho, com a incumbência de se ocupar: do dia normal de trabalho, dos sistemas de remuneração, contratos coletivos de trabalho, sistemas de conciliação e arbitragem, trabalho de menores, trabalho de mulheres, aprendizagem e ensino técnico, acidentes do trabalho, seguros sociais, caixas de aposentadorias e pensões de ferroviários e instituições de crédito popular e caixas de crédito agrícola."(5)

A imigração estrangeira para o Brasil a partir da metado do século XIX e início do século XX, especialmente a de origem italiana, imbuída das ideias anarquistas e socialistas vividas na Europa, causou forte pressão social e obrigou a intervenção do Estado em questões trabalhistas.

André Zipperer(6) informa que a Segunda Revolução Industrial se iniciou no final do século XIX com o advento da eletricidade e da linha de montagem e, a Terceira Revolução, chamada digital ou do computador, teve como destaque a rede de energia/internet que teria tido seu início na década de 1960.

Segundo Klaus Schwab(7), o mundo do trabalho ingressou na Quarta Revolução Industrial, que

> teve início na virada do século e baseia-se na revolução digital. É caracterizada por uma internet mais ubíqua e móvel, por sensores menores e mais poderosos que se tornaram mais baratos e pela inteligência artificial e aprendizagem automática (ou aprendizado de máquina).

Nesta terceira década do século XXI, as relações de trabalho, impulsionadas pelas transformações tecnológicas, foram profundamente afetadas e o Direito do Trabalho segue acompanhando e se adequando aos desafios propostos pelos novos modelos de prestação de serviços.

O vínculo de emprego, que sempre foi a base de preocupação das normas trabalhistas, está sendo substituído por outras formas de trabalho, seja de modo remoto ou por meio de plataformas digitais, com forte redução das características básicas que identificam a condição de empregado. Em outras palavras, a subordinação clássica deixou de

---

(5) *Op. cit.*, p. 40-42.

(6) ZIPPERER, André Gonçalves. *Manual trabalhista das plataformas digitais*. Leme-SP: Mizuno, 2024. p. 32.

(7) SCHWAB, Klaus. *A quarta revolução industrial*. Tradução Daniel Moreira Miranda. São Paulo: Edipro, 2016. p. 16.

estar presente em todas as relações de trabalho em razão, cada vez mais crescente, do uso da tecnologia para a prestação de serviços.

Ricardo Antunes assevera que

> ao contrário do que se ditava a equivocada 'previsão' do fim do trabalho, da classe trabalhadora e da vigência da teoria do valor, o que temos, de fato, é uma ampliação do trabalho precário que atinge (ainda que de modo diferenciado) desde os trabalhadores e trabalhadoras da indústria de *software* até os de *call-center* e *telemarketing* — infoproletariado ou cibertariado —, alcançando de modo progressivo os setores industriais, da agroindústria, dos bancos, do comércio, do fast-food, do turismo, e hotelaria etc., e incorporando até mesmo trabalhadores imigrantes cujos números se expandem em todas as partes do mundo. É quase impossível hoje encontrar qualquer trabalho que não tenha alguma forma de dependência do aparelho celular.[8]

Os desafios da Quarta Revolução Industrial são enormes e se direcionam a um novo modelo de proteção social com uma legislação que ampare as relações de trabalho no sentido geral e não apenas as situações de vínculo de emprego.

---

(8) ANTUNES, Ricardo. Trabalho intermitente e uberização do trabalho no limiar da Indústria 4.0. In: *Uberização, trabalho digital e Indústria 4.0*. Arnaldo Mazzei Nogueira [*et al.*]. Organização Ricardo Antunes; tradução Murillo van der Laan, Marco Gosales. 1. ed. São Paulo: Boitempo. 2020. p. 13.

Capítulo IV

Princípios do Direito do Trabalho

Como se viu, o Direito do Trabalho foi se moldando no sentido de estabelecer um equilíbrio ou uma reparação à aplicação da lei, supostamente igual para todos, razão pela qual apresenta um viés garantidor de direitos a fim de blindar a parte economicamente mais fraca, o empregado, contra eventuais abusos praticados pelo detentor do capital, o empregador. Trata-se de um ponto marcante do Direito do Trabalho, o protecionismo, uma de suas características essenciais.

Octávio Bueno Magano, referindo-se a esse aspecto do Direito do Trabalho no Brasil, assinala que

> no Brasil, o protecionismo mostrou-se tão acentuado que, hiperbolicamente, transmudou se em paternalismo. Realmente aqui, o direito do trabalho não surgiu das reivindicações operárias, mas como dádiva do Estado aos trabalhadores.(9)

Os princípios do Direito do Trabalho foram inseridos no art. 8º da CLT como meio de interpretação, dispondo que:

> "As autoridades administrativas e a Justiça do Trabalho, na falta de disposições legais ou contratuais, decidirão, conforme o caso, pela jurisprudência, por analogia, por equidade e outros princípios e normas gerais de direito, principalmente do direito do trabalho, e, ainda, de acordo com os usos e costumes, o direito comparado, mas sempre de maneira que nenhum interesse de classe ou particular prevaleça sobre o interesse público."

Há, de fato, o reconhecimento de que o Direito do Trabalho tem princípios próprios e que, conforme o parágrafo único, anteriormente à modificação introduzida pela Lei n. 13.467 de 2017, teriam preferência em relação ao direito comum, aplicável, até então, de forma subsidiária ao Direito do Trabalho:

> "O direito comum será fonte subsidiária do direito do trabalho, naquilo em que não for compatível com os princípios fundamentais deste." (gn)

(9) MAGANO, Octávio Bueno. *As novas tendências do Direito do Trabalho.* (Dissertação para concurso a livre-docência em Direito do Trabalho, na Faculdade de Direito da Universidade de São Paulo). São Paulo: LTr, 1974. p. 9.

Todavia, pela nova redação do art. 8º, § 1º, introduzida pela lei da reforma trabalhista, os princípios do Direito do Trabalho foram excluídos pelo legislador, presumindo-se que, a partir de então, prevalecerá o direito comum como norma de aplicação absoluta, sem ressalvas.

> "O direito comum será fonte subsidiária do direito do trabalho."

Convém observar que há controvérsia doutrinária em torno da aplicação exclusiva do direito comum, sem observância dos princípios do Direito do Trabalho. No entanto, o que se observa pela jurisprudência moderna é que a reforma trabalhista homenageou a autonomia da vontade em detrimento do caráter protecionista e, portanto, os princípios deveriam ser flexibilizados caso a caso.

Nas palavras de Plá Rodriguez, princípio não é regra de direito "um princípio é algo mais geral do que uma norma porque serve para inspira-la, para entendê-la, para supri-la"(10).

Segundo nosso entendimento a respeito da aplicação dos princípios do Direito do Trabalho

> [...] estão acima do Direito positivado enquanto eles servem de inspiração, mas não são independentes do Direito positivo, permitindo a afirmação de que existe, entre os princípios e o Direito, uma mútua influência.
>
> Um dos aspectos mais relevantes para a compreensão do Direito do Trabalho é o conhecimento dos seus princípios informadores e formadores, os quais estão fundados historicamente nas origens do Direito do Trabalho e a ele impingem características próprias e que o identificam como direito especializado.(11)

Consideram-se princípios específicos do Direito do Trabalho:

a. Princípio protetor

O princípio protetor encabeça todos os demais princípios do Direito do Trabalho, pois dele os demais são corolários.

---

(10) PLÁ RODRIGUEZ, Américo. *Princípios de direito do trabalho*. Tradução de Wagner D. Giglio. São Paulo. LTr, 1978. p. 16.

(11) JOÃO, Paulo Sergio. Direito do Trabalho, Revisitando o Princípio de Proteção: Novos Desafios. In: *Novas Relações de trabalho e novos modelos de proteção:* o novo pragmatismo do direito do trabalho e a recente jurisprudência do Supremo Tribunal Federal. Organização Nelson Mannrich, Alessandra Barrichelo Boskovic. 1. ed. São Paulo: Amanuense, 2024. p. 20.

Segundo Américo Plá Rodriguez

> o princípio de proteção se refere ao critério fundamental que orienta o direito do trabalho pois este, ao invés de inspirar-se num propósito de igualdade responde ao objetivo de estabelecer um Amparo preferencial a uma das partes: o trabalhador.(12)

São normas imperativas, consideradas de ordem pública pelas quais o Estado estabelece limite à manifestação da autonomia da vontade, preservando, dessa forma, que as garantias previstas em lei sejam cumpridas.

Contrariamente ao direito comum que está fundamentado em seu caráter individual e que propõe a igualdade nas relações contratuais, o direito do trabalho, apesar das evoluções implementadas, continua marcado pelo critério da subordinação, pela relação de emprego, opondo-se à autonomia absoluta da vontade, presente nas relações contratuais do direito comum.

Segundo Arnaldo Süssekind,

> o princípio da *proteção do trabalhador* resulta das normas imperativas e, portanto, de ordem pública, que caracterizam a intervenção básica do Estado nas relações de trabalho, visando a opor obstáculos à autonomia da vontade.(13)

Américo Plá Rodriguez entende que esse princípio se expressa de três formas:

> a. *a regra* in dubio pro operário. *Critério que deve utilizar o juiz ou o intérprete para escolher entre vários sentidos possíveis de uma norma, aquele que seja mais favorável ao trabalhador.*
>
> b. *a regra da norma mais favorável determina que, no caso de haver mais de uma norma aplicável, deve-se optar por aquela que seja mais favorável, ainda que não seja a que corresponda aos critérios clássicos de hierarquia das normas, e*
>
> c. *a regra da condição mais benéfica. Critério pelo qual a aplicação da nova norma trabalhista nunca deve servir para diminuir as condições mais favoráveis em que se encontrava um trabalhador.*(14)

---

(12) *Op. cit.*, p. 28.

(13) SÜSSEKIND, Arnaldo. *Direito Constitucional do trabalho*. Rio de Janeiro: Renovar, 1999. p. 60.

(14) *Op. cit.*, nota 10, p. 42-43.

Tivemos oportunidade de escrever sobre a aplicação do princípio sob a condição da norma mais favorável e a condição mais benéfica que

> sua aplicação envolve análise mais ampla e que deverá levar em consideração a manifestação da autonomia da vontade privada coletiva, de um lado e, em certos casos, as disposições legais que permitem ao empregado negociação direta com o empregador, a exemplo do que acontece na aplicação do parágrafo único, do art. 444 da CLT, pós-Reforma Trabalhista de 2017.
>
> Neste aspecto, da norma mais favorável, Pedro Romano Martinez questiona "se existe um *princípio* do tratamento mais favorável ao trabalhador"(15), afirmando que "não se pode entender que o designado princípio do tratamento mais favorável se enquadre entre os princípios gerais de direito, no sentido de integrar uma grande orientação de ordem positiva, assente no travejamento básico e estruturante da ordem jurídica.(16)

Pedro Romano Martinez aduz, ainda, que o Direito do Trabalho se autonomizou em relação ao direito civil e que continua a privilegiar a proteção do trabalhador subordinado, com regras próprias e que

> retomar a ideia tradicional de *favor laboratoris* é um contrassenso" e que hoje, dado que os trabalhadores gozam de um estatuto privilegiado não persiste a proteção pretendida, afirmando que "É absurdo que, existindo normas especificamente destinadas a proteger o trabalhador, se vá interpretá-las num sentido mais favorável ao próprio trabalhador.(17)

Maria do Rosário Palma Ramalho, fazendo a abordagem do princípio do *favor laboratoris* no Código do Trabalho de 2003, observa que houve uma diminuição do seu vigor comparativamente ao regime anterior e que "as modificações introduzidas correspondiam ao reconhecimento da maioridade das associações sindicais na negociação coletiva"(18).

João Leal Amado, ao fazer comentário sobre o antigo art. 4º, n. 1, do Código do Trabalho Português (1 – As normas deste Código podem, sem prejuízo do disposto no

(15) MARTINEZ, Pedro Romano. *Direito do Trabalho*. 9. ed. Coimbra: Almedina, 2019. p. 224.

(16) MARTINEZ, Pedro Romano. *Op. cit.*, p. 225.

(17) MARTINEZ, Pedro Romano. *Op. cit.*, p. 226-227.

(18) RAMALHO, Maria do Rosário Palma. *Direito do Trabalho*. Parte I, Dogmática Geral. 2. ed. Coimbra: Almedina, 2009. p. 277.

número seguinte, ser afastadas por instrumento de regulamentação colectiva de trabalho, salvo quando delas resultar o contrário) observa que

> traduziu-se, bem vistas as coisas, num verdadeiro atestado de óbito do *favor laboratoris* relativamente à contratação colectiva, dele se extraindo que, *em princípio, o Direito do Trabalho legislado possui um caráter facultativo ou supletivo face a contratação colectiva* — ou seja, por mor deste preceito, concluía-se que as normas legais seriam, em regra, normas "convénio-dispositivas" ou "colectivo-dispositivas", isto é, normas livremente afastáveis por convenção colectiva. Destarte, daí em diante o quadro legal poderia ser alterado *in pejus* pela convenção colectiva, o que implicou uma mutação (dir-se-ia uma revolução) na filosofia básica inspiradora do Direito do Trabalho: de um direito com uma vocação tutelar relativamente às condições de trabalho, imbuído do princípio da norma social mínima, transitámos para uma espécie de direito neutro, em que o Estado recua e abandona a definição das condições de trabalho à autonomia colectiva.[19]

Ao comentar a nova redação do art. 3º do Código de Trabalho (1 – As normas legais reguladoras de contrato de trabalho podem ser afastadas por instrumento de regulamentação colectiva de trabalho, salvo quando delas resultar o contrário) diz o autor que

> *o princípio é — continua a ser — o da natureza "convénio-dispositiva" ou "colectivo-dispositiva" das normas laborais"* considerando que o código trouxe novidades no sentido de que elenca no n. 3, do art. 3º, direitos de natureza imperativa, cuja negociação está condicionada ao estabelecimento de condições mais favoráveis. Enfim, afirma João Leal Amado que "algo mudou, mas, ao que parece, só para que o essencial ficasse na mesma... Assim, e em princípio, *as normas legais continuam a possuir um caráter bidimensional, continuam a apresentar uma estrutura bifronte: elas serão em regra, relativamente imperativas face ao contrato individual [...] mas, em princípio, elas já serão dispositivas ou supletivas face à contratação colectiva.*[20]

Essa concepção de que o Direito do Trabalho tem por objetivo a proteção dos trabalhadores, percebe-se, permanece como vetor fundamental, confundindo-se com as primeiras leis de proteção cuja edição objetivaram a tutela de operários submetidos a condições desumanas e que restringia a autonomia da vontade na celebração de contratos.

(19) AMADO, João Leal. *Contrato de Trabalho*. 3. ed. Coimbra: Almedina, 2011. p. 46-47.

(20) AMADO, João Leal. *Op. cit.*, p. 54.

Na atualidade se constata maior flexibilização das leis do trabalho e perceptível redução do princípio protetor e demais princípios do Direito do Trabalho na sua versão mais antiga, passando pela Constituição Federal e leis ordinárias, especialmente as Leis ns. 13.429 e 13.467, de 2017.

Questiona-se, especialmente no aspecto processual, nessa terceira década do século XXI, se ainda se aplicaria o princípio protetor com a mesma intensidade que no século passado pois pode-se afirmar, que a evolução tecnológica e dos meios de comunicação fizeram o trabalhador mais empoderado dos seus direitos. Todavia, o princípio protetor e as regras apontadas como forma de sua expressão, revelam situação objetiva de aplicação da norma com a finalidade de atender aos interesses do empregado. Não se trata, portanto, de recusa do benefício da proteção, mas de interpretação favorável ao empregado.

Carlos Henrique Bezerra Leite exemplifica uma situação típica de intepretação de norma favorável ao empregado, trazendo a lume a regra do art. 10, II, *b*, do ADCT, que veda a dispensa da empregada gestante "desde a confirmação da gravidez até cinco meses após o parto". Diz o autor que "desde a confirmação da gravidez" comporta pluralidade de interpretações a saber: "desde a comunicação da empregada ao empregador"; "desde a apresentação do atestado médico"; "desde a data da provável fecundação" etc. Adotando se o princípio *in dubio pro operario*, a interpretação da regra que mais protege a empregada gestante é a "desde a data da provável fecundação"(21).

b. Princípio da irredutibilidade de salários

O princípio da irredutibilidade de salários, de previsão constitucional no art. 7º, inciso VI, garante aos trabalhadores a *"irredutibilidade do salário, salvo o disposto em convenção ou acordo coletivo"*. A redução salarial implica a manutenção da jornada e redução do salário do empregado. Não se trata aqui de redução proporcional de jornada e salário, situação em que não seria a hipótese de aplicação da proibição constitucional.

O princípio estampado na Constituição Federal nos remete a dois aspectos: o primeiro, de natureza individual, em que é efetivamente vedada a redução salarial por acordo entre empregado e empregador, aplicando-se, em caso de sua ocorrência, o disposto no art. 9º, da CLT que imputa de "*nulos de pleno direito os atos praticados com o objetivo de desvirtuar, impedir ou fraudar a aplicação dos preceitos contidos na presente Consolidação*". Dado que o ato é nulo, e, portanto, imprescritível, o empregado poderia, na ocorrência, a qualquer tempo pleitear a reparação dos prejuízos decorrentes da redução salarial imposta pelo empregador. A vontade manifestada pelo empregado está eivada de vício em razão da regra de proteção geral relativamente às normas de ordem pública.

(21) BEZERRA LEITE, Carlos Henrique. *Curso de Direito do Trabalho*. 5. ed. rev. e ampl. e atual. São Paulo: Saraiva, 2014. p. 76.

Merece aqui destaque a proteção especial destinada às mulheres contra a discriminação e que assegura a igualdade de tratamento relativamente aos homens, disposta no art. 377 da CLT, nos seguintes termos:

> "A adoção de medidas de proteção ao trabalho das mulheres é considerada de ordem pública, não justificando, em hipótese alguma, a redução de salário."

De outro lado, o princípio da irredutibilidade de salário admite flexibilização quando se tratar de negociação coletiva cuja decisão é tomada em assembleia dos trabalhadores, autorizando-se o sindicato a negociar mediante determinadas condições, tais como exemplo, o período em que será aplicada a redução salarial, as vantagens de preservação do empregado após o período negociado e, ainda, sobre os benefícios básicos que serão mantidos enquanto perdurar a redução salarial, tais como cesta básica, vale-alimentação, vale-refeição, etc.

A Reforma Trabalhista de 2017, no art. 611-A, trouxe maior flexibilidade para as negociações coletivas, em especial ao afirmar a prevalência do negociado sobre o legislado, nos itens que menciona, excetuando a redução salarial sem contrapartida, impondo expressamente, a necessidade de previsão de proteção contra dispensa imotivada durante a vigência do instrumento coletivo:

> Se for pactuada cláusula que reduza o salário ou a jornada, a convenção coletiva ou o acordo coletivo de trabalho deverão prever a proteção dos empregados contra dispensa imotivada durante o prazo de vigência do instrumento coletivo.

Quando se tratar de negociação coletiva, dispõe o § 1º, do art. 611-A que se aplica o disposto no § 3º, do art. 8º da CLT[(22)], ou seja, a intervenção da Justiça do Trabalho se limitará à análise, exclusivamente dos elementos essenciais do negócio jurídico, nos limites do art. 104 do Código Civil, e que, de acordo com o parágrafo citado, "*balizará sua atuação pelo princípio da intervenção mínima na autonomia da vontade coletiva*".

Reconhecem-se, portanto, exceções ao princípio da irredutibilidade de salário, considerando-se essencialmente a prevalência do emprego e a sustentação temporária de eventual crise pela qual passa o empregador, decorrente de conjuntura econômica desfavorável ao setor da economia.

No ano de 2020, o mundo sofreu momento de grande tristeza com o vírus da Covid-19, descoberto em dezembro de 2019 e que se alastrou de forma pandêmica para todos os países.

(22) "No exame de convenção coletiva ou acordo coletivo de trabalho, a Justiça do Trabalho analisará exclusivamente a conformidade dos elementos essenciais do negócio jurídico, respeitado o disposto no art. 104 da Lei n. 10.406, de 10 de janeiro de 2002 (Código Civil), e balizará sua atuação pelo princípio da intervenção mínima na autonomia da vontade coletiva."

Entre nós, foi decretado o Estado de Calamidade Pública em 20 de março de 2020, pelo Decreto Legislativo n. 6. Desse modo, além das restrições de ordem sanitárias, foram tomadas medidas com a finalidade de proteção da saúde e dos postos de trabalho.

O Governo Federal editou a Medida Provisória n. 936, de 1º de abril de 2020, pela qual pretendeu a manutenção do emprego e da renda, permitindo a redução de jornada e salário de forma proporcional, preservando o valor do salário-hora do empregado, com recebimento pelo empregado de um benefício emergencial de preservação do emprego e da renda, custeado pela União.

O episódio da pandemia se caracterizou como uma situação excepcional em que se permitiu a negociação entre empregados e empregadores, por acordo individual, contrariando, assim, o dispositivo constitucional.

Houve ajuizamento de Ação Declaratória de Inconstitucionalidade (ADI 6363) que impôs aos empregadores a comunicação dos acordos individuais aos sindicatos, no prazo de dez dias de sua celebração e, ao final, confirmou a legalidade e efetividade dos acordos, inclusive para fins de pagamento do benefício emergencial.

De acordo com Sonia A. C. Mascaro Nascimento, a MP n. 936

> [...] mostra-se protetiva, porque, além da preservação do salário, garante o recebimento de auxílio emergencial correspondente a um percentual do seguro-desemprego, e, ainda exclui-se da possibilidade de acordo individual os trabalhadores que recebem entre R$ 3.135,00 (três salários mínimos) e R$ 12.202,12 (duas vezes o teto do Regime Geral de Previdência Social), pois, ainda com o valor do auxílio emergencial, teriam uma substancial redução de renda, o que se procurou evitar.(23)

A propósito do momento da pandemia, tivemos a oportunidade de escrever artigo, publicado em 1º de maio de 2020, na Coluna Reflexões Trabalhistas, intitulado "Os acordos individuais durante a pandemia poderão ter seus efeitos questionados?", agora publicado em livro e dizíamos o seguinte:

> Agora na pandemia há uma voz corrente e ameaçadora de que os acordos individuais para redução de jornada e redução do salário estariam sob implacável nulidade e que, além de agredir a Constituição Federal, em seu art. 7º, VI, XIII e XXVI, que homenageia a participação sindical obrigatória quando

(23) NASCIMENTO, Sonia A. C. Mascaro. COVID-19 — REDUÇÃO DE SALÁRIO E JORNADA. CONSTITUCIONALIDADE. In: *O Direito do Trabalho na Crise da Covid-19*. Alexandre Agra Belmonte, Luciano Martinez e Ney Maranhão. São Paulo: JusPodivm, 2024. p. 424.

se tratar de negociações coletivas. Além disso, outros atribuem à esta possibilidade que a denominação de "acordo" seria meramente retórica porque ao empregado não restaria outra alternativa que sua aceitação diante da "imposição" do empregador. O ponto de partida de todos os questionamentos deve levar em consideração as circunstâncias da vida, o valor protegido, e do momento em que se torna aplicável.

A pandemia é temporária.

A importância do tema que pela MP n. 936/2020, durante a força maior, acolhe a redução de jornada com redução proporcional de salário ganhou destaque com a decisão do STF na ADIN 6.363 em que, por maioria e com fundamentos diversos, os Ministros daquela Corte, com prevalência do voto do Ministro Revisor Alexandre de Moraes, decidiram que os acordos individuais em época de pandemia não agridem a CF e, ao caso, não se aplicaria a garantia disposta no art. 7º, VI, da Carta Maior.

Enfim, até que ponto o coronavírus pode influenciar nas relações trabalhistas a ponto de que se proíba a dispensa de trabalhadores sob seu pretexto ou que se atribua validade a acordos individuais que, na análise superficial, estaria trazendo prejuízo ao trabalhador e que este não teria outra opção que a da aceitação da redução temporária dos salários.

Há uma irracionalidade na exceção gerada pela pandemia que impõe regras e condutas que não teriam sido previstas ordinariamente pelo legislador. Assim, a consensualidade não se colocaria em razão de uma imposição de natureza geral aos contratantes que, em situações normais, teriam restrições para aceitar nem mesmo motivação para sua prática.

O tratamento excepcional, no caso das relações trabalhistas, é que permitiria o equilíbrio social e econômico sem o qual teríamos empresas fadadas à insolvência e empregados condenados ao desemprego. A MP 936/20 pode não ser a proposta ideal neste período, mas é o que se apresentou como forma de salvação de empresas e da economia.

O que parece estar em destaque nesta passagem trabalhista é a pregação de uma insegurança jurídica incomum que fica atrelada às regras de que, diante do fato, não podem ser rígidas. Em palavras outras, vive-se o tempo neste instante das condições jurídicas e o tempo passado, neste instante, não pode existir em nome de um bem comum que se pretenda atingir, mas que seja construtivo de outro.

Para compreender o momento e os efeitos jurídicos gerados em todas as áreas do direito não se pode afastar a motivação da exceção de magnitude

> internacional, nem o fato de que o emprego deve ser privilegiado a fim de que não sejam criados problemas ainda maiores.
>
> Deste modo, a base de sustentação de todo arcabouço jurídico e de mudanças impostas devem considerar a força maior e, mais do que isso, de que modo o emprego deve ser preservado e a utilização da MP está condicionado à demonstração de que a empresa teria sido atingida em suas atividades ou postos de trabalho.[24]

Portanto, a irredutibilidade salarial é a regra a ser seguida, excepcionando-se, de forma justificada, situações especiais que permitem, exclusivamente, por meio de negociação coletiva e, ainda, mediante contrapartida aos trabalhadores atingidos.

c. Princípio da inalterabilidade das condições contratuais

O contrato de trabalho traz em si o germe de sua própria alteração ao longo do período em que o empregado prestar serviços ao empregador cujo *jus variandi* poderá ser exercido nos limites do seu poder diretivo e disciplinar. Não seria crível que o empregado não pudesse ter alteração de funções decorrentes de promoções ou mesmo de planos de cargos e salários instituídos pelo empregador para incentivar seus empregados à permanência no emprego em vista de melhores condições salariais e profissionais.

Todavia, há limites a serem observados no exercício do *jus variandi* pelo empregador.

O princípio da inalterabilidade contratual se expressa pela garantia assegurada aos empregados, submetidos contratualmente em condição de vulnerabilidade, de que as condições contratuais de trabalho, expressas ou aderentes pelo costume, não podem ser alteradas para alterar as condições contratuais ou suprimir direitos, causando prejuízo flagrante ao empregado. Trata-se da regra de que as condições contratuais devem ser cumpridas (*pacta sunt servanda*).

O princípio da inalterabilidade do contrato de trabalho está positivado no art. 468 da CLT da seguinte forma:

> Nos contratos individuais de trabalho só é lícita a alteração das respectivas condições por mútuo consentimento, e ainda assim desde que não resultem, direta ou indiretamente, prejuízos ao empregado, sob pena de nulidade da cláusula infringente desta garantia.

Observa-se que há controle absoluto da manifestação do empregado porquanto a lei admite, com ressalvas, o exercício dessa autonomia da vontade, sugerindo que o empregado, durante o cumprimento do contrato de trabalho, coloca-se em situação de

(24) JOÃO, Paulo Sergio. *Dez anos de reflexões trabalhistas*. 1. ed. Campinas/SP: Lacier Editora, 2024. p. 246.

dependência econômica e, dessa forma, para preservar o emprego e salário, estaria disposto a aceitar as alterações impostas pelo empregador.

Admite-se, no entanto, a alteração das condições pactuadas expressamente ou que se incorporaram, por força do costume, no contrato de trabalho desde que haja a manifestação de comum acordo entre as partes e, ainda, não resulte, direta ou indiretamente, prejuízo ao empregado que poderá, a qualquer tempo, pleitear a reparação do prejuízo em razão da nulidade da alteração.

No campo das alterações possíveis, que se encontram no campo do exercício do *jus variandi* do empregador, e que serão objeto de abordagem em capítulo próprio do contrato de trabalho, apenas à guisa de exemplo, citam-se as alterações de horário, de funções e de local da prestação de serviços.

d. Princípio da irrenunciabilidade de direitos

Segundo Américo Plá Rodriguez, refere-se "à impossibilidade de privar-se voluntariamente de uma ou mais vantagens concedidas pelo direito trabalhista em benefício próprio"[(25)].

Esse princípio revela que a legislação trabalhista se expressa de forma imperativa e na esfera da ordem pública organizada e destinada para a proteção do trabalhador, pessoa economicamente frágil, não se coloca como opção de escolha ao conteúdo do contrato a ser celebrado, mas ela se impõe mesmo contra a vontade manifestada.

Esse princípio da irrenunciabilidade, confunde-se em algumas citações com o princípio de indisponibilidade de direitos pelo qual se proíbe que o empregado disponha de direitos previstos em lei.

e. Princípio da primazia da realidade

Américo Plá Rodriguez faz referência a Mario de la Cueva[(26)], que cunhou o contrato de trabalho de contrato-realidade, porque se perfaz não por ajuste formal entre as partes, mas em razão dos fatos e das ocorrências durante a prestação de serviços.

Segundo o princípio da primazia da realidade, os fatos efetivamente ocorridos durante o cumprimento do contrato de trabalho se impõem sobre a forma. Em outro dizer, o que realmente deve prevalecer é a verdade que se extrai da prática em detrimento do formalismo de documentos.

Assim, o cumprimento de jornada de trabalho se demonstra com maior validade pelas provas colhidas do que pelas anotações formais de ponto. Ou, ainda, a concessão de férias deve ser mediante gozo do período de descanso e não pelo pagamento do respectivo período. Exemplo primeiro da validade dos fatos contra a forma é a Súmula 12 do

(25) *Op. cit.*, p. 67.

(26) Citado por Plá Rodriguez, p. 217.

TST que, referindo-se às anotações efetuadas pelo empregador na Carteira de Trabalho do empregado assinala que *"As anotações apostas pelo empregador na carteira profissional do empregado não geram presunção 'juris et de jure', mas apenas 'juris tantum'.*

Durante muito tempo, na terceirização de serviços, o TST aplicou a Súmula 331, considerando que se houvesse a prova da subordinação do prestador de serviços ao tomador, a relação de emprego se faria diretamente com o tomador. Está aí, portanto, exemplo claro de que o contrato de prestação de serviços terceirizados não prevalece em detrimento dos fatos reais ocorridos.

A reforma trabalhista, ao admitir a prestação de serviços de trabalhador, investido em pessoa jurídica, para a atividade-fim do tomador de serviços, trouxe novos elementos de reflexão para o cenário da aplcação do princípio da primazia da realidade.

A casuística encerra uma infinidade de situações em que prevalece a realidade do fato em detrimento dos aspectos formais.

f. Princípio da continuidade da relação de emprego

O Direito do Trabalho foi construído tendo como base o emprego e as garantias de todo gênero que pode proporcionar para aqueles que se colocam sob as suas regras de proteção. Ou seja, o vínculo de emprego deve ser assegurado como forma de equilibrar as relações sociais e como forma de dar garantia de subsistência para aqueles que se submetem à condição de empregado. Sem o vínculo de emprego o Direito do Trabalho perde sua razão de existir e os trabalhadores para os quais as normas trabalhistas se dirigiam se colocam em situação de absoluta vulnerabilidade, sem direitos e garantias. Desse modo, o Direito do Trabalho se pauta essencialmente pela garantia de emprego rejeitando formas anômalas de relações contratuais que não se comprometam com a estabilidade do vínculo de emprego. Por essa razão, contratos de prazo são rigorosamente controlados pelo legislador, admitidos apenas por exceção e em condições especiais.

Não se compatibiliza com o princípio o ordenamento que permite o rompimento do contrato por iniciativa do empregador a qualquer tempo e sem justificativa.

O princípio da continuidade da relação de emprego se aplica de forma inconteste na relação de trabalho intermitente, geradora de expectativa de continuidade, ou seja, a intermitência faz presumir o vínculo contínuo que foi introduzido no nosso ordenamento jurídico pela reforma trabalhista, Lei n. 13.467/2017, no art. 452-A e parágrafos seguintes.

A nossa Constituição Federal de 1988 homenageou o princípio da continuidade da relação de emprego no art. 7º, inciso I, dispondo da seguinte maneira:

> Art. 7º São direitos dos trabalhadores urbanos e rurais, além de outros que visem à melhoria de sua condição social:

I – relação de emprego protegida contra despedida arbitrária ou sem justa causa, nos termos de lei complementar, que preverá indenização compensatória, dentre outros direitos;

(...)

Portanto, a primeira leitura leva o intérprete a entender que a segurança de emprego estaria, então, preservada pela Constituição, dependendo, exclusivamente de lei complementar para regular a indenização compensatória. Entretando, sabedor o constituinte de que seria difícil a aprovação da lei complementar e que envolveria debates políticos significativos com interesses múltiplos, decidiu regulamentar de forma provisória, no Ato das Disposições Constitucionais Transitórias, o modo pelo qual a partir daquele momento estaria preservado o emprego. Firmaram os constituintes, assim, o art. 10:

Art. 10. Até que seja promulgada a lei complementar a que se refere o art. 7º, I, da Constituição:

I – fica limitada a proteção nele referida ao aumento, para quatro vezes, da porcentagem prevista no art. 6º, *caput* e § 1º, da Lei n. 5.107, de 13 de setembro de 1966;

II – fica vedada a dispensa arbitrária ou sem justa causa:

a) do empregado eleito para cargo de direção de comissões internas de prevenção de acidentes, desde o registro de sua candidatura até um ano após o final de seu mandato;

b) da empregada gestante, desde a confirmação da gravidez até cinco meses após o parto.

§ 1º Até que a lei venha a disciplinar o disposto no art. 7º, XIX, da Constituição, o prazo da licença-paternidade a que se refere o inciso é de cinco dias.

§ 2º Até ulterior disposição legal, a cobrança das contribuições para o custeio das atividades dos sindicatos rurais será feita juntamente com a do imposto territorial rural, pelo mesmo órgão arrecadador.

Desde então, o nosso legislador ainda não fixou a lei complementar, permanecendo a rescisão sem justa causa ou arbitrária, sem previsão legal e, consequentemente, não há previsão de indenização compensatória.

g. Outros princípios

A doutrina trabalhista, ao longo dos anos, foi acrescentando outros princípios a esses clássicos da literatura juslaboralista. Assim, citam-se o princípio da razoabilidade, princípio da boa-fé, princípio da proteção do mercado de trabalho da mulher, princípio da proteção do meio ambiente do trabalho, princípio da proibição de discriminação, entre outros.

h. Novas dimensões do princípio protetor

A propósito das novas dimensões do princípio protetor, tivemos a oportunidade de lançar nossos entendimentos a respeito no artigo "Direito do Trabalho, revisitando o princípio de proteção: novos desafios"[27], especialmente sobre a jurisprudência do STF e a aplicação do princípio protetor:

> A reforma trabalhista teve início na Lei n. 13.429 de junho de 2017 que alterou a Lei n. 6.019/1974 e introduziu regras para o contrato de prestação de serviços, chamada terceirização, e, ainda o trabalho prestado por meio de pessoa jurídica, à qual se atribui, de modo pejorativo, a expressão "pejotização", cravada para identificar trabalhadores aos quais seria imposto contrato por meio de pessoa jurídica com o objetivo, pelo empregador, de fraudar a lei. Claro que não concordamos com essa caricatura que se pretende dar ao contrato.
>
> A Lei n. 13.467, de 13 de julho de 2017, com vigência a partir de 11 novembro do mesmo ano, complementou a reforma trabalhista e alterou mais de 100 artigos da CLT, introduzindo a necessidade de que fossem revisitados antigos conceitos a fim de que o Direito do Trabalho assumisse um protagonismo mais próximo das transformações sociais. Todavia, há resistência da doutrina e parte do judiciário.

Para uma avaliação de contexto, destaque-se, de um lado, que o paradigma de proteção trabalhista foi inspirado exclusivamente na condição de empregado, sendo a CLT a referência de único abrigo capaz de reconhecer direitos trabalhistas. De outro lado, a organização sindical, que vivia às custas de contribuição sindical compulsória, com baixo índice de sindicalização, formada por sindicatos fracos, revelou-se, com poucas exceções, incapaz de representar com legitimidade os trabalhadores. Em outra direção, ainda, encontra-se o judiciário trabalhista, apegado aos princípios do direito do trabalho e à missão da proteção da aplicação da CLT a qualquer custo.

A terceirização de serviços, considerada como instrumento de exclusão social e de precarização de direitos, anteriormente à lei e, considerando a condição de empregado como única forma de proteção social trabalhista, foi seriamente criticada pela doutrina e a jurisprudência havia se consolidado na Súmula 331 do TST, no item III, nos seguintes termos:

> III – Não forma vínculo de emprego com o tomador a contratação de serviços de vigilância (Lei n. 7.102, de 20.06.1983) e de conservação e limpeza, bem como a de serviços especializados ligados à atividade-meio do tomador, desde que inexistente a pessoalidade e a subordinação direta.

(27) *Op. cit.*, Nota 11. p. 17-36.

Tratava-se de uma orientação da jurisprudência, clara no sentido de estender a legislação trabalhista para os trabalhadores que se colocavam em falsa terceirização, submetidos ao controle e subordinação do tomador de serviços. Mas, não impedia a terceirização que, com a Lei n. 13.429, passou ser regulamentada sem, contudo, excluir o teor da súmula relativamente às condições em que a prestação de serviços ocorre, permanecendo, agora ilegal, a submissão de trabalhadores de terceiros, sob a subordinação do tomador de serviços. Ainda assim, discutiu-se a possibilidade de terceirização para atividade-fim, sempre sob a pecha de que o tomador de serviços estaria fazendo mal uso do modelo para precarizar condições de trabalho.

O Supremo Tribunal Federal, na apreciação do RE 958252, representativo de controvérsia com repercussão geral, de relatoria do ministro Luiz Fux, sedimentou entendimento no Tema 725, com a seguinte redação:

É lícita a terceirização ou qualquer outra forma de divisão do trabalho entre pessoas jurídicas distintas, independentemente do objeto social das empresas envolvidas, mantida a responsabilidade subsidiária da empresa contratante.

Observe-se que o Tema 725 refere-se a licitude de terceirização "ou qualquer outra forma de divisão de trabalho entre pessoas jurídicas distintas" e, portanto, inclui a previsão da Lei n. 13.429 no sentido de que é lícita a contratação de pessoa jurídica para prestação de serviços, ainda que em atividade fim do tomador. Desta feita, eliminou-se a discussão em torno da "pejotização", do divisor entre atividade-fim e atividade-meio com a valorização da liberdade contratual e da autonomia da vontade individual.

Relativamente à aplicação dos princípios do direito do trabalho, com todo respeito aos que pensam diversamente, talvez não se apliquem mais com a mesma intensidade de outrora, prevalecendo as disposições do direito comum.

Aliás, no julgamento da ADPF 324, observou o STF em sua ementa, nos itens 1 e 2 o seguinte:

1. A Constituição não impõe a adoção de um modelo de produção específico, não impede o desenvolvimento de estratégias empresariais flexíveis, tampouco veda a terceirização. Todavia, a jurisprudência trabalhista sobre o tema tem sido oscilante e não estabelece critérios e condições claras e objetivas, que permitam sua adoção com segurança. **O direito do trabalho e o sistema sindical precisam se adequar às transformações no mercado de trabalho e na sociedade.**

2. A terceirização das atividades-meio ou das atividades-fim de uma empresa tem amparo nos princípios constitucionais da livre-iniciativa e da livre concorrência, que asseguram aos agentes econômicos a liberdade de formular estratégias negociais indutoras de maior eficiência econômica e competitividade. (grifo nosso)

Conforme acima observado, a reforma trabalhista flexibilizou a aplicação dos princípios do direito do trabalho, com preferência relativamente ao direito comum e, quanto às negociações coletivas, foram elas elevadas ao negócio jurídico do art. 104 do Código Civil, com restrição de interferência do poder judiciário sobre a autonomia da vontade coletiva.

O cenário da reforma trabalhista ainda estava passando por vários momentos de discussão e sobreveio a pandemia do vírus da covid com impactos sociais e econômicos jamais vistos, aprofundamento das desigualdades sociais e transformações relevantes no cotidiano das pessoas. Aquele momento, levado pelas circunstâncias, também, significou um divisor de águas na aplicação das leis trabalhistas diante da calamidade pública pela qual passou o país. Naquele instante, o Direito do Trabalho se mostrou flexível e revelou seu lado mais coerente com sua história que foi a capacidade de se adaptar na adversidade e acolher o novo normal, sem que grande número de trabalhadores fosse despedido. O esforço de todos permitiu a sobrevivência de contratos de trabalho e de empresas com outras características na forma de prestação de serviços, com destaque especial ao trabalho à distância: teletrabalho e *home office*.

Neste período houve um aprendizado enorme de todos diante das adversidades geradas e, como ocorreu em outros momentos históricos do Direito do Trabalho, novas formas de prestação de serviços ficaram mais evidentes e com a constatação de que não havia um modelo de proteção social adequado a amparar tais trabalhadores. A referência que se faz é dos trabalhadores que prestam serviços por meio de aplicativos, entregadores ou motoristas que, pelas características fáticas especiais em que o trabalho é oferecido e desenvolvido, ficaram à margem da lei trabalhista.

Ainda no campo da reforma trabalhista e os efeitos sobre o princípio de proteção, vale destacar o parágrafo único do art. 444, da CLT, que dispôs sobre um tipo de trabalhador diferenciado que, contrariando a aplicação do princípio protetor quanto à manifestação da vontade, estabeleceu absoluta autonomia da vontade, com a mesma eficácia sobre as negociações coletivas, desde que o empregado seja portador de diploma de nível superior e que perceba salário mensal igual ou superior a duas vezes o limite máximo dos benefícios do Regime Geral da Previdência Social[28]. As discussões em torno do tema não são poucas.

Também quanto ao princípio protetor e que diz respeito à inalterabilidade das condições contratuais, a reforma trabalhista excluiu a interpretação que vinha fazendo a jurisprudência do TST, Súmula 372[29], em torno da aplicação do art. 468, da CLT, que cuida da alteração unilateral do contrato de trabalho. Desta feita, não mais subsiste a incorporação de gratificação de função na hipótese de retorno do empregado ao cargo efetivo, independentemente do tempo de permanência no cargo de confiança (art. 468, § 2º, da CLT).

No campo do direito coletivo do trabalho, a reforma trabalhista trouxe no art. 8º, parágrafo 3º, a valorização das negociações coletivas e da autonomia privada coletiva ao dispor que "No exame de convenção coletiva ou acordo coletivo de trabalho, a Justiça do Trabalho analisará exclusivamente a conformidade dos elementos essenciais do negócio jurídico, respeitado o disposto no art. 104 da Lei n. 10.406, de 10 de janeiro de 2002 (Código Civil), e balizará sua atuação pelo princípio da intervenção mínima na autonomia da vontade coletiva."

Este dispositivo se ajusta ao que afirmou João Leal Amado, citado acima, no sentido de que há um caráter bidimensional nas normas com o que chamou de estrutura *"bifronte"* no sentido de que, nas relações individuais são imperativas e que na contratação coletiva são dispositivas ou supletivas.

Américo Plá Rodriguez, referindo-se ao princípio protetor no âmbito do direito coletivo, assevera que "no direito individual criam-se normas. Por isso o princípio se refere à seleção, aplicação e interpretação dessas normas. No direito coletivo, ao contrário, criam-se instrumentos cuja eficácia resulta do número, da disciplina, da organização técnica e administrativa, do poder material de cada uma das partes"[30]. E, mais adiante "deve-se garantir a

---

(28) Art. 444 – As relações contratuais de trabalho podem ser objeto de livre estipulação das partes interessadas em tudo quanto não contravenha às disposições de proteção ao trabalho, aos contratos coletivos que lhes sejam aplicáveis e às decisões das autoridades competentes.

Parágrafo único. A livre estipulação a que se refere o *caput* deste artigo aplica-se às hipóteses previstas no art. 611-A desta Consolidação, com a mesma eficácia legal e preponderância sobre os instrumentos coletivos, no caso de empregado portador de diploma de nível superior e que perceba salário mensal igual ou superior a duas vezes o limite máximo dos benefícios do Regime Geral de Previdência Social.

(29) I – Percebida a gratificação de função por dez ou mais anos pelo empregado, se o empregador, sem justo motivo, revertê-lo a seu cargo efetivo, não poderá retirar-lhe a gratificação tendo em vista o princípio da estabilidade financeira.

II – Mantido o empregado no exercício da função comissionada, não pode o empregador reduzir o valor da gratificação.

(30) PLÁ RODRIGUEZ, Américo. *Op. cit.*, p. 26.

possibilidade da criação desse instrumento, assim como respeitar sua autenticidade e sua liberdade de ação e de funcionamento. Uma vez restabelecida a igualdade por meio da força sindical que deriva da união, desaparece a razão de ser do tratamento desigual por parte do Estado[(31)]".

E conclui sobre a autonomia coletiva dizendo que "tem por objeto a regulamentação da normativa das condições de trabalho pelo próprios interessados, assim como sua colaboração na administração do trabalho e da justiça trabalhista"[(32)].

Portanto, o judiciário encontra limitação de atuação na análise de convenções ou acordos coletivos pois, se preenchidos os requisitos de validade do art. 104 do Código Civil, relativo à validade dos atos jurídicos, deverá prevalecer a autonomia da vontade coletiva, manifestada pelos interessados em legítimo ato de assembleia dos interessados que outorga ao sindicato a legitimidade para negociar.

Deste modo, em palavras outras, a relação individual de trabalho se submete à autonomia da vontade coletiva e exclui do intérprete a aplicação do princípio protetor na seara individual de emprego. A proteção individual migra para a proteção coletiva, com destaque para a solidariedade do grupo em detrimento do individualismo.

O debate sobre a prevalência do negociado sobre o legislado vem de longa data e, em 2001, já houve uma tentativa de reforma do art. 618 da CLT, mas não teve andamento no congresso.

Agora, em 2017, retornou o assunto e foi aprovada a redação do art. 611-A que reconhece que "a convenção coletiva e o acordo coletivo de trabalho têm prevalência sobre a lei", fato este que gerou controvérsia em razão de um caso concreto cuja decisão afastou o acordo coletivo em que as partes transacionaram a respeito de pagamento de horas *in itinere*" e que gerou o Tema 1.046 do Supremo Tribunal Federal (ARE 1121633 / GO, de relatoria do ministro Gilmar Mendes)[(33)], sobre norma coletiva que restringe ou limita direito trabalhista, consolidado ao final na seguinte tese:

São constitucionais os acordos e as convenções coletivas que, ao considerarem a adequação setorial negociada, pactuem limitações ou afastamentos

(31) PLÁ RODRIGUEZ, Américo. *Op. cit.*, p. 26.

(32) PLÁ RODRIGUEZ, Américo. *Op. cit.*, p. 26.

(33) Tratou-se de recurso extraordinário com agravo em que se discutiu, à luz dos arts. 5º, incisos II, LV e XXXV: e 7º, incisos XIII e XXVI, da Constituição Federal, a manutenção de norma coletiva que restringe direito trabalhista desde que não seja absolutamente indisponível, independentemente de vantagens compensatórias.

de direitos trabalhistas, independentemente da explicitação especificada de vantagens compensatórias, desde que respeitados os direitos absolutamente indisponíveis.

O ministro Gilmar Mendes, em suas razões de decidir asseverou, relativamente à validade das negociações coletivas o seguinte:

"Ora, é preciso aceitar que a Constituição de 1988 aconteceu; e, com ela, uma nova configuração entre público e privado, entre a esfera estatal e a sociedade. Simplesmente negar a autonomia coletiva para deliberar sobre condições de trabalho próprias a determinada categoria, promovendo anulações seletivas daquilo que foi acordado entre forças econômicas e profissionais autônomas, acaba por representar uma reedição da tutela do Estado sobre os sindicatos."

O ministro adota 3 (três) balizas ou, como diz, "premissas básicas" que deveriam ser observadas pelo judiciário para revisão de normas coletivas:

1. Princípio da equivalência entre negociantes. Inaplicabilidade do princípio protetivo ou da primazia da realidade.

Por este aspecto, exclui-se da apreciação o princípio da primazia da realidade e outros princípios que pretenderiam desautorizar a força normativa das negociações. O princípio de proteção, portanto, deve ser excluído dado que as partes se encontram em forças equivalentes no processo de negociação.

2. Teoria do conglobamento na apreciação de normas coletivas. Impossibilidade de interpretação baseada na dissecação de compensações individuais.

Nesta perspectiva, a norma coletiva deve ser considerada em seu conjunto e naquilo que estabelece de proteção coletiva, solidária, e não mais individual.

3. Disponibilidade ampla dos direitos trabalhistas em normas coletivas, resguardado o patamar mínimo civilizatório.

Por esta terceira forma de balizamento, significa que as garantias constitucionais básicas devem ser mantidas e a negociação estaria restrita à permissão legal.

Esse Tema 1046 revela que os direitos trabalhistas são passíveis de negociação coletiva e que o princípio protetor que outrora permitia ao estado sua intervenção não mais se aplica porquanto há equivalência entre as partes quando a representação se faz pelo modo coletivo e a interpretação do negociado deve considerar o conjunto das normas e sua aplicação ao corpo social dos interessados.

No âmbito das relações individuais de trabalho, em especial no que diz respeito ao trabalho por meio de aplicativo, o Supremo Tribunal Federal tem se posicionado de forma a estabelecer um divisor de águas na aplicação da legislação trabalhista, contrariando a jurisprudência trabalhista que, aliás, encontra-se ainda controvertida.

O pano de fundo da discussão está na existência ou não de outras formas de prestação de serviços que não seja exclusivamente a de vínculo de emprego e, também, se o contrato celebrado na prestação de serviços por meio de aplicativo é capaz de ensejar debate sobre a existência de fraude a direitos trabalhistas e em que medida deve ser prestigiada a manifestação da vontade no momento da contratação em detrimento do princípio protetor da primazia da realidade.

Em palavras outras, de forma resumida, poder-se-ia perguntar se as empresas e trabalhadores têm a liberdade contratual para escolher entre as diversas formas de relação de trabalho existentes ou, ao contrário, a única via é a da condição de celetista?

Com certeza, ser empregado é uma situação especial daquele que presta serviços e que reúne os elementos como pessoalidade, continuidade, de forma subordinada, para empregador e mediante salário indispensáveis, conforme previsto no art. 3º da CLT. Entretanto, não se pode deixar de lado outras modalidades de prestação de serviços assemelhados como o trabalho temporário, o trabalho avulso, o cooperado, exemplificativamente, que possuem alguns direitos trabalhistas por extensão de lei própria e que não são investidos da figura de empregado.

A par destes trabalhadores, a legislação ordinária contempla a prestação de serviços de representante comercial (Lei n. 4.886/65), corretores de seguros (Lei n. 4.594/64), corretores de imóveis (Lei n. 13.097/2015), de cabelereiro, chamada salão parceiro (Lei n. 13.352/2016), de transporte rodoviário (Lei n. 11.442/2007), micro empreendedor individual (Lei Complementar n. 128/2008), trabalho prestado em atividades intelectuais (Lei n. 11.196/2005) cujas leis afirmam, categoricamente, inexistir o vínculo empregatício na prestação de serviços.

Bem se vê que o mundo do trabalho contempla uma diversidade de prestadores de serviços, cada qual com situações jurídicas próprias em que prevalece a liberdade contratual e a autonomia da vontade privada e, nestes casos, não se há de falar em direitos trabalhistas e de aplicação do princípio protetor na relação de trabalho, nem mesmo de que estariam abrindo mão de direitos indisponíveis dado que o princípio da boa-fé da relação contratual se impõe a fim de garantir a segurança e estabilidade jurídica dos contratos.

> É inexorável que a tecnologia transformou as relações de trabalho, permitindo, a exemplo do que ocorreu na primeira revolução industrial, que o mercado se desenvolvesse para atender as demandas compatíveis com os interesses das novas tecnologias, com novas profissões e novos interesses no âmbito das relações de trabalho. O serviço prestado não tem, necessariamente, lugar definido pode ser prestado a partir de qualquer lugar, tanto no local do tomador como à distância. Alain Supiot faz uma advertência a respeito da revolução tecnológica afirmando que ela oferece uma chance de permitir aos trabalhadores certa autonomia, ao mesmo tempo que submetê-los, todos (autônomos, gerentes e intelectuais a modalidades de desumanização do trabalho. E, ainda, que a revolução tecnológica provoca um deslocamento do centro de gravidade do poder econômico, localizado mais na propriedade intelectual dos sistemas de informação onde ele se apresenta menos pelas ordens a executar do que pelos objetivos a atingir.[(34)]

O Direito do Trabalho enfrenta, atualmente, o grande desafio, semelhante ao que sofreu na sua formação, que é o de se adaptar às novas exigências do mundo contemporâneo, na velocidade da informação e da apropriação do tempo, todavia ampliando seu campo de aplicação para outras formas de relação de trabalho que não exclusivamente para empregados.

Nos últimos anos, trabalhadores que prestam serviços por meio de aplicativo, acentuadamente motoristas e entregadores, de forma crescente questionam perante a Justiça do Trabalho a natureza jurídica da relação de trabalho mantida, pretendendo a descaracterização da relação contratual autônoma ou por meio de pessoa jurídica a fim de que ver reconhecida a relação de emprego e, portanto, os benefícios da lei trabalhista.

Conforme dito alhures, o judiciário trabalhista não formou uniformização no entendimento, havendo decisões conflitantes, ora reconhecendo o vínculo de emprego, mediante a figura da subordinação algorítmica, ora não, afastando a pretensão, com fundamento na ausência de subordinação e prevalência da autonomia na prestação de serviços. A oscilação de interpretação dos fatos decorre, em síntese, da aplicação do princípio da proteção, pelo viés da primazia da realidade.

O Supremo Tribunal Federal, apreciando casos em reclamação constitucional, vinha decidindo pela ausência de vínculo de emprego.

---

(34) SUPIOT, Alain. Et si l'on refondait le droit du travail... Le Monde Diplomatique. Disponível em: https://www.monde-diplomatique.fr/2017/10/SUPIOT/58009. Acesso em: 15 maio 2024. p. 1-2.

O ministro Alexandre de Moraes, na Reclamação Constitucional 59.795, em que foi reclamante a empresa CABIFY AGÊNCIA DE SERVIÇOS DE TRANSPORTE DE PASSAGEIROS LTDA., julgou procedente a ação afirmando que

> Realmente, a relação estabelecida entre o motorista de aplicativo e a plataforma reclamante mais se assemelha com a situação prevista na Lei n. 11.442/2007, do transportador autônomo, sendo aquele proprietário de vínculo próprio e que tem relação de natureza comercial.

O ministro faz referência a decisão proferida pelo ministro Roberto Barroso no julgamento de outra reclamação constitucional (Rcl 56.285, julgada em 06.12.2022) que afirmou o seguinte:

> 12. Considero, portanto, que o contrato de emprego não é a única forma de se estabelecerem relações de trabalho. Um mesmo mercado pode comportar alguns profissionais que sejam contratados pelo regime da Consolidação das Leis do Trabalho e outros profissionais cuja atuação tenha um caráter de eventualidade ou maior autonomia. Desse modo, são lícitos, ainda que para a execução da atividade-fim da empresa, os contratos de terceirização de mão de obra, parceria, sociedade e de prestação de serviços por pessoa jurídica (pejotização), desde que o contrato seja real, isto é, de que não haja relação de emprego com a empresa tomadora do serviço, com subordinação, horário para cumprir e outras obrigações típicas do contrato trabalhista, hipótese em que se estaria fraudando a contratação.

Dessa feita, a proteção trabalhista, vista com exclusividade a partir da CLT, não exclui a possibilidade de outras formas legítimas de relação de trabalho, cabendo às partes definirem as condições contratuais no exercício pleno da liberdade contratual e com base no princípio da boa-fé.

Em fevereiro de 2023, o Ministro Edson Fachin (recurso extraordinário 1.446.336 Rio de Janeiro) se manifestou pela existência de repercussão geral da matéria constitucional objeto do recurso extraordinário e submeteu a decisão aos demais ministros, nos termos do art. 1.035, do Código de Processo Civil, combinado com o art. 323 do RISTF.

Assim, aguarda-se, na questão de motoristas de aplicativo, uma definição da Corte Constitucional a respeito da adequação da sua jurisprudência, já substanciosa na descaracterização de vínculo e valorização da autonomia da vontade e da liberdade contratual, com os elementos de direito e fáticos trazidos pelos autores nas respectivas ações.

De qualquer forma, fica evidente que o princípio protetor, que outrora foi definidor para a aplicação da legislação trabalhista de forma inconteste, na atualidade, diante da evolução da tecnologia que propiciou o surgimento de novas formas de prestação de serviços, há necessidade de reconsideração constante, de que o caráter protecionista seja revisto para equilibrar com segurança as relações jurídicas de trabalho. Como afirma

Alain Supiot "Il faudrait être aveugle pour disconvenir de la nécessité d'une profonde reforme du droit du travail"[(35)].

À guisa de considerações finais, observa-se que o princípio protetor do Direito do Trabalho vem passando, ao longo da história e da evolução dos fatos e das transformações sociais geradas pela revolução tecnológica, por uma flexibilização notável a fim de que o Direito do Trabalho possa se ajustar às novas dimensões das relações de trabalho. O controle de mão de obra cedeu lugar ao controle do trabalho intelectual em que os traços marcantes do trabalho subordinado já não mais existem com a mesma intensidade. A roupa do Direito do Trabalho de antigamente não serve mais para a nova geração de trabalhadores que demandam a cada dia maior liberdade na execução do trabalho.

Na atualidade valorizou-se a liberdade contratual e a autonomia da vontade.

Não se trata de rejeitar o Direito do Trabalho e seu propósito de estabelecer garantias mínimas aos trabalhadores, mas antes de ampliar seu campo de atuação para não permanecer no modelo binário, que se arrasta desde a sua formação, entre empregados protegidos e trabalhadores autônomos ou independentes excluídos de proteção social.

O Supremo Tribunal Federal tem atuado de acordo com as novas modalidades de prestação de serviços onde não cabem as normas trabalhistas e onde não encontram espaço os princípios do Direito do Trabalho e em que prevalece a liberdade contratual e a autonomia da vontade.

Entretanto, respeitadas as considerações feitas pelas decisões dos Tribunais, o trabalhador que presta serviços por meio de plataforma (chamado pela doutrina francesa de "travailleur numérique) merece um tratamento especial que respeite seus direitos fundamentais enquanto ser humano.

(35) SUPIOT, Alain. *Et si l'on refondait le droit du travail...* Le Monde Diplomatique. *Op. cit.*, p 1.

Capítulo V

Relações de Trabalho em Gênero e Espécie

A relação de trabalho, antes de ter merecido a proteção especial do Estado, fundamentou-se juridicamente no direito comum e, nesse sentido, carrega até os dias atuais conceito diferenciado, definidor da proteção legal, entre o trabalho sob vínculo de emprego e aquele fundado no direito civil, cuja sustentação jurídica está no exercício da livre da autonomia da vontade.

Desse modo, distingue-se relação de emprego, considerada gênero da espécie relação de trabalho que abrange todas as formas de prestação de serviços, exceto de emprego, que se colocam fora do âmbito da proteção legal. Assim, exemplificativamente, o funcionário público, cuja relação jurídica de direito público, tem sua relação jurídica disciplinada por leis especiais. O já revogado art. 7º da CLT faz referência expressa aos trabalhadores que eram excluídos do seu campo de aplicação.

O Direito do Trabalho, portanto, foi construído para a garantia de direitos a trabalhadores que se colocam na condição de empregado, impondo àqueles que se utilizam da força de trabalho o cumprimento de obrigações legais de caráter, muitas vezes, indisponível.

Portanto, o reconhecimento da situação jurídica de empregado impõe o estudo dos elementos que tipificam, de modo ímpar, a natureza jurídica da relação de trabalho e que permite concluir que se está diante de trabalhador empregado.

Muito embora a CLT inicie, no Capítulo de Introdução, tratando de empregador, parece-nos mais relevante iniciar o estudo da condição de empregado porquanto ser empregador é consequência de ter alguém trabalhando para si na condição de empregado, sendo esta condição determinante para a responsabilidade e obrigações a serem assumidas por aquele que contrata trabalhador com vínculo de emprego.

a. Sujeitos do contrato de trabalho: Empregado. Conceito legal, elementos tipificadores, subordinação e seus diferentes aspectos, trabalho temporário, intermitente, avulso, eventual, voluntário

A CLT conceitua empregado no art. 3º, dispondo da seguinte forma:

> "considera-se empregado toda pessoa física que presta serviços de natureza não eventual, a empregador, sob a dependência deste e mediante salário."

Desse conceito, extraem-se os seguintes elementos clássicos e perseguidos pela doutrina e jurisprudência para definir se o trabalhador se submete juridicamente na condição de empregado ou não: **pessoa física, trabalho de natureza contínua, trabalho prestado por conta alheia, subordinação e salário.**

Nelson Mannrich(36), referindo-se às distinções entre trabalho subordinado e trabalho autônomo observa que esse é um dos grandes desafios

> pela insegurança jurídica e enormes impactos que provoca, seja na vida do próprio trabalhador, que busca na Justiça do Trabalho o reconhecimento de pretenso vínculo de emprego, com as consequências econômicas e sociais daí decorrentes, seja para as empresas, pelo elevado passivo trabalhista, e mesmo para o próprio Estado, mais de olho no recolhimento correto das contribuições sociais a título de FGTS, INSS e mesmo IR — Imposto de Renda, caso ter desconstituído o negócio jurídico.

Antes de fazer a abordagem específica de cada elemento, convém observar que existem diversas relações de trabalho que se aproximam da condição de empregado, todavia pela falta de um elemento ou outro menos acentuado, não se qualificam na condição de vínculo de emprego. Um dos aspectos mais relevantes e que tem sido objeto de análise definidora para a qualificação do prestador de serviços como empregado é o exercício da autonomia da vontade no momento da contratação, fundada pelo princípio da boa-fé.

A lei, ao tratar da condição da **pessoa física** para a caracterização de empregado, impõe que o trabalho seja cumprido de forma pessoal, não podendo o empregado se fazer substituir no emprego, porquanto foi admitido ao emprego pelas suas habilidades profissionais e pessoais e que são inerentes ao exercício do trabalho para o qual foi contratado. É um contrato *intuitu personae*, no sentido de que o contrato se confunde com o próprio prestador do serviço.

Muito se discute na doutrina e jurisprudência sobre a contratação de pessoa jurídica em que o titular é o próprio prestador de serviços, atribuindo alguns intérpretes situação de fraude à legislação trabalhista e que, supõe-se, o trabalhador tenha sido coagido ao contrato de natureza diversa à de emprego. Todavia, contrariamente a essa tese, são diversos os casos em que, embora o Judiciário Trabalhista tenha afastado o contrato de natureza civil e reconhecido o vínculo de emprego, o Supremo Tribunal Federal, por meio de reclamações constitucionais ajuizadas pelas empresas, tem cassado tais decisões e afastado o vínculo de emprego, determinando, em alguns casos, que o órgão da Justiça do Trabalho de origem, reveja a decisão para julgar improcedente a ação.

(36) MANNRICH, Nelson. Reinventando o Direito do Trabalho: novas dimensões do trabalho autônomo. In: *A valorização do trabalho autônomo e a livre-iniciativa.* Coordenação Yone Frediani. Porto Alegre: Magister, 2015. p. 229-256.

Concordamos com Nelson Mannrich de que na atualidade não se constata de modo marcado como outrora a diferença entre trabalho subordinado e autônomo e que ainda "surgiram novas figuras de trabalhadores, que não são propriamente autônomos, nem empregados, segundo os tradicionais conceitos"(37).

A Lei n. 6.019, de 3 de janeiro de 1974, modificada pela Lei n. 13.429, de 31 de março de 2.017, em seu art. 4º-A(38) e § 2º, permitiu a contratação de empresas pelo modelo da terceirização ou mesmo de pessoas jurídicas para atividade-fim do tomador e afastou a discussão em torno da existência de vínculo de emprego(39) entre tomador de serviços e prestador.

A condição da pessoa física segue, todavia, sendo essencial para a identificação da situação de empregado, quando reunidos os demais elementos do conceito legal, observando-se sempre a legalidade de contratação por meio de pessoa jurídica nos termos da Lei n. 6.019/1974.

Outro elemento caracterizador da relação jurídica de emprego é o fato de que a **prestação de serviços deve ser contínua**, no sentido de que o trabalho ao qual se vincula o empregado deve ser contínuo, de ato sucessivo, não se esvaindo na prática de um único ato, e prestado sempre com a expectativa de continuidade. Não se trata de trabalho episódico, mas de trabalho que se repete de modo frequente e sistemático.

O trabalho de natureza contínua não exclui a intermitência, isto é, aquele trabalho que se repete com habitualidade, seja semanalmente ou mensalmente, desde que gere ao trabalhador a expectativa de continuidade.

Assim, exemplificativamente, o chamado trabalhador "chapa" que, na cidade de São Paulo, posiciona-se nas estradas de acesso à cidade, oferecendo-se para orientação ou ajuda a caminhoneiros, não trabalha de modo intermitente em razão da ausência de expectativa de continuidade.

Contrariamente, o trabalhador que presta serviços semanalmente em eventos do tomador de serviços, garçom de restaurante, por exemplo, poderá ser considerado empregado em razão da expectativa de continuidade do trabalho.

A Lei n. 13.467/2017, ao trazer a reforma da CLT, incluiu, dentre os contratos de trabalho possíveis, o contrato de trabalho intermitente, significando dizer que essa atividade, hoje, deve ser considerada como protegida pela CLT, sob o regime de contrato de trabalho intermitente.

---

(37) *Op. cit.*, p. 236.

(38) "Considera-se prestação de serviços a terceiros a transferência feita pela contratante da execução de quaisquer de suas atividades, inclusive sua atividade principal, à pessoa jurídica de direito privado prestadora de serviços que possua capacidade econômica compatível com a sua execução."

(39) "não se configura vínculo empregatício entre os trabalhadores, ou sócios das empresas prestadoras de serviços, qualquer que seja o seu ramo, e a empresa contratante."

Prestar serviços de natureza não eventual, repita-se, significa dizer que para o empregado o trabalho é contínuo e aquele que presta serviços eventuais, sem expectativa de continuidade, ainda que se identifique com pessoalidade, não atende ao requisito do trabalho contínuo e, por essa razão não deve ser colocado como empregado.

Outro elemento de fundamental relevância para que se considere a condição de empregado é a do **trabalho prestado a empregador**, ou seja, aquele que é empregado, trabalha por conta alheia e não por ponta própria.

Nesse caso, significa dizer que o fruto de seu trabalho pertence ao empregador que se apropria dos bens gerados e deles se utiliza para a obtenção de lucro.

De outro lado, não basta o tomador dos serviços apenas, mas há, ainda, necessidade de que a pessoa física do empregado preste serviços **sob a dependência do empregador**, ou seja, que se submeta às ordens e regras impostas pelo empregador, de tal modo que restrinja a liberdade do empregado no exercício da atividade profissional.

A dependência do empregado em relação ao empregador é que determina o surgimento da subordinação clássica como elemento essencial e típico para o reconhecimento da situação jurídica de empregado.

A subordinação encontrou ao longo dos anos diversas formas de interpretação para o reconhecimento de sua presença tendo sido identificada inicialmente como técnica, depois como econômica e, ao final, como jurídica. Na primeira década do século XXI, com a finalidade de estender os efeitos da subordinação, identificou-se a subordinação estrutural e, na segunda década do século, fala-se em subordinação algorítmica.

A subordinação técnica decorreria da condição de dependência da orientação para a execução do trabalho. Trata-se, como diz Evaristo de Moraes Filho[(40)], de critério que não é inequívoco pois, embora caiba ao empregador dar as ordens técnicas, de forma profissional e permanente, nada impede que o titular da empresa, seja qual ela for, se faça assessorar de técnicos com competência para dirigir a sua indústria ou o seu comércio.

A subordinação econômica leva ao entendimento de que o trabalhador nessa condição ficaria quase que no limite da miséria caso fosse suprimido o serviço fornecido pelo empregador. De novo, Evaristo de Moraes Filho[(41)] faz críticas severas ao critério por lhe faltar fundamento jurídico e, ainda, que

> na vida real, quem é dependente de outrem do ponto de vista econômico, continuamente, durante todo seu tempo disponível, normalmente lhe é subordinado, revestindo-se na figura de seu empregado.

---

(40) MORAES FILHO, Evaristo de. *Introdução ao Direito do Trabalho*. 3. ed. rev. e atualizada. São Paulo: LTr, 1982. p. 209.

(41) *Op. cit.*, p. 209.

A subordinação que, ao final, ficou considerada mais adequada para os fins da efetiva caracterização da condição de empregado, é a jurídica que, nas palavras de Paul Colin consiste no seguinte:

> Por subordinação jurídica *entende-se um estado de dependência real criado por um direito*, o direito de o empregador comandar, dar ordens, donde nasce a obrigação correspondente para o empregado de se submeter a essas ordens. Eis a razão pela qual chamou-se a esta subordinação de jurídica, para opô-la, principalmente, à subordinação econômica e a subordinação técnica que comporta também uma direção a dar aos trabalhos do empregado, mas direção que emanaria apenas de um especialista. Trata-se aqui, ao contrário, do direito completamente geral de superintender a atividade de outrem, de interrompê-la à vontade, de fixar limites, sem que para isso seja necessário controlar continuamente o valor técnico dos trabalhos efetuados. Direção e fiscalização, tais são então os dois polos da subordinação jurídica final.(42)

Observa Evaristo de Moraes Filho

> [...} a fiscalização e o controle do empregador não precisam ser constantes e permanentes, nem se torna necessária a vigilância técnica contínua dos trabalhos efetuados. E neste direito, que assiste, de fiscalizar a atividade do seu empregado, de interrompê-la, ou suscitá-la à vontade, que bem reside o verdadeiro conteúdo da subordinação jurídica, hierárquica ou administrativa.(43)

Vale, à guisa de reflexão, a citação que faz Evaristo de Moraes Filho, de H. Sinzheimer no sentido de que: "o empregador mantém o direito de comandar, não porque seja senhor, e sim porque é credor de trabalho"(44).

Maria do Rosário Palma Ramalho afirma que "o trabalhador subordinado não se identifica pela atividade que presta, mas pela posição em que se encontra perante o respectivo credor"(45).

A subordinação jurídica clássica do empregado em relação ao empregador decorre da dependência hierárquica e disciplinar do conteúdo do contrato de trabalho pelo qual o empregado se compromete a seu tempo à disposição do empregador que, de seu lado, obriga-se a remunerar pelo uso da mão de obra.

---

(42) COLIN, Paul. *De la détermination du mandat salarié. Apud* Evaristo de Moraes Filho. *Op. cit.*, p. 211

(43) *Op. cit.*, p. 211.

(44) *Op. cit.*, p. 212.

(45) RAMALHO, Maria do Rosário Palma. *Direito do Trabalho*. 2. ed. 1º v. Dogmática geral. p. 314.

Arion Sayão Romita observa que a subordinação resulta para o "empregador, no poder de dirigir e fiscalizar a atividade do empregado; e para o empregado, na obrigação correspondente de se submeter às ordens do empregador"(46).

Todavia, observa-se que a subordinação pode se tornar mais adelgaçada ou flexibilizada conforme o cargo ou segundo as atividades exercidas pelo empregado, especialmente nas atividades intelectuais. Entretanto ela subsiste, pois, inclusive, a qualquer momento, quando descumprida a ordem legítima, por mais alta que seja a posição funcional do trabalhador, o empregador pode puni-lo disciplinarmente, inclusive, rescindindo o contrato de trabalho.

Constata-se, ainda, que a subordinação invadiu outros tipos de contrato de trabalho, como por exemplo, o trabalho autônomo que contém regras de cumprimento *vis à vis* o tomador de serviços. No mesmo sentido, quanto ao representante comercial da Lei n. 4.886, de 9 de dezembro de 1965, alterada pela Lei n. 8.240, de 8 de maio de 1992, há obrigações do representante em relação ao representado, sem, no entanto, reconhecer-se o vínculo de emprego.

Dessa feita, o elemento subordinação, exclusivamente, torna-se imprestável para caracterizar, de forma isolada, a condição de trabalhador como empregado. O expansionismo do Direito do Trabalho para abrigar outras modalidades de relações de trabalho é uma realidade incontrolável que não pode se reduzir de forma primária aos limites clássicos da origem binária na forma de proteção social.

A subordinação existe apenas na relação entre empregador e empregado e foi fundamental para descaracterizar terceirização de serviços fraudulenta em que os trabalhadores da prestadora de serviços se submetiam às ordens do tomador. Tal fato deu origem à Súmula 331 do TST, já superada pela reforma trabalhista de 2017, mas que continha a afirmação de que a terceirização seria legítima desde que os trabalhadores não se submetessem, quer dizer não se subordinassem ao tomador de serviços.

Conforme tivemos a oportunidade de observar(47)

> A subordinação estrutural para o reconhecimento de vínculo de emprego talvez tenha sido a última cartada para amparar, de forma extremamente ampla, no seio do Direito do Trabalho praticamente qualquer forma de prestação de serviços, bastando para tanto que se inserisse na atividade fim do tomador de serviços. Serviria a subordinação estrutural para eliminar

(46) *A subordinação no contrato de trabalho*. Rio de Janeiro: Forense, 1979. p. 62.

(47) Disponível em: https://www.conjur.com.br/2021-jun-04/reflexoes-trabalhistas-tempo-revisao-paradigma-protecao-trabalhista/#:~:text=subordina%C3%A7%C3%A3o%20estrutural.%20A%20subordina%C3%A7%C3%A3o%20estrutural%20para%20o,bastando%20para%20tanto%20que%20se%20inserisse%20na.

dúvidas do vínculo de emprego, deixando de perquirir se os elementos básicos da finalidade intrínseca do Direito do Trabalho previstos no art. 3º da CLT, estivessem presentes.

Essa tese, da subordinação estrutural, também conhecida como "subordinação integrativa" o u subordinação reticular", perdeu força com a reforma trabalhista porque não importa mais a destinação do trabalho à atividade fim ou para a dinâmica do tomador de serviços, pois a prestação de serviços autônomos, terceirizados ou qualquer outra forma não exclui a orientação do tomador ou a responsabilidade do prestador.

Observa Nelson Mannrich que

> O Direito do Trabalho acabou se estruturando sobre o modelo de empresa e de relações de trabalho que já não existe mais. A grande distinção entre a realidade socioeconômica atual e aquela que serviu de referência para construir a primitiva legislação trabalhista, cuja marca ideológica permanece, não se justificando manter o ranço protecionista de cunho paternalista o que também não justifica o difuso critério da subordinação estrutural.(48)

Nesse sentido, publicação no sítio do TST, em 24/5/21, noticiou sob o título

> "Subordinação estrutural não caracteriza relação de emprego entre corretor e imobiliária", a decisão da Quarta Turma que rejeitou a tese da subordinação estrutural e excluiu vínculo de emprego reconhecido pela instância inferior (RR-181500-25.2013.5.17.0008).

Em seu voto, o Ministro Caputo Bastos acentuou que:

> Ressalte-se que o fato de as reclamadas estabelecerem diretrizes e aferirem resultados na prestação dos serviços não induz à conclusão de que estaria presente a subordinação jurídica. Isso porque todo trabalhador se submete, de alguma forma, à dinâmica empresarial de quem que contrata seus serviços, em razão de ser ela (a empresa) a beneficiária final dos serviços prestados pelo trabalhador. Sendo assim, pode ela perfeitamente supervisionar e determinar a forma de execução das atividades.

A subordinação jurídica, portanto, é a única capaz de reconhecer o conteúdo da prestação de serviços como vínculo de emprego e, nesse caso, teria que reunir os elementos do art. 3º da CLT em especial evidenciar o exercício de poderes disciplinar e diretivo pelo tomador de serviços. A subordinação jurídica tem em conta a contratação da pessoa e esta, por força do contrato, se submeteria às condições de fiscalização do empregador.

---

(48) *Op. cit.*, p. 246.

Essa orientação insere uma provocação e um alerta. A provocação é de que aqueles parâmetros iniciais do Direito do Trabalho como instrumento de proteção do vínculo de emprego talvez merecessem revisão porque a boa-fé contratual deve ser presumida afastando-se suposições de que toda relação de trabalho, celebrada fora do vínculo de emprego, seria fraudulenta ou criada para obstar a aplicação da legislação trabalhista.

O Direito do Trabalho foi, como na maioria dos ramos do direito, afetado pela inteligência artificial que mudou o mundo e as relações humanas de modo assustador e trouxe para o universo das relações de trabalho profunda mudança, não permitindo ao jurista, especialmente dedicado ao Direito do Trabalho, que permaneça indiferente.

A utilização de algoritmo e da inteligência artificial se encontra em todos os setores da vida contemporânea e no setor das relações de trabalho tem afetado sensivelmente a construção de novos conceitos de subordinação e tem sido objeto de discussões relevantes na doutrina e nos tribunais trabalhistas.

De fato, não se imaginava, em passado recente, que a inteligência artificial invadisse o campo das relações entre empresa e trabalhador em aspectos essenciais como o lugar da prestação de serviços, o regime de tempo de trabalho, o vínculo de subordinação, introduzindo, assim, novas formas de trabalho para diversos trabalhadores, criando cada vez mais um distanciamento entre o vínculo de emprego tradicional e o novo modelo de prestação de serviços.

Mais recentemente, a fim de estender a proteção trabalhista para os trabalhadores que prestam serviços por meio de plataformas numéricas, a doutrina passou a entender que a subordinação é algorítmica, entendendo-se que o trabalhador é controlado em todos os seus atos e, portanto, subordinado. Essa situação deu ensejo à expressão "uberização" do contrato de trabalho e se caracteriza pela prestação de serviços por meio de aplicativos numéricos que gerenciam a prestação de serviços e o cliente.

Em outras palavras, ocorre verdadeira exclusão da atividade humana na contratação, feita por meio de cadastramento na plataforma, assumindo o trabalhador as condições lá estabelecidas, com pleno conhecimento de que suas atividades estarão sob poder de direção, controle e fiscalização das atividades por meio do algoritmo que assume a gestão dos serviços e dos resultados.

Dessa forma, ainda é controvertida a afirmação da existência de vínculo de emprego entre trabalhadores e a plataforma numérica.

É inegável que o trabalho prestado por meio de plataformas numéricas, trouxe, para a relação de trabalho, novo contexto de situações fáticas que divergem da forma tradicional de vínculo de emprego em que o trabalho se identifica, fisicamente, com o local, pessoas e informações claras quanto ao objeto do contrato de trabalho, com deveres e obrigações mais bem identificados.

A União Europeia, levada pela série de conflitos existentes nos países da UE, aprovou e publicou a Diretiva (UE) 2024/2831, do Parlamento Europeu e do Conselho, que entrou em vigor em 02 de dezembro de 2024 e cujo prazo, para transposição para os Estados-membros, expirará em 2 de dezembro de 2026. A diretiva se aplica às plataformas de trabalho digitais que organizam trabalho em plataformas digitais efetuado na União Europeia, independentemente do seu local de estabelecimento ou do direito que seja de outra forma aplicável.

De acordo a citação pela legislação comunitária(49) a diretiva visa melhorar as condições de trabalho e a proteção dos dados pessoais no trabalho em plataformas digitais por meio de:

a) Da introdução de medidas para facilitar a determinação do estatuto profissional correto das pessoas que trabalham em plataformas;

b) Da promoção da transparência, da equidade, da supervisão humana, da segurança e da responsabilização na gestão algorítmica do trabalho em plataformas digitais; e

c) Da melhoria da transparência relativa ao trabalho em plataformas digitais, inclusive em situações transfronteiriças.

A diretiva estabelece, ainda, direitos mínimos aplicáveis a todas as pessoas que trabalham em plataformas digitais que têm um contrato de trabalho ou relação de trabalho ou que, com base numa apreciação dos fatos, se possa determinar que têm um contrato de trabalho ou relação de trabalho, tal como definidos pelo direito, por convenções coletivas ou pelas práticas em vigor nos Estados-Membros, tendo em conta a jurisprudência do Tribunal de Justiça.

Há na Directiva, o art. 5º, que expressa referência de que, juridicamente se aplicará à relação contratual entre a pessoa e a plataforma digital, a presunção de relação de emprego condicionada à prova do exercício do poder diretivo e do controle pela plataforma, observadas as condições praticadas pelo direito nacional. Caberá, portanto, à plataforma ilidir a presunção legal, caso tenha interesse.

A Diretiva propõe, ao tratar da presunção, que

> as pessoas que realizam trabalhos em plataformas e, de acordo com a legislação e a prática nacionais, os seus representantes, terão o direito de iniciar o procedimento referido na secção 3, primeiro parágrafo, para determinar o enquadramento jurídico da situação profissional correta da pessoa que o faz trabalhar em plataformas.

(49) Disponível em: https://www.een-portugal.pt/servicos/Lists/Legislao%20Comunitria/SPDispFormBasic.aspx?ID=10172.

Ocorre, todavia, que, em se tratando de presunção condicionada à confirmação de determinados fatos circunstanciais de subordinação, conforme observa Adalberto Perulli[50]

> n'est certainement pas une panacée contre tous les maux de la qualification juridique, et on ne peut pas non plus dire quelle soit um instrument efficace ex se pour garantir les droits des travailleurs, comme la directive semble le croire.

O art. 12A do Código do Trabalho português tratou do tema da presunção e considerou como contrato de trabalho a relação do prestador com a plataforma digital desde que se verifiquem qualquer uma das situações apontadas, como exemplo, a fixação da pagamento pela plataforma; exercício de poder de controle e direção quanto à conduta do prestador ou à prestação de serviços; supervisão da atividade como o tempo e qualidade por meios eletrônicos; controle quanto à jornada e possibilidade de aceitar ou recusar tarefas ou utilização de subcontratados ou substitutos; poder disciplinar com sanções ou exclusão da atividade; equipamentos pertencentes à plataforma digital.

Tais elementos de presunção poderão ser elididos pela plataforma mediante provas em contrário.

Do que se viu, tanto na diretiva como na legislação portuguesa, pode-se afirmar que o avanço no enquadramento jurídico da prestação de serviços a plataforma digital foi inócuo porque seguimos com as mesmas regras anteriores em que o enquadramento dos fatos constitutivos da pretensão à condição jurídica depende de elementos relevantes e inquestionáveis para que o prestador deva ser considerado empregado.

Dito em outras palavras, a evolução tecnológica e as transformações nas relações de trabalho demonstram que os elementos da formação de vínculo de emprego não podem ser definidos pelo legislador, mas sempre dependerão da qualificação jurídica dos fatos.

Como afirma Adalberto Perulli, "*la relation de travail est presumée être subordonnée lorsqu'elle l'est*"[51].

De outro lado, quando se trata de presunção de subordinação, tal como a prevista na diretiva europeia, releva oportuno identificar de qual natureza se trata: presunção legal ou simples. A diretiva, refere-se à presunção legal, segundo a qual o benefício da prova é atribuído àquele que dela se beneficia, que ficaria dispensado de efetuar a prova da subordinação, em se tratando de relação de emprego. Todavia, ao contrário, se a presunção condicionada é de natureza simples, exigirá do trabalhador a comprovação dos fatos da subordinação, o controle e a direção da plataforma sobre sua atividade profissional.

(50) *La presomption de subordination dans la directive europeéne sur le travail des plateformes et l'ABC test californien: une comparaison*, in Revue de Droit du Travail, n. 12, décembre 2024, p. 716-723

(51) *Op. cit.*

Em 28 de maio de 2025, Supremo Tribunal de Justiça português[52] (29923/23.7T8L-SB.L1.S1), em primeira decisão sobre o tema, reconheceu a existência de contrato de trabalho entre uma plataforma digital e um entregador, asseverando entre seus fundamentos que

Independentemente da margem de liberdade reconhecida ao estafeta no exercício da sua atividade, é indiscutível que esta é desenvolvida num quadro de regras específicas definidas pela empresa, a qual — nos termos que tem por adequados e consentâneos com a prossecução do seu modelo de negócio — também controla e supervisiona a atuação da contraparte, tal como tem a possibilidade de exercer o poder disciplinar, mediante a suspensão ou desativação da respetiva conta...

A decisão do Tribunal de Justiça português, embora tenha seguido os termos da Diretiva Europeia e as condições impostas pelo Código do Trabalho português, ainda está longe de formar decisão paradigmática que possa influenciar as decisões dos tribunais brasileiros que ainda aguardam a decisão submetida ao Supremo Tribunal Federal.

O alerta é de que a crise de desproteção social dos trabalhadores informais demonstra que o paradigma de proteção do Direito do Trabalho não pode ser exclusivo para empregados, devendo ampliar seu campo de aplicação para outras formas de relação de trabalho, fortalecendo-se como instrumento de segurança jurídica e de efetividade na proteção social."[53]

O último elemento a ser considerado é o **salário**, fonte de subsistência do trabalhador e pagamento atribuído ao empregado pelo tempo de permanência à disposição do empregador. O salário pode ser fixado por hora, por mês ou por produção e leva em consideração o salário mínimo fixado, o piso salarial normativo ou o valor fixado e definido em contrato de trabalho ou anotado na Carteira de Trabalho e Previdência Social.

Pode haver a reunião de todos os elementos acima enumerados, todavia a ausência de salário implica inexistência da condição de empregado, tal como ocorre no caso do trabalho voluntário (Lei n. 9.608/1998) em que inexiste contrato de trabalho por ausência absoluta de conflito de interesse. O voluntário adere a um projeto, a uma ideia, abraçando a causa tendo com ela identificação e interesse mútuo. O voluntário assina termo de adesão junto à instituição e não contrato de trabalho.

Existem outras relações de trabalho atípicas em que não se reconhece a condição de empregado, muito embora lhes sejam atribuídos, por lei e por extensão, direitos trabalhistas tal como ocorre com o trabalhador na prestação de trabalho temporário (Lei n. 6.019/1974) e com o trabalhador avulso (Constituição Federal, art. 7º, XXXIV) que serão objeto de análise em item próprio, dos contratos atípicos.

---

(52) Disponível em: https://www.dgsi.pt/jstj.nsf/954f0ce6ad9dd8b980256b5f003fa814/99bc7882e531f-46180258c9900327fa5?OpenDocument.

(53) JOÃO, Paulo Sergio. Tempo de revisão do paradigma histórico de proteção social trabalhista. *CONJUR*. Consultor Jurídico. Coluna Reflexões Trabalhistas. 04 jun. 2021.

b. Sujeitos do contrato de trabalho: Empregador . Conceito legal, grupo econômico, sucessão de empregador e alteração na estrutura jurídica da empresa

A CLT traz o conceito de empregador no art. 2º para dizer que

> Considera-se empregador a empresa, individual ou coletiva, que, assumindo os riscos da atividade econômica, admite, assalaria e dirige a prestação pessoal de serviço.

Independentemente da questão da ausência de técnica jurídica do legislador na época, porquanto empresa não poderia ser empregadora pois somente pessoa física ou jurídica pode contratar.

Cesarino Jr.[54] pensa diferentemente, entendendo que empregador é mesmo a empresa e não a pessoa física de seus proprietários. A razão disso está nos arts. 10 e 448 da CLT que, ao assegurarem o princípio da continuidade da relação de emprego, ou seja, de que o contrato de trabalho continua mesmo em caso de a empresa sofrer modificações na sua estrutura jurídica ou ser vendida a terceiros, induz à conclusão de que o empregador é a empresa. Ocorre, efetivamente, a despersonalização do empregador porquanto o contrato de trabalho não está vinculado às pessoas físicas dos empreendedores do negócio, mas à empresa instituição, razão que explica o disposto nos artigos citados.

De qualquer forma o conceito encerra expressões significativas e que definem a responsabilidade e obrigações de quem assume a condição de empregador.

Para Octávio Bueno Magano[55]

> No Direito do Trabalho, a noção de empresa se realça pelo caráter realista e concreto desta disciplina, em virtude do que as formas jurídicas nem sempre são consideradas. Isto explica a ampla aplicação que em sua área se faz do conceito de fraude bem como o agasalho por ela dado ao instituto da sucessão e do grupo.

Assim, empregador e empresa se confundem nos aspectos objetivos e subjetivos. Além disso é do empregador a responsabilidade pelos riscos da atividade econômica, impondo-se a proibição de que seja o empregado penalizado por má gestão do negócio essencialmente. Hipoteticamente, por extensão, não pode o empregado sofrer prejuízos no seu salário em decorrência de ocorrências que possam causar danos ao patrimônio do empregador no exercício de sua atividade laboral, exceto se houver dolo do empregado (art. 462 da CLT), preservando-se, assim, a aplicação do princípio da irredutibilidade de salário, que admite certa flexibilização mediante negociação coletiva do trabalho.

(54) CESARINO JÚNIOR, Antonio Ferreira. *Direito Social*. São Paulo: LTr, 1980. p. 151.

(55) MAGANO, Octávio Bueno. *Manual de Direito do Trabalho*. São Paulo: LTr; Editora da Universidade de São Paulo, 1981-1992. p. 63.

Há críticas quanto à afirmação de que incumbe ao empregador o risco da atividade econômica, afirmando Octávio Bueno Magano[56] que

> [...] no conceito de empregador não é essencial a ideia de assunção de riscos, porque nele se compreendem tanto os entes que se dedicam ao exercício de atividades econômicas quanto os que deixam de fazer, dedicando-se, ao revés, a atividades não lucrativas como é o caso das instituições de beneficência e das associações recreativas.

Também é o empregador que tem a prerrogativa do ato de admitir, entendendo-se, nesse sentido, que se trata da permissão de que o trabalho seja executado, mediante contrato de trabalho formal, em processo de seleção usual perante os setores competentes da empresa. Nesse caso a contratação se faz pelo empregador por meio de pessoas devidamente por ele autorizadas ao exercício do poder administrativo de celebrar contrato de trabalho.

No caso de trabalho prestado por meio de plataformas aritméticas ou numéricas, a prestação de serviços se passa de forma diversa porque não se pode falar em contratação direta, mas de permissão de uso da plataforma a partir do preenchimento dos requisitos exigidos para dela se utilizar, comprometendo-se, por aquiescência do interessado, a se submeter às regras de sua permanência no sistema de uso. Portanto, em nosso sentir, não se trata, efetivamente, de contrato de trabalho, mas de adesão do interessado à utilização dos meios disponibilizados pelo algoritmo em benefício próprio. Todavia, há de ser reconhecido que se trata de tema ainda em discussão e que o Direito do Trabalho tem dificuldade de compreender em razão do fato de que os elementos constitutivos da relação de trabalho se afastam da concepção clássica de proteção trabalhista.

Em outra dimensão, admitir implica a permissão da prestação de serviços, fazendo surgir, em muitas ocasiões, o ajuste tácito da relação de emprego. Trata-se do consentimento da prestação de serviços de forma silenciosa e ensejadora de criação possível de obrigações contratuais pelo tomador de serviços nestas condições.

Por meio da posição de empregador, este efetua o pagamento do salário devido na forma contratada, sendo vedado que o pagamento seja transferido para terceiros ou condicionado a evento incerto de ocorrência. Razão que justifica a proibição de contratação de garçom de restaurante exclusivamente à base de gorjetas.

O termo assalariar também deve sofrer extensão de sua aplicação para entender que por meio do trabalho executado o empregado usufrui de bens diretos ou indiretos de valor econômico e capazes de prover seu sustento e de sua família, como alimentos, exemplificativamente.

(56) *Op. cit.*, p. 60.

É do empregador diretamente, ou por meio de prepostos seus, o poder de dirigir a prestação pessoal de serviços, compreendendo o exercício dos poderes diretivo e disciplinar na relação de emprego, aplicando-se sanções ou impondo-se regras de comportamento disciplinar, horários de trabalho, uso de uniforme, escolha de períodos de descanso durante a jornada ou entrejornadas, período de férias, enfim, todas as condições pelas quais o empregador pretende atingir os fins da sociedade.

É inegável que modernamente o controle pelo empregador tem sido flexibilizado pelas práticas de gestão mais participativa em que os empregados assumem, efetivamente, responsabilidades no negócio por meio de participação nos lucros ou resultados, em órgãos de representação dos trabalhadores tais como comissões internas, como delegado de pessoal, participação na CIPA, regras de *compliance* por meio de uma governança corporativa transparente, ética e responsável, que tornam o exercício do poder de direção pelo empregador menos evidente.

Finalmente, o empregador dirige a prestação pessoal de serviços, ou seja, a prestação de serviços de uma pessoa física contratada na condição de empregado.

Essa condição da pessoalidade levou as empresas, em determinado momento de reengenharia da organização administrativa e, claro, com o objetivo de reduzir custo de folha de pagamento, a contratar empresas especializadas para a execução de determinados serviços que não se encontravam no *core business* do negócio, como por exemplo, serviço de limpeza, contabilidade, tecnologia e outros, trazendo para o mundo do trabalho a terceirização de serviços. Portanto, assim o fazendo, eliminava-se a gestão do empregador sobre a prestação pessoal da atividade, passando a controlar, essencialmente, a prestação de serviços por empresa especializada para o fim contratado. A jurisprudência trabalhista, uniformizada na Súmula 331 do TST, combateu a utilização da terceirização como meio de inibir direitos trabalhistas.

O Tribunal Superior do Trabalho, no dia 30 de junho de 2025, em sessão do Pleno daquela Corte, aprovou proposta da Comissão de Jurisprudência e de Precedentes Normativos de cancelamento de 36 enunciados da jurisprudência que foram superados pela reforma trabalhista, Lei n. 13.467/2017, ou por decisões do Supremo Tribunal Federal. Em relação à Súmula 331, cancelou o item I, mantendo os demais itens.

CONTRATO DE PRESTAÇÃO DE SERVIÇOS. LEGALIDADE.

I – *(item cancelado)*[57]

II – A contratação irregular de trabalhador, mediante empresa interposta, não gera vínculo de emprego com os órgãos da Administração Pública direta, indireta ou fundacional (art. 37, II, da CF/1988).

III – Não forma vínculo de emprego com o tomador a contratação de serviços de vigilância (Lei n. 7.102, de 20.06.1983) e de conservação e limpeza, bem como a de serviços especializados

(57) A contratação de trabalhadores por empresa interposta é ilegal, formando-se o vínculo diretamente com o tomador dos serviços, salvo no caso de trabalho temporário. *(Lei n. 6.019, de 03.01.1974)*

ligados à atividade-meio do tomador, desde que inexistente a pessoalidade e a subordinação direta.

IV – O inadimplemento das obrigações trabalhistas, por parte do empregador, implica a responsabilidade subsidiária do tomador dos serviços quanto àquelas obrigações, desde que haja participado da relação processual e conste também do título executivo judicial.

V – Os entes integrantes da Administração Pública direta e indireta respondem subsidiariamente, nas mesmas condições do item IV, caso evidenciada a sua conduta culposa no cumprimento das obrigações da Lei n. 8.666, de 21.06.1993, especialmente na fiscalização do cumprimento das obrigações contratuais e legais da prestadora de serviço como empregadora. A aludida responsabilidade não decorre de mero inadimplemento das obrigações trabalhistas assumidas pela empresa regularmente contratada.

VI – A responsabilidade subsidiária do tomador de serviços abrange todas as verbas decorrentes da condenação referentes ao período da prestação laboral.

Tratou-se efetivamente do cuidado de evitar a contratação de mão de obra por empresas terceiras, ressaltando o item III, da possibilidade de contratação de terceirização de serviços destinados a atividade meio do tomador e, ainda, desde que inexistente a pessoalidade e a subordinação do trabalhador da terceirizada ao tomador de serviços. Na ocorrência da hipótese prevista, o vínculo de emprego deveria ser reconhecido entre o empregado da empresa de serviços terceirizados e o tomador de serviços.

Depois de 2017, com a reforma trabalhista, Lei n. 13.467 de 2017, passou-se a admitir a contratação de empresas prestadoras de serviços na atividade fim e, ainda, de trabalhadores constituídos em pessoa jurídica, ainda que para o exercício da atividade-fim do negócio do tomador de serviços e, dessa forma, enfraqueceu ou até mesmo, tornou sem consistência o item III da referida Súmula 331, do TST.

A legislação, a fim de não limitar a condição de empregador apenas às empresas de atividade econômica lucrativa, ampliou o conceito de empregador para dizer que também podem exercer a condição de empregador "*os profissionais liberais, as instituições de beneficência, as associações recreativas ou outras instituições sem fins lucrativos, que admitirem trabalhadores como empregados*" (art. 2º, parágrafo 1º). Ou seja, e no limite, será empregador qualquer pessoa jurídica ou física, independentemente de sua finalidade social, que contratar trabalhador na condição de empregado.

b.1. Grupo econômico

A fim de garantir direitos aos empregados contratados por empresas que participam ou venham a participar de conglomerados econômicos, grupos de empresas industrial, comercial ou de outra natureza, o legislador atribuiu a todas as empresas a responsabilidade civil trabalhista de forma solidária, fazendo-o nos seguintes termos no § 2º do art. 2º:

Sempre que uma ou mais empresas, tendo, embora, cada uma delas, personalidade jurídica própria, estiverem sob a direção, controle ou administração de outra, ou ainda quando, mesmo guardando cada uma sua autonomia, integrem grupo econômico, serão responsáveis solidariamente pelas obrigações decorrentes da relação de emprego.

Configura-se na lei a existência de grupo de empresas por meio de subordinação das sociedades filiadas a uma controladora. Entretanto, pode ser encontrado grupo por coordenação em que, embora ausente o controle de uma pela outra, reconhecem-se interferências recíprocas, nas palavras de Octávio Bueno Magano, "reveladoras de colaboração na persecução de um mesmo desiderato"(58).

Segundo Octávio Bueno Magano(59)

> os elementos componentes da estrutura do grupo, previsto na Consolidação das Leis do Trabalho, são os seguintes: 1) participantes (empresas); 2) autonomia dos participantes (personalidade); 3) relação entre participantes (relação de dominação através da direção controle ou administração da empresa principal sobre as filiadas); 4) natureza da atividade (industrial, comercial ou qualquer outra de carácter económico); 5) efeito (solidariedade); 6) o objetivo sobre o que recai (relação de emprego).

Trata-se de tema de relevância ímpar em especial quando vincula a responsabilidade civil em caso de acidentes e sobre créditos trabalhistas na hipótese de insolvência do empregador. A solidariedade, segundo alguns, somente poderia ser invocada em caso de inadimplência do empregador direto, considerando-se que a lei institui pluralidade de responsáveis e não de devedores. Não seria o caso, portanto, de considerar empregador cada uma das empresas do grupo, mas devedores solidários.

A configuração da existência de grupo econômico pressupõe a existência de diversas empresas com personalidade jurídica própria, com presença no mesmo ramo de atividade econômica ou em diversos seguimentos, mantendo, todavia, entre elas dominação, controle direto de uma sobre as demais ou mesmo que haja coordenação controlada de atuação no mercado, revelando a existência de concentração econômica

Discute-se, ainda, se a solidariedade de que trata a lei é passiva ou ativa e passiva, isto é, se o grupo econômico é empregador único ou se há independência entre as empresas do grupo.

Segundo a tese da responsabilidade passiva, aplica-se a solidariedade entre as empresas integrantes do grupo econômico apenas em relação às obrigações trabalhistas geradas na relação de emprego mantida entre empregado e empresa do grupo, permitindo ao empregado, em caso de ajuizamento de ação, fazê-lo em face do empregador direto ou em face de todas as empresas do grupo.

(58) MAGANO, Octávio Bueno. *Os grupos de empresas no direito do trabalho*. São Paulo: Revista dos Tribunais, 1979. p. 132.

(59) *Op. cit.*, p. 241.

Aqueles que consideram que o grupo econômico mantém solidariedade ativa aplicam a tese do empregador único no sentido de que os empregados se submetem a todas as empresas do grupo. De acordo com Octávio Bueno Magano[60]

> a apontada a ideia de empregador único corresponde à concepção do empregador real, contraposto ao empregador aparente, consoante a qual a existência daquele fica geralmente encoberta pelo véu da personalidade jurídica atribuída a cada uma das empresas do grupo, ressurgindo, porém, toda vez que se levante o mesmo véu, *lifting the corporate veil*, para satisfazer tal ou qual interesse, como da representação de trabalhadores no âmbito do grupo; o da negociação coletiva ao nível do grupo; o da garantia de condições uniformes de trabalho; o da transferência de trabalhadores ou da soma de períodos de serviços prestados a mais de uma empresa; ou da garantia de reintegração do trabalhador em empresa matriz, quando o seu contrato se rescinde junto à filial; o da distribuição de lucros, etc.

A solidariedade ativa foi reconhecida pelo TST na Súmula 129 ao afirmar que a prestação de serviços a mais de uma empresa integrante do grupo econômico, na mesma jornada de trabalho, não implica o reconhecimento de mais de um contrato de trabalho, exceto previsão contratual em contrário (*"A prestação de serviços a mais de uma empresa do mesmo grupo econômico, durante a mesma jornada de trabalho, não caracteriza a coexistência de mais de um contrato de trabalho, salvo ajuste em contrário"*).

Claro está, assim, que o empregado nessas condições trabalha para as empresas integrantes do grupo econômico e, poderia, observados os direitos contratuais e os limites da alteração prejudicial, conforme art. 468 da CLT, ser transferido para qualquer empresa do grupo.

Finalmente, a identidade de sócios não configura, necessariamente, a existência de grupo econômico, situação essa que durante muito tempo se debateu a jurisprudência trabalhista. A reforma trabalhista de 2017 acrescentou ao art. 2º o § 3º, e afastou a discussão nos seguintes termos:

> Não caracteriza grupo econômico a mera identidade de sócios, sendo necessárias, para a configuração do grupo, a demonstração do interesse integrado, a efetiva comunhão de interesses e a atuação conjunta das empresas dele integrantes.

Repete o texto da lei a necessidade de que, para a configuração de grupo econômico, há necessidade de comunhão de interesses e atuação conjunta das empresas integrantes do grupo.

---

(60) MAGANO, Octávio Bueno. *Manual de Direito do Trabalho*. São Paulo: LTr; Editora da Universidade de São Paulo, 1981-1992. p. 94.

b.2. Sucessão de empregador e alteração na estrutura jurídica da empresa

Ainda no capítulo de Introdução da CLT, estabeleceu o legislador a regra de que o contrato de trabalho não poderia se submeter às alterações da sociedade comercial, mantendo-se íntegro pelas condições avençadas, reafirmando, assim, a despersonalização do contrato de trabalho, ou seja, o contrato se celebra com a empresa e não com seus titulares, preservando o princípio da continuidade da relação de emprego.

Afirma o art. 10 que "*qualquer alteração na estrutura jurídica da empresa não afetará os direitos adquiridos por seus empregados*". Trata-se de regra que implica o reconhecimento da continuidade do contrato de trabalho que, analisado juntamente com o art. 448 ("*A mudança na propriedade ou na estrutura jurídica da empresa não afetará os contratos de trabalho dos respectivos empregados*") reafirmam que o contrato de trabalho é único e se realiza perante a empresa e não em relação aos seus titulares.

A reforma de 2017 acrescentou o art. 448-A que reafirma a responsabilidade de obrigações trabalhistas nos seguintes termos:

> Caracterizada a sucessão empresarial ou de empregadores prevista nos arts. 10 e 448 desta Consolidação, as obrigações trabalhistas, inclusive as contraídas à época em que os empregados trabalhavam para a empresa sucedida, são de responsabilidade do sucessor.
>
> Finalmente, para afastar qualquer discussão em torno da responsabilidade, arremata o parágrafo único do citado artigo que "a empresa sucedida responderá solidariamente com a sucessora quando ficar comprovada fraude na transferência".

Alexandre Agra Belmonte[61] sintetizou o tratamento dispensado pela CLT em relação ao empregador da seguinte forma:

> Interpretando o texto da CLT extrai-se a conclusão de que, preenchidas os requisitos de formação da relação de emprego, são tidos como empregadores entre outros os profissionais liberais, os empregadores domésticos as fundações, as associações, os empresários individuais e as sociedades simples e empresárias. E que, buscando conferir maior proteção ao empregado, aplica ao empregador que detém empresa ou atividade econômica habitual, certos conceitos, como sucessão e grupo econômico, quer como forma de garantir a continuidade do contrato de trabalho na hipótese de transferência do negócio, quer para melhor garantir o pagamento dos créditos trabalhistas por quem utiliza, direta ou indiretamente no proveito comum, os serviços

(61) BELMONTE, Alexandre Agra. *A tutela das liberdades nas relações de trabalho: limites e reparação das ofensas às liberdades de consciência, crença, comunicação, manifestação do pensamento, expressão, locomoção, circulação, informação, sindical e sexual do trabalhador*. São Paulo: LTr, 2013. p. 34.

do trabalhador. Enfim adotando a teoria institucional, despersonaliza o empregador, mas o faz para dar continuidade ao contrato de trabalho iniciado em empresa com outra titularidade e para tornar o empregado não apenas do empregador que o contratou, mas também dos que com ele compõem um grupo econômico.

Trata-se, pois, de uma síntese do que se viu em matéria de responsabilidade a condição de empregador e seus efeitos nas obrigações decorrentes da relação de emprego.

Capítulo VI

O Contrato de Trabalho e Modalidades Atípicas

Definidas as partes integrantes da relação de trabalho, de um lado o empregado e de outro lado o empregador, segue-se agora o estudo do contrato de trabalho, seu conceito, suas características e seus efeitos na forma de garantir os direitos legais e contratados aos empregados.

O contrato individual de trabalho é definido no art. 442 da CLT da seguinte forma:

> Contrato individual de trabalho é o acordo tácito ou expresso, correspondente à relação de emprego.

É um conceito que reproduz, de forma clara e com sabedoria, as dificuldades de conceitos fechados, concluindo, em homenagem ao princípio da primazia da realidade que, onde houver a relação de emprego, estaremos diante de um contrato de trabalho. Portanto, qualquer relação de trabalho antes de se definir como inserida no campo de proteção trabalhista deve ser avaliada quanto aos elementos informadores do vínculo de emprego e, nesse sentido, retornamos aos estudos dos elementos da configuração de trabalhador como empregado: pessoalidade, continuidade, trabalho por conta alheia, subordinação e onerosidade.

O contrato de trabalho poderá ser celebrado por ajuste tácito ou expresso, verbal ou por escrito, por prazo determinado ou indeterminado ou para prestação de trabalho intermitente (art. 443 da CLT).

O legislador prestigia o contrato sem prazo, isto é, aquele celebrado com duração indefinida, indeterminada, presumindo-se que teria sido concluído para a vida profissional do trabalhador e cujo rompimento deveria ser justificado com motivos disciplinar, técnico ou financeiro.

Gerard Couturier(62) chama aos contratos de duração determinada e àqueles de trabalho temporário "contrats précaires" no sentido de que são admissões ao trabalho

(62) COUTURIER, Gerard. *Droit du travail.* 1 – Les relations individuelles de travail. Presses Universitaires de France. 3ème ed. 1996. Novembre. p. 172 e seguintes.

sem conhecimento da continuidade e que a lei francesa não permite que seja utilizado um contrato de trabalho precário para a execução de trabalho de natureza permanente.

Evidente que essa ideia de contrato de trabalho vinculado a uma única empresa, nos dias atuais, de grande competição de mercado em que os trabalhadores estão sempre em busca de novos desafios, raramente o trabalhador contratado permanece no mesmo emprego até sua aposentadoria. Há uma dinâmica na prestação de serviços e, para as empresas, há sempre o desafio de buscar talentos no mercado de trabalho e oferecer vantagens indiretas a fim de reter no emprego tais valores profissionais.

Portanto, a figura do trabalhador que completa 10, 20, 30 anos de trabalho para o mesmo empregador é coisa do passado.

Mas, que se retenha a ideia de que o legislador considera o contrato sem prazo a forma ideal de contratação, presumindo que, dessa forma, a subsistência do trabalhador estaria garantida, promovendo-se o equilíbrio econômico e social.

Ao lado do contrato sem prazo, prevê o legislador a possibilidade de celebração de contratos a termo que apresentariam as seguintes características (art. 443, § 1º da CLT):

1. O termo prefixado;

2. A realização de serviços especificados;

3. A realização de certo acontecimento suscetível de previsão aproximada; e

4. A prestação de trabalho intermitente.

O contrato a termo prefixado é aquele em que, no momento de sua celebração, as partes têm conhecimento da data em que será terminado e, durante a execução dos serviços contratados, empregado e empregador estão seguros quanto ao cumprimento das obrigações avençadas.

O contrato de prazo, celebrado com vistas à realização de serviços especificados, vincula-se ao tempo necessário para o cumprimento da obra a que se comprometeu o trabalhador realizar: seja a construção de um muro, seja a instalação de sistemas de tecnologia, por exemplo. Terminada a obra o contrato se desfaz.

O contrato dependente da realização de certo acontecimento suscetível de previsão aproximada tem o seu término previsto com a superveniência do fato esperado e que porá fim ao contrato. Assim, por exemplo, a contratação de empregado para atividades de pesquisa eleitoral no período que precede as eleições, até, por exemplo, o 1º turno. O evento é previsível e certo e na sua ocorrência o contrato termina.

O rompimento desses tipos de contrato é possível e somente poderia advir de problemas disciplinares, financeiros ou força maior, cabendo sempre as indenizações correspondentes.

O texto legal ainda cuida das condições de validade do contrato de prazo no art. 443, § 2º e aponta três situações a serem observadas, sob pena de nulidade do contrato:

a) de serviço cuja natureza ou transitoriedade justifique a predeterminação do prazo;

b) de atividades empresariais de caráter transitório;

c) de contrato de experiência.

Parece evidente a intenção do legislador de coibir o uso indiscriminado de contratos a prazo certo, fazendo com que sua utilização coincida na forma e conteúdo, de acordo com as situações previstas em lei.

Primeiro, relativamente à prestação de serviços que devem justificar a predeterminação do prazo, diz respeito ao trabalhador empregado contratado para a execução da obra ou de um trabalho que justifique a definição de prazo para terminar. É o contrato por obra certa da Lei n. 2.959/1958.

Segundo, refere-se à atividade empresarial que estaria a justificar a prestação do trabalho com prazo definido, vinculado ao tempo em que a empresa estaria em sua atuação de forma transitória. Caso, por exemplo, de empresas que resolvem promover seus produtos no período de verão ou inverno ou contrato de safra da Lei n. 5.889/1973, art. 14, parágrafo único).

Terceiro, finalmente, o legislador inseriu o contrato de experiência como possibilidade de contratação válida de período definido. O contrato de experiência, de fato, corresponde a um período de prova que antecede a contratação do empregado de modo indeterminado.

O contrato de experiência tem sido utilizado pelas empresas para servir na avaliação, pelo empregador, da competência do trabalhador para a execução do trabalho contratado, além de avaliação de condições pessoais e comportamentais. Do lado do empregado, também poderia o período servir para que pudesse avaliar as condições contratadas, ambiente de trabalho por exemplo.

Observa-se que esse contrato tem sido mal utilizado e está longe de servir como período de prova de contrato sem prazo. Efetivamente, é utilizado sem qualquer responsabilidade pelos empregadores, como mão de obra barata, que, ao término do período não se dão ao trabalho de explicar ao empregado as razões da extinção do contrato.

Nesse passo a lei é omissa na imposição de obrigações de demonstração de avaliação do desempenho do empregado durante a experiência e, ao término, deveria ser imposta aos empregadores, por lei ou negociação coletiva, a obrigação de um aviso-prévio de pelo menos uma semana, a fim de que o trabalhador pudesse já se colocar no mercado de trabalho.

Quanto ao prazo, os contratos podem ser celebrados pelo prazo máximo de dois anos, admitindo-se uma única prorrogação, desde que, somados o período contratado e a prorrogação não ultrapasse o limite máximo de dois anos. Se houver prorrogação por mais de uma vez passará a vigorar sem determinação de prazo.

Qualquer situação que contrarie os limites legais transforma o contrato celebrado em contrato sem prazo, estendendo-se ao trabalhador os direitos relativos aos contratos de prazo indeterminado.

O contrato de experiência tem prazo máximo de 90 dias, admitindo-se, igualmente, uma única prorrogação e desde que a soma dos dois períodos não ultrapasse os 90 dias previstos em lei.

Em caso de sucessão de contratos de prazo determinado deverá ser respeitado o prazo de seis meses entre um contrato e outro, sob pena de ser considerado sem prazo o contrato sucedido. A exceção é atribuída a fato da realização de serviços especificados ou de acontecimento suscetível de previsão aproximada.

Os contratos de prazo determinado devem ser celebrados por escrito e anotado na CTPS.

Os contratos de prazo determinado resolvem-se na data fixada para sua terminação, todavia se ocorrer a rescisão antecipada e se houver cláusula assecuratória do direito recíproco de rescisão (art. 481, da CLT) e se rescindido antes do prazo fixado por qualquer uma das partes, aplicam-se os princípios que regem a rescisão dos contratos por prazo indeterminado.

Durante muito tempo se discutiu sobre a garantia de emprego nos contratos de prazo certo em caso de gestante ou acidente do trabalho. A jurisprudência que se consolidou inicialmente no item III, da Súmula 244, do TST, afirmava que "*não há direito da empregada gestante a estabilidade provisória na hipótese de admissão mediante contrato de experiência, visto que a extinção da relação de emprego, em face do término do prazo, não constitui dispensa arbitrária ou sem justa causa*".

Todavia, referida Súmula foi revista para afirmar, no item III, a garantia da estabilidade nos seguintes termos: "*A empregada gestante tem direito à estabilidade provisória prevista no art. 10, inciso II, alínea* "b", *do Ato das Disposições Constitucionais Transitórias, mesmo na hipótese de admissão mediante contrato por tempo determinado*".

A propósito do tema da garantia de emprego da gestante e do direito a ser protegido, merece destaque nosso artigo do CONJUR, na Coluna Reflexões Trabalhistas:

> O Direito do Trabalho é especialíssimo quanto ao seu campo de atuação e proteção destinada aos contratos com vínculo de emprego. Ao longo dos anos, todavia, foi ampliando sua base de proteção e alguns direitos, antes exclusivos para empregados, foram, aos poucos, expandidos ou estendidos para outras formas de relação de trabalho tais como diretores de empresa, trabalho temporário, avulso, cooperados. E, a cada dia, percebe-se uma força incontida do seu campo de proteção trabalhista, amparando situações especiais com fundamentos jurídicos em seus princípios ou na dignidade da pessoa humana, tal como ocorreu com a proteção de trabalhadores com diagnóstico positivo para HIV, ou mais recentemente com algumas decisões que sustentam a redução de jornada de trabalho sem prejuízo da remuneração para empregados com filhos diagnosticados com transtorno do espectro autista (TEA).
>
> Talvez seja essa finalidade da legislação social, roupa feita para todos, mas que em alguns momentos precisa de ajustes, o que nos faz lembrar De Page, jurista belga, ao afirmar a importância da jurisprudência que faz o papel de adaptar sua aplicação.
>
> No caso de empregada gestante, a Constituição assegurou a garantia de emprego desde a confirmação da gravidez até cinco meses após o parto (art. 10, II, "*b*", do ADCT), com a garantia pela legislação previdenciária de percepção de "salário-maternidade" durante o período de afastamento. Os conflitos surgidos nesta seara decorrem do fato de que nem sempre o empregador tem conhecimento da condição de gravidez da empregada por ocasião da dispensa. A Súmula 244, item I, do colendo TST, já afirmara que "o desconhecimento do estado gravídico pelo empregador não afasta o direito ao pagamento da indenização decorrente da estabilidade (art. 10, II, '*b*' do ADCT)".
>
> Portanto, as discussões giram em torno dos efeitos na reparação do período de garantia de emprego, frustrado com a dispensa imotivada e a recusa da empregada de retornar ao trabalho, quando ainda é tempo. Os sindicatos, por sua vez, chegam a convencionar normas coletivas impondo à gestante a obrigação de comunicar o empregador, com a finalidade de evitar litígios.
>
> O primeiro aspecto remete ao direito do nascituro e sua proteção, afirmando que
>
> "o direito à estabilidade da gestante, está direcionado também à proteção do nascituro (ou do menor adotado, a partir da inclusão do art. 391-A à CLT

pela Lei n. 13.509/2017, vigente desde 23.11.2017), e não exclusivamente à mulher grávida/puérpera (ou adotante), possui contornos de indisponibilidade absoluta, na medida em que o objeto da proteção constitucional é indivisível, pelo que a disposição de tal direito pela mãe não pode produzir prejuízo inafastável ao sujeito de direitos que é incapaz de manifestar de forma plena e válida o seu consentimento. Ou seja, em que pese seja válida a norma coletiva que limita ou restringe direito trabalhista que não fira de forma imediata um patamar civilizatório mínimo, no caso concreto há inconstitucionalidade do que foi avençado coletivamente, na medida em que se dispôs sobre direito de terceiro não sujeito à vontade da trabalhadora, tampouco do sindicato, que desbordar os limites de sua missão constitucional de legítimo representante de classe ou categoria. Como o direito constitucional em questão é direcionado primordialmente do nascituro, o qual, não pode ser representado pelo sindicato ao negociar contra os seus interesses, a norma coletiva não pode prevalecer..."

Neste primeiro aspecto está o que chamamos de proteção social indireta, isto é, a empregada gestante transmite a titularidade do direito e respectiva garantia que, segundo o acórdão, é do nascituro que não se submete à vontade da trabalhadora gestante nem à negociação levada a efeito pelo sindicato, afirmando, repita-se que "o direito constitucional em questão é direcionado primordialmente ao nascituro, o qual, não pode ser representado pelo sindicato ao negociar contra os seus interesses, a norma coletiva não pode prevalecer".

O segundo aspecto trazido pela decisão, de caráter normativo, diz respeito à validade da norma coletiva que, conforme o Tema 1.046, do STF, teria transigido com direito constitucional indisponível ("São constitucionais os acordos e as convenções coletivas que, ao considerarem a adequação setorial negociada, pactuam limitações ou afastamentos de direitos trabalhistas, independentemente da explicitação especificada de vantagens compensatórias, desde que respeitados os direitos absolutamente indisponíveis"). No caso, tratando-se de direito direcionado ao nascituro, não pode ele ser representado pelo sindicato porquanto se trata de direito de indisponibilidade absoluta, de natureza indivisível.

Se levada ao extremo a orientação do citado acórdão, o direito ao período de licença-maternidade seria pago em qualquer hipótese, inclusive na justa causa, tratando-se de direito de natureza indivisível, dirigido ao nascituro. Tal argumento estaria, também, a justificar o reconhecimento do direito em término de contrato de prazo.

Mutatis mutandis, a empregada gestante poderá agir como se titular do direito fosse, quando se tratar de pedido de demissão, ocasião em que deve ser assistida pelo sindicato de classe ou autoridade competente, nos termos do art. 500, da CLT, conforme tem decidido o Tribunal Superior do Trabalho, valendo a referência à decisão da 4ª Turma, processo 1000170-73.2121.5.02.0054, cuja relatora, ministra Maria Cristina Irigoyen Peduzzi, anulou pedido de demissão porque ausente a assistência sindical, tratando a estabilidade provisória como direito indisponível e, portanto, irrenunciável.

"II – RECURSO DE REVISTA INTERPOSTO SOB A VIGÊNCIA DA LEI N. 13.467/2017 – ESTABILIDADE PROVISÓRIA DE GESTANTE PEDIDO DE DEMISSÃO – TERMO DE RESCISÃO NÃO HOMOLOGADO PELO SINDICATO – INVALIDADE TRANSCENDÊNCIA POLÍTICA RECONHECIDA O entendimento pacificado nesta Corte Superior é no sentido de ser necessária a respectiva homologação pela entidade sindical ou autoridade competente, independentemente da duração do contrato de trabalho (se inferior ou superior a um ano). Para essa hipótese, o reconhecimento jurídico da demissão da empregada gestante só se completa com a assistência do sindicato profissional ou de autoridade competente (art. 500 da CLT). Ressalta-se que a estabilidade provisória é direito indisponível e, portanto, irrenunciável. No caso dos autos, verifica-se que, no período de estabilidade provisória da gestante, a Reclamante se demitiu e não teve assistência sindical para a rescisão de seu contrato de trabalho, contrariando a determinação do art. 500 da CLT. Recurso de Revista conhecido e provido."

Como se vê, os fundamentos do reconhecimento do direito à licença-gestante, salário-maternidade e os efeitos sobre a titularidade do nascituro no gozo desse direito nos remete à reflexão de que há, de forma inquestionável, uma contaminação recíproca na forma de proteção trabalhista.[63]

Da mesma forma, relativamente ao trabalhador acidentado, a Súmula 378, item III, do TST, consolidou entendimento de garantia de emprego nos termos seguintes: "*O empregado submetido a contrato de trabalho por tempo determinado goza da garantia provisória de emprego decorrente de acidente de trabalho prevista no n no art. 118 da Lei n. 8.213/1991.*"

São abundantes, no campo de aplicação da legislação trabalhista, contratos de trabalhos atípicos quer pela sua formação, quer pela sua estrutura, quer pela sua forma de proteção, merecendo destaque alguns em especial.

a. Contrato especial de trabalho de prazo: Lei n. 9.601/1998

Em decorrência da crise de desemprego que assolou o país em 1998, o governo federal encaminhou projeto de lei, posteriormente transformado na Lei n. 9.601, de 21

(63) JOÃO, Paulo Sergio. *Proteção trabalhista indireta:* gestante e nascituro. CONJUR. *Coluna Reflexões Trabalhistas.* 20 set. 2024.

de janeiro de 1998, cujo objetivo essencial era fomentar a empregabilidade, mediante a contratação de trabalhadores por prazo determinado, reduzindo-se o custo de encargos trabalhistas.

A condição essencial para que as empresas pudessem contratar trabalhadores na forma da lei é de que seja autorizado por meio de acordo ou convenção coletiva de trabalho e deveriam estabelecer a indenização em caso de rompimento antecipado e multas por descumprimento de suas cláusulas.

A lei ainda prevê a estabilidade da gestante pelo período contratado, do dirigente sindical, do acidentado e do cipeiro, seguindo as normas constitucionais e lei ordinária.

Os estímulos para as empresas se utilizarem dessa modalidade foram:

(i) a redução a cinquenta por cento das alíquotas das contribuições sociais devidas ao sistema "S" Serviço Social da Indústria — SESI, Serviço Social do Comércio — SESC, Serviço Social do Transporte — SEST, Serviço Nacional de Aprendizagem Industrial — SENAI, Serviço Nacional de Aprendizagem Comercial — SENAC, Serviço Nacional de Aprendizagem do Transporte — SENAT, Serviço Brasileiro de Apoio às Micro e Pequenas Empresas — SEBRAE e Instituto Nacional de Colonização e Reforma Agrária — INCRA, bem como ao salário educação e para o financiamento do seguro de acidente do trabalho.

(ii) Redução para 2% a alíquota de contribuição para o Fundo de Garantia do Tempo de Servico (FGTS) e, nesse caso, o empregador deveria manter depósitos mensais vinculados a favor do empregado, em estabelecimento bancário, com periodicidade de saque.

A lei estabeleceu um número máximo de empregados que poderiam ser contratados pelo empregador, a fim de evitar que este efetuasse troca de trabalhadores já contratados pelo novo modelo, nos seguintes percentuais, considerando-se a média aritmética mensal do número de empregados contratados por prazo indeterminado:

I – cinquenta por cento do número de trabalhadores, para a parcela inferior a cinquenta empregados;

II – trinta e cinco por cento do número de trabalhadores, para a parcela entre cinquenta e cento e noventa e nove empregados; e

III – vinte por cento do número de trabalhadores, para a parcela acima de duzentos empregados.

A lei, como forma de incentivo às novas contratações, estabeleceu preferência às empresas que aumentassem o quadro de pessoal em relação à média mensal do número de empregos, considerando-se o número do período em referência mencionado pela lei no art. 5º.

Além da criação de um contrato de trabalho especial e, ainda, a fim de preservar os empregos, a lei alterou o art. 59 da CLT, criando o modelo de compensação de jornada de trabalho por meio de banco de horas, no prazo de 120 dias.

Arion Sayão Romita[(64)], comentando a nova lei e as reações contrárias ocorridas na época afirma com propriedade

> Poucas leis, no Brasil, têm sofrido maior número de críticas que é a Lei n. 9.601, de 21 de janeiro de 1998, que dispõe sobre o contrato de trabalho por tempo determinado (a emenda oficial emprega a expressão *prazo determinado*, mas esta expressão é pleonástica pois prazo significa *tempo determinado*).
>
> As críticas são numerosas e contundentes. Partem de setores refratários ao método democrático de regulação das relações de trabalho. A Lei n. 9.601 só autoriza a celebração de contratos de trabalho a prazo *mediante prévia estipulação de acordo coletivo de trabalho.* Vale dizer, a própria lei veda a celebração desse tipo de contrato diretamente, entre empregador e empregado. Esta estipulação direta é consentida pela CLT (arts. 40 e 443 e seus parágrafos), mas a Lei n. 9.601 só permite que o contrato de trabalho a prazo por ela instituído seja firmado como consequência da execução do estabelecido no acordo coletivo (art. 1º). A lei pressupõe, portanto, a intervenção do sindicato, ou seja, admite a *participação dos setores sociais* na criação do direito a eles aplicável, o que constitui sério desvio do método até então hoje dominante no Direito do Trabalho brasileiro.

E acentua Romita que

> A Lei n. 9.601 estimula o processo de negociação coletiva. Insere-se na orientação contemporânea que o direito vem assumindo: o direito promocional, cuja diretriz refoge ao tradicional critério impositivo. O garantismo legislativo, que fazia repousar toda a carga de "proteção" ao assalariado diretamente sobre a lei uniforme e cogente, atualmente cede o passo à participação dos protagonistas sociais, que sabe melhor do que o legislador distante aquilo que lhes convém.

Essa lei, embora ainda não tenha sido revogada, foi de difícil aplicação em razão da forte resistência sindical que fazia oposição ao governo federal do presidente Fernando Henrique Cardoso. De outro lado, o Estado pouco contribuía para a sua adoção e os

(64) ROMITA, Arion Sayão. A Lei Do Contrato De Trabalho Por Tempo Determinado. *Trabalho e Doutrina*. Revista jurídica trimestral. Set. 1998, p. 3 a 17.

estímulos propostos afetavam diretamente os empregados, sem qualquer contrapartida do Estado.

b. Contrato de trabalho intermitente

A Lei n. 13.467, alterou o art. 442 da CLT, para inserir, no conceito de contrato de trabalho, aquele prestado de natureza intermitente, ficando com a seguinte redação:

> "o contrato individual de **trabalho** poderá ser acordado tácita ou expressamente, verbalmente ou por escrito, por prazo determinado ou indeterminado, ou para prestação de **trabalho intermitente**."

De fato, foi absolutamente desnecessária a modificação porque no conceito de empregado (art. 3º da CLT) já existia e existe a situação do serviço de natureza não eventual, suficiente para a contratação como empregado.

Dentre as inovações da reforma trabalhista, destaca-se a regulamentação o modelo do trabalho intermitente no art. 452-A, inserindo-o, com peculiaridades que apresenta, na condição de trabalho sob vínculo de emprego, trazendo uma ampliação desse conceito e quebrando o exercício dos poderes disciplinar e diretivo do empregador.

A análise detida da lei pode surpreender e trazer novos enfrentamentos na discussão da relação de emprego.

Quanto ao contrato de trabalho intermitente, diziam alguns que as empresas teriam maior facilidade e flexibilidade na contratação de trabalhadores nessa modalidade. e outros que o trabalho intermitente tende a reduzir o número de 14 milhões de desempregados. De fato, a lei incorporou a prática de trabalhos em "bicos" para dar a ela proteção trabalhista.

Da forma como está, o contrato de trabalho intermitente é um contrato sem garantias e sem obrigações. Pela ausência de garantias ao trabalhador contratado, a lei permitirá o deslocamento de trabalhadores da estatística de desempregado para emprego intermitente, sem qualquer certeza de salário no mês porquanto condicionado à convocação pelo empregador. É o emprego sem compromisso de prover renda por aquele que contrata.

Observe-se, também, que o contrato de trabalho intermitente se caracteriza pela natureza do trabalho a ser executado e não porque os trabalhadores inseridos na relação de trabalho representem um grupo de trabalhadores intermitentes. É um trabalho que gera uma expectativa de ocorrência frequente, mas não rotineira, muito embora ocorra nas atividades habituais do empregador.

Desse modo, configurar-se-á no modelo da lei o trabalho que puder se submeter aos aspectos formais da lei: natureza de trabalho a ser prestado e convocação pelo empregador, nos termos do art. 452-A, § 1º, da CLT ("*O empregador convocará, por qualquer meio de comunicação eficaz, para a prestação de serviços, informando qual será a jornada, com, pelo menos, três dias corridos de antecedência*").

A contratação de empregado para prestação de serviços de conteúdo intermitente também rompe com o paradigma de obrigações contratuais no âmbito do Direito do Trabalho.

Em se tratando de contrato de trabalho, é usual que gere entre as partes obrigações e deveres recíprocos: do lado do empregador, de dar trabalho e salário e, do outro lado, do empregado, de entregar um tempo para cumprir o trabalho e fazer jus ao salário. Portanto, o contrato de trabalho tem, dentre suas características, a obrigatoriedade de o empregador prover trabalho ao empregado contratado durante o período em que permanece à sua disposição.

No trabalho intermitente desaparecem as obrigações de prover o trabalho pelo empregador e, para o empregado, de permanecer à disposição.

Alain Supiot(65), a propósito de comentários sobre o contrato "Zero hora" (*Zero hour contract*) adotado pela Grã Bretanha, que inspirou o modelo brasileiro, observou que a questão fundamental é de saber se um contrato zero hora, na sua essência, sem qualquer garantia de horas de trabalho, pode ser considerado um contrato e que, perante o direito francês seria considerado nulo, por aplicação do disposto no código civil francês, art. 1.174, segundo o qual "qualquer obrigação é nula quando tenha sido contratada sob condição potestativa por parte daquele que a ela se obriga".

De verdade, o conceito de tempo à disposição desaparece como condição contratual obrigatória. A manifestação da vontade do empregado de que atenderá à convocação do empregador é que faz do compromisso contratual seu caráter obrigatório, conforme disposição do art. 452-A, § 2º, nos seguintes termos: "*Recebida a convocação, o empregado terá o prazo de um dia útil para responder ao chamado, presumindo-se, no silêncio, a recusa*".

É um contrato de trabalho condicionado ao interesse do empregado, exclusivamente. O empregado é dono do seu tempo e pode recusar a convocação do empregador, afirmando o art. 452-A, § 5º que "*O período de inatividade não será considerado tempo à disposição do empregador, podendo o trabalhador prestar serviços a outros contratantes*".

É um contrato de emprego sem salário. É um contrato que não gera obrigação ao empregador de prover trabalho. É um contrato em que o empregado pode recusar o trabalho oferecido sem gerar ato de insubordinação ou ato de indisciplina, conforme expressamente disposto no § 3º, do art. 452-A: "*A recusa da oferta não descaracteriza a subordinação para fins do contrato de trabalho intermitente*".

A subordinação nesse tipo de contrato somente ocorrerá se o empregado aceitar a convocação. A recusa é ato de exercício de liberdade do empregado.

---

(65) SUPIOT, Alain. *La gouvernance par les nombres*. Institut d'études avancées de Nantes. Librairie Arthème Fayard/Pluriel. Agosto 2020, p. 494. "La question fondamentale est de savoir si un "pur" contrat zéro heure —c'est-à-dire ne comportant aucun minimum garanti d'heures de travail — est encore um contrat. En droit français, ce contrat serait consideré comme nul, Le code civil dispose en effet que "toute obligation est nulle lorsqu'elle a été contractée sous une condition potestative de la part de celui qui s'oblige".

De novo a lei nos coloca diante de um rompimento de paradigma. O trabalho ocasional sempre levou como argumento de exclusão de vínculo de emprego, além da ausência do seu caráter habitual, a possibilidade de recusa pelo prestador de serviços. Todavia, a nova lei inaugura a inclusão da ausência de habitualidade e da manifestação contrária pelo prestador de serviços como elementos incapazes de excluir o vínculo de emprego.

A subordinação jurídica sempre foi o aspecto mais relevante de sobrevivência do Direito do Trabalho na afirmação da proteção na relação de emprego e da relação de emprego. A subordinação permite ao empregador o exercício dos poderes disciplinar e diretivo, comandos típicos e decorrentes do próprio contrato de trabalho e valerá na relação de trabalho intermitente de forma condicionada à aceitação da convocatória do empregador.

Há muito ainda que se estudar nessa relação de emprego *sui generis* em que há nítida inversão de controle do contrato e de sua vigência pelo empregado.

Caberá às empresas a avaliação da conveniência de manter trabalhadores nessa condição e, quando se trata de organização empresarial, a possibilidade de recusa pelo empregado de executar o trabalho parece incompatível com a dinâmica das empresas. Talvez esse tipo de contrato, tão praticado em outros países, não chegará a contribuir para o desejo de redução na estatística dos desempregados.

Na verdade, o contrato de trabalho intermitente é uma ideia mal encaminhada e mal acabada do legislador para atribuir direitos trabalhistas aos trabalhadores que se colocam de modo informal em trabalhos precários, de curta duração ou sazonais e que, usualmente, não podiam ser considerados empregados pois faltava-lhes a carteira assinada, recolhimento para a previdência social e os demais direitos trabalhistas, excluídos que estavam da relação de emprego.

O legislador fotografou essa situação real e imaginou que, juntando os pedaços encontrados, poderia dar forma de contrato de emprego e, para isso, excluiu o poder disciplinar e diretivo do empregador no momento da contratação e inverteu a condição de subordinação, deixando-a na mão do trabalhador, como se fosse um desejo, uma faculdade, decorrente do exercício pleno de sua liberdade de ser ou não empregado por uns dias.

Desse modo, o legislador retirou da pretendida relação de emprego a sua alma, ou seja, a subordinação, elemento essencial e único capaz de gerar compromissos obrigacionais. Acrescente-se que o legislador, de modo intencional ou não, criou uma situação perversa porque a relação de emprego é falsa, para não dizer que é uma mentira, porque o contrato de trabalho não se consuma no princípio essencial do vínculo de emprego que é a expectativa da continuidade e, com isso, ofende o inciso I do art. 7º da Constituição Federal.

Melhor seria que o legislador, inspirado no modelo francês, G. Giappichelli Editore completasse aquilo que a lei francesa estabelece como garantia aos empregados contratados, ou seja, naquele país, o empregador se compromete a pagar aos empregados um determinado limite de horas anuais, ou seja, compromete-se a dar trabalho ao empregado, sob pena de remunerar a ociosidade eventual em que o trabalhador permanecer (arts. L3123-33 a L3123-38).

No modelo italiano, há dois tipos de contratos para o trabalhador em tarbalho intermitente: aquele pelo qual o empregado se coloca à disposição quando convocado; e, aquele em que o empregado se compromete, antecipadamente ao atendimento à convocação pelo empregador e, nesse caso, recebe remuneração pelo fato de estar à disponibildade do empregador(66).

No caso do contrato de trabalho intermitente, a Justiça do Trabalho vem, em alguns casos, fazendo o papel na tentativa de dar alma aos contratos, analisando os casos a ela submetidos, ora anulando os contratos sob denominação de trabalho intermitente em razão da ausência de trabalho eventual, ora reconhecendo a validade do contrato celebrado, batendo-se na análise de situações de fato como, exemplificativamente, em torno do que seria o trabalho intermitente ou número de convocações ao trabalho pelo empregador, ou, ainda, qual o período de alternância entre períodos de trabalho e inatividade.

Nesse sentido, o acórdão proferido pela 6ª Turma do TST, da lavra da Ministra Katia Magalhaes Arruda, AIRR: 0011000-23.2020.5.15.0076, 22.11.2023, publicado em 24.11.2023, demonstra de modo inequívoco as dificuldades do enquadramento jurídico do contrato de trabalho intermitente. Concluiu a relatora, após análise do conceito legal de trabalho intermitente e das obrigações dele decorrentes que cabe ao empregador a obrigação de convocar o empregado sob pena de ser obrigado a indenizar o trabalhador pela conduta omissiva, afirmando ao final que

> "a reclamada, ao empreender a conduta omissiva de jamais convocar empregado contratado sob a modalidade de trabalho intermitente, sem justificativa ou diálogo, abusou de seu direito (art. 187 do Código Civil) e cometeu ato ilícito (art. 186 do Código Civil) violador dos direitos da personalidade da reclamante, que deve ser indenizada por tal conduta, que ensejou danos morais (arts. 5º, X, Constituição Federal, 223-C, § 1º, CLT e 927 do Código Civil)."

A prática do contrato de trabalho intermitente se revela enganosa quanto ao reconhecimento de direitos trabalhistas pois a carteira assinada não é suficiente para dar garantias contratuais mínimas.

A decisão do TRT da 1ª Região, processo 0100546-57.2023.5.01.0017, de relatoria da Desembargadora ROSANE RIBEIRO CATRIB é sintomática no sentido de demonstrar pouca sustentação desse contrato de trabalho pois admite período indefinido

(66) SANTORO-PASSARELLI, Giuseppe. *Diritto dei lavori e dell'occupazione*. Nona edizione. Torino: G. Giappichelli Editore, 2022. p. 505.

para a convocação ao trabalho pelo empregador, gerando hipótese de contrato sem responsabilidades.

> **CONTRATO DE TRABALHO INTERMITENTE. AUSÊNCIA DE CONVOCAÇÃO PARA O TRABALHO POR MAIS DE UM ANO. RESCISÃO INDIRETA DO CONTRATO. DANOS MORAIS.**
>
> **IMPOSSIBILIDADE.** 1. O art. 452-D da CLT, incluído pela MP n. 808/2017, que previa a rescisão automática do contrato de trabalho intermitente caso o empregador deixasse de convocar o empregado para o trabalho no prazo de um ano, teve sua vigência encerrada no dia 23 de abril de 2018 pela Mesa do Congresso Nacional, através do Ato Declaratório n. 22/2018. 2. Tratando-se de contrato de trabalho intermitente, não há mais no ordenamento trabalhista pátrio a obrigatoriedade de o empregador convocar o empregado intermitente em determinado prazo, de maneira que, enquanto não sobrevier alteração legislativa quanto a esse aspecto, o contrato de trabalho intermitente, em tese, pode perdurar indefinidamente sem qualquer convocação, disso não decorrendo infração patronal que configure a rescisão indireta nem dano moral passível de indenização. **Negado provimento.**

O contrato de trabalho intermitente é um contrato sem alma e sua prática não tem gerado inclusão social nem garantias, padecendo de conteúdo que possa assegurar o respeito à dignidade do trabalhador.

Por enquanto, inegável sua existência, talvez não no mundo do contrato de emprego, mas em outro modelo que arraste direitos assemelhados àqueles atribuídos ao trabalhador empregado, com garantias de remuneração anual mínima pelas quais se possa eliminar a condição vazia e estéril desse tipo de contrato.

Em razão da ausência de garantias ao trabalhador contratado, foi ajuizada Ação Direta de Inconstitucionalidade (ADI 5826) pela Federação Nacional dos Empregados em Postos de Serviços de Combustíveis e Derivados de Petróleo — FENEPOSPETRO cujo relator, o ministro Edson Fachin votou pela inconstitucionalidade do contrato intermitente, tendo sido acompanhado pelas Ministras Rosa Weber e Carmen Lúcia. A divergência aberta pelo ministro Nunes Marques acabou recebendo apoio dos demais ministros, rejeitando, portanto, a inconstitucionalidade[67].

c. Contrato de trabalho temporário

Vender força de trabalho, mão de obra, caracteriza o crime de "marchandage", expressão francesa que indica a contratação de trabalhador por meio de mercador de força de trabalho, ou seja, é a negociação do trabalho prestado por uma pessoa física sobre a qual

(67) O Tribunal, por maioria, conheceu parcialmente das ações diretas ns. 5.826, 5.829 e 6.154 e, na parte conhecida, julgou-as improcedentes, declarando a constitucionalidade dos dispositivos legais impugnados, nos termos do voto do Ministro Nunes Marques (Redator para o acórdão), vencidos parcialmente os Ministros Edson Fachin (Relator), Cármen Lúcia, Rosa Weber, Luiz Fux e Cristiano Zanin. Não votou o Ministro Flávio. Dino, sucessor da Ministra Rosa Weber, que já havia proferido voto em assentada anterior. Plenário, Sessão Virtual de 6.12.2024 a 13.12.2024.Disponível em: https://portal.stf.jus.br/processos/detalhe.asp?incidente=5317595. Acesso em: 04 fev. 2025.

se obtém ganho. Em outras palavras, é a obtenção de lucro com o trabalho de terceiros, é a venda de trabalho humano. Essa prática foi abolida pela Declaração de Filadélfia, ratificada pelo Brasil, em seu art. 1º, que afirma que o trabalho não é uma mercadoria.

O contrato de trabalho temporário, de natureza precária, é uma modalidade sazonal da prestação de serviços, que tende a se repetir periodicamente ou é utilizada para atender a substituição de ausência de empregados efetivos, por motivo de doença, férias, afastamento por licença-maternidade, exemplificativamente.

Claro está que a empresa poderia se utilizar, para as situações citadas, de contrato de trabalho por prazo determinado, observando-se as condições de validade para a contratação a termo. Assim fazendo, a empresa assumiria a condição de empregador e única responsável pela execução do contrato de trabalho e pagamento de direito trabalhistas ao empregado assim contratado.

Entretanto, a legislação admite a opção de que a empresa se utilize de trabalhador por meio do sistema do trabalho temporário em que o vínculo de emprego não se encontraria presente e, ainda, os encargos trabalhistas seriam suavizados.

Para o estudo do contrato de trabalho temporário, algumas premissas devem ser consideradas: **a primeira**, é de que se trata de uma relação jurídica especial, desvinculada do padrão tradicional do contrato de emprego; **a segunda** é de que a relação de trabalho se dá em um jogo a três, portanto há uma relação jurídica triangular, em que não há empregador nem empregado, mas com certas garantias trabalhistas *vis à vis* o trabalhador inserido na relação jurídica; **a terceira** premissa é de que a base jurídica da relação que se estabelece é o trabalho a ser executado que tem natureza temporária ao qual se insere o trabalhador para sua execução; **a quarta** é de que inexiste pessoalidade na contratação do trabalhador em relação à empresa que vai se utilizar da prestação de serviços; e, **a quinta** premissa, finalmente, é de que inexiste subordinação clássica do trabalhador em relação à empresa fornecedora que o contratou nem em relação ao tomador de seu trabalho, gozando o trabalhador de absoluta autonomia para desistir da prestação de serviços a qualquer tempo e por qualquer motivo, sem ônus.

A Lei n. 13.429/2017, alterou a Lei n. 6.019/1974 no que diz respeito às condições de admissão de trabalhadores na relação jurídica de trabalho temporário, mas manteve íntegra as razões de utilização dessa modalidade de contrato pela natureza do trabalho a ser executado, tratando-o como substituição de pessoal permanente ou para atender "demanda complementar" de serviços (art. 2º).

Mais adiante, esclarece que a demanda complementar é aquela "que seja oriunda de fatores imprevisíveis ou, quando decorrente de fatores previsíveis, tenha natureza intermitente, periódica ou sazonal".

Quanto ao prazo de permanência na execução de trabalho de natureza temporária, a nova lei dispôs, diferentemente da anterior, previsão do período de 180 dias, prorrogáveis por mais 90 para a execução da demanda complementar em relação ao mesmo tomador.

A essência, pois, da relação jurídica foi mantida porque seu fundamento é o trabalho com as características de substituição de pessoal permanente e de demanda complementar essência e razão jurídica da modalidade trabalho temporário.

O tempo de permanência de um mesmo trabalhador inserido na sua execução não poderá exceder de 180 dias cuja realização do prazo dependerá da continuidade da demanda complementar.

Observa-se que se trata de prazo da lei e não do contrato celebrado cujo prazo se vincula ao tempo em que o trabalho temporário deverá ser executado. Portanto, o contrato não tem prazo definido e sim trabalho certo a ser executado.

O equívoco mais comum praticado nessa modalidade de relação de trabalho é de considerar que o prazo deve ser avençado no momento da contratação, ignorando-se a precariedade da demanda complementar. Efetivamente, o tempo de permanência dependerá exclusivamente da execução do trabalho de demanda complementar, cuja existência é o objeto efetivo do contrato de trabalho temporário.

Nesse sentido, em 10.10.2019, o sítio do TST trouxe notícia sob o título "Rescisão antecipada de contrato temporário não dá a auxiliar direito a indenização" no sentido de que a Primeira Turma excluiu condenação imposta a empresa pelo pagamento de indenização pela rescisão do contrato de trabalho temporário ocorrido antes do decurso do prazo de 180 dias.

A indenização excluída referia-se à da rescisão antecipada do contrato por prazo determinado por considerar que é incompatível com a modalidade de contrato de trabalho temporário. O voto do ministro Luiz José Dezena da Silva considerou incompatível a aplicação do art. 479 da CLT ao caso de término de contrato de trabalho temporário, seguindo a orientação jurisprudencial daquela Corte[(68)].

Outras duas ementas citadas pelo acórdão estabelecem divisor de interpretação de extrema relevância e que acentuam a condição de inexistência de prazo nesta modalidade de contrato:

> "AGRAVO DE INSTRUMENTO EM RECURSO DE REVISTA INTERPOSTO NA VIGÊNCIA DA Lei n. 13.015/2014. CONTRATO DE TRABALHO TEMPORÁRIO. INDENIZAÇÃO DO ART. 479 DA CLT. INAPLICABILIDADE. PROVIMENTO. Diante da demonstração de provável divergência jurisprudencial, deve ser processado o Recurso de Revista para melhor exame. Agravo de instrumento provido. RECURSO DE REVISTA INTERPOSTO NA VIGÊNCIA DA Lei n. 13.015/2014. CONTRATO DE TRABALHO TEMPORÁRIO. INDENIZAÇÃO DO ART. 479 DA CLT. INAPLICABILIDADE. Não se aplica a indenização prevista no art. 479 da CLT ao empregado admitido por meio de contrato temporário, que possui regramento específico na Lei n. 6.019/1974, não se confundindo com o contrato a prazo determinado. Precedentes. Recurso de revista conhecido e provido." (RR-277-96.2014.5.09.0665, relator: Ministro Aloysio Corrêa da Veiga, 6ª Turma, *DEJT* de 28.8.2015)

---

(68) Disponível em: https://tst.jus.br/noticias/-/asset_publisher/89Dk/content/rescisao-antecipada-de-contrato-temporario-nao-da-a-auxiliar-direito-a-indenizacao. Acesso em: 02 fev. 2025.

"RECURSO DE REVISTA - CONTRATO DE TRABALHO TEMPORÁRIO - MULTA DO ART. 479 DA CLT - INAPLICABILIDADE. A Lei n. 6.019/1974 não prevê espécie de contrato por prazo determinado, mas tão somente fixa limite máximo de duração em razão das especificidades da relação de trabalho. Assim, a interrupção da prestação de serviços antes de noventa dias não gera ao trabalhador temporário direito à indenização de que trata o art. 479 da CLT, que se refere a contratos que tenham termo estipulado. Interpretação extensiva não atende à finalidade do instituto. Recurso de revista conhecido e provido." (RR-18-48.2011.5.09.0652, relator: Ministro Luiz Philippe Vieira de Mello Filho, 4ª Turma, *DEJT* de 15.2.2013)

O que efetivamente se observa é o vício pelo vínculo de emprego permanente e a falta de compreensão da modalidade de relação jurídica de trabalho temporário cujos direitos estão previstos na Lei n. 6.019/1974 e que não se confundem com os direitos reconhecidos ao trabalhador com vínculo de emprego.

De fato, de contrato de prazo certo não se trata, a despeito de o legislador, para evitar abusos na sua utilização, ter fixado o prazo de permanência de um mesmo trabalhador na execução do mesmo trabalho temporário para o mesmo tomador.

O que chama a atenção, no entanto, é a importância da adequação jurídica do contrato à sua forma prevista na lei especial cujo descumprimento poderia implicar sua nulidade, impondo-se a situação presumidamente mais vantajosa do contrato sem prazo.

O contrato de trabalho temporário envolve características que são fundamentais para sua validade.

Assim, quanto à forma, exige a presença de um jogo a três em que participam a empresa de trabalho temporário, a empresa tomadora de mão de obra e o trabalhador.

A seleção da mão de obra é executada pela empresa fornecedora, jamais pela tomadora a fim de que seja mantida a característica de ausência de pessoalidade na contratação, sob pena de se configurar vínculo de emprego direto.

O contrato de trabalho deve fazer referência à natureza do trabalho que deverá ser temporário, sem necessariamente identificar prazo para a execução.

Na Carteira de Trabalho e Previdência Social do trabalhador haverá apenas uma anotação, não de contrato de emprego, mas, na parte de anotações gerais, deverão constar as condições de contratação para execução de trabalho temporário.

No contrato de execução de trabalho temporário está ausente a pessoalidade na contratação pelo tomador e também a subordinação típica de empregado, gozando o trabalhador na execução do trabalho temporário de absoluta autonomia para romper o contrato ou desistir da continuidade.

Relativamente ao fornecedor de mão de obra, o trabalhador não mantém vínculo de emprego, mas relação jurídica de trabalho temporário e não pertence aos quadros de empregados da fornecedora. Trata-se de trabalhador que está no mercado de trabalho e que assume a condição da precariedade do trabalho temporário.

Ao trabalhador inserido na relação de trabalho temporário são assegurados direitos assemelhados aos do trabalhador com vínculo empregatício, na forma do disposto pela Lei n. 6.019/1974:

> *a)* remuneração equivalente à percebida pelos empregados de mesma categoria da empresa tomadora ou cliente calculados à base horária, garantida, em qualquer hipótese, a percepção do salário mínimo regional;
>
> *b)* jornada de oito horas, remuneradas as horas extraordinárias não excedentes de duas, com acréscimo de 20%;
>
> *c)* férias proporcionai;
>
> *d)* repouso semanal remunerado;
>
> *e)* adicional por trabalho noturno;
>
> *f)* indenização por dispensa sem justa causa ou término normal do contrato, correspondente a 1/12 do pagamento recebido;
>
> *g)* seguro contra acidente do trabalho;
>
> *h)* proteção previdenciária nos termos do disposto na Lei Orgânica da Previdência Social.

Ao trabalhador inserido na relação de trabalho temporário foi assegurado, a partir da Constituição Federal de 1988, o direito do FGTS e, portanto, discute-se a pertinência prevista na lei relativamente à indenização da alínea *"f"* que, no limite, poderia ser compensada com o valor do FGTS que será liberado sem a multa de 40%.

Não há enquadramento sindical do trabalhador nessa condição, assegurando-se-lhe os benefícios da categoria em que for inserido na execução de trabalho temporário e, quanto ao salário, se se tratar de substituição de pessoal permanente, não haverá obrigação de pagamento de salário igual ao substituído.

Em algumas ocasiões se confunde, de forma grosseira juridicamente, o sistema de fornecimento de mão de obra para a execução de trabalho temporário com terceirização. Com todo respeito, são situações completamente diversas. Na terceirização a empresa contratada presta serviços especializados e, para tanto, utiliza seus próprios empregados para a execução do contrato. No trabalho temporário, a empresa fornecedora de mão de obra não faz a gestão dos serviços prestados, nem guarda qualquer tipo de especialização na prestação dos serviços contratados.

Além disso, não se poderia admitir a cessão de mão de obra sem parâmetros legais, sob pena de se praticar o crime de *marchandage*.

Dado que não se trata de empregado, aos trabalhadores inseridos na relação de trabalho temporário não se aplicam as garantias trabalhistas de estabilidade de qualquer natureza.

No que diz respeito ao enquadramento sindical, o trabalhador inserido no trabalho temporário apenas se beneficia das condições da categoria em que se inserir para a execução de sua atividade e, conforme pudemos escrever[69] quando se trata, então, de enquadramento sindical do trabalhador inserido no regime jurídico de trabalho temporário da Lei n. 6.019/1974, nota-se verdadeira incompreensão de sua condição jurídica, pois se coloca a dúvida quanto à suposta categoria profissional passível de integrar-se a sindicato dentro da atual estrutura sindical. Aliás, as expressões enquadramento sindical e categoria profissional ou econômica serviam apenas para buscar recolhimento de contribuição sindical.

A propósito, compreensível, com ressalvas terminológicas, a publicação de decisão do TST, noticiada em 24 de maio de 2016, sob título de "Mantida contribuição de trabalhadores temporários para sindicato dos tomadores de serviço" (Processo TST-RR-119-43.2012.5.09.0008).

A perplexidade do título nos fez pesquisar sobre o processo. A constatação foi a seguinte reproduzida na ementa:

> "O conceito de categoria profissional, consoante o art. 511, § 2º, da CLT, é definido pela similitude de condições de vida oriunda da profissão ou trabalho em comum, em situação de emprego na mesma atividade econômica ou em atividades econômicas similares ou conexas."

E prossegue afirmando:

> "É no cerne da empresa tomadora de serviços, em que os trabalhadores temporários executam seus afazeres e se sujeitam às mesmas condições de trabalho, que se encontram presentes os requisitos de similitude de condições de vida oriunda da profissão ou trabalho em comum, em situação de emprego na mesma atividade econômica ou em atividades econômicas similares ou conexas."

E ainda que,

> "além disso, o art. 12, *"a"*, da Lei n. 6.019/1974, dispõe que é assegurado ao trabalhador temporário remuneração equivalente à percebida pelos empregados de mesma categoria da empresa tomadora inclusive benefícios previstos em normas coletivas."

Arremata a ementa assim:

> "Nessa senda, os trabalhadores temporários deverão ter o mesmo o enquadramento sindical dos empregados do tomador de serviços, tendo em vista a identidade do trabalho que desenvolvem, as necessidades que possuem e as exigências que lhes são comuns, porquanto laboram

---

(69) JOÃO, Paulo Sergio. *Dez anos de reflexões trabalhista.* Trabalhador temporário não deve ter enquadramento sindical. 1. ed. Campinas/SP: Lacier Editora, 2024. p. 93.

lado a lado com os empregados da tomadora, inclusive em funções ligadas à sua atividade fim, além de legalmente lhes ser assegurado remuneração equivalente à percebida pelos empregados da mesma categoria da empresa tomadora."

Primeira observação que se faz é que não nos parece que se possa chamar de empregado o trabalhador inserido no trabalho temporário (não há pessoalidade na contratação pelo tomador nem subordinação típica de vínculo de emprego e, por conseguinte, falta anotação na CTPS na condição de empregado). Dessa feita, não deve pertencer a categoria alguma por falta de elemento jurídico da condição fundamental que é a de ser empregado de qualquer uma das partes, tanto fornecedora de mão de obra quanto da tomadora de mão de obra.

A execução de trabalho temporário, fundamento jurídico que permite a cessão de mão de obra e o trabalhador nele inserido, não é capaz de gerar vínculo de emprego e não pertence a nenhuma categoria (para utilizar o termo em que se baseia a vetusta organização sindical) porque não são trabalhadores que se unem de forma contínua, mas o caráter efêmero e transitório é sua característica, isto é, não há similitude de interesses. A extensão de direitos por isonomia que faz a Lei n. 6.019/1974 corresponde a garantias mínimas ao trabalhador quando a empresa tomadora tem necessidade de atender a uma das condições de trabalho temporário (acréscimo extraordinário de serviço ou substituição de pessoal permanente). O art. 12 da citada lei não faz enquadramento sindical, apenas amplia a proteção ao trabalhador que, se beneficia, temporariamente, das condições atribuídas à categoria profissional da empresa tomadora.

Outro absurdo dessa ação, pelo que se pode apreender, é que o sindicato denominado Sindicato dos Empregados em Empresas de Prestação de Serviços a Terceiros, Colocação e Administração de Mão de Obra, Trabalho Temporário, Leitura de Medidores e de Entrega de Avisos no Estado do Paraná (Sineepre) pretendia que fosse reconhecida sua legitimidade para representar os "empregados da reclamada, empresa fornecedora de mão de obra, que prestam serviço de natureza temporária" (*sic*).

Mais absurdo, ainda, admitir que alguma empresa possa ter 'empregados" e submetê-los a trabalhos de natureza temporária é o reconhecimento público do crime de *marchandage*.

Então, empresa fornecedora de mão de obra não tem e não pode ter empregados para inserir em tomadores para execução de trabalho temporário. Há lei e condições próprias para cessão de mão de obra.

De outro lado, ainda, não pode a extensão de direitos por isonomia, prevista no art. 12, da Lei n. 6.019/1974, implicar a obrigação de vinculação à categoria profissional das tomadoras para os fins de recolhimento de contribuição sindical, pois tais trabalhadores não reúnem a condição de empregados integrantes da categoria profissional. Tal extensão diz respeito a direitos básicos da norma coletiva, excluindo-se, por exemplo, participação nos lucros ou resultados. Aliás, nesse sentido, o enquadramento sindical dos trabalhadores é reservado aos que estiverem em condição de emprego na mesma atividade econômica. Não é o caso no trabalho de natureza temporária!

E, finalmente, processos dessa natureza, em que sindicatos pretendem arrebanhar trabalhadores para fins de cobrança de contribuição sindical, deveriam ser rejeitados pelo Judiciário trabalhista porque, com todo respeito, definir enquadramento sindical não pode ser tarefa do Poder Judiciário. A decisão acomoda o sindicalismo já acostumado no tempo a um paternalismo e protecionismo que precisa ser transformado. Quem sabe o Poder Judiciário possa ser a salvação de grandes mudanças sindicais quando passar a negar decisões de enquadramento sindical e de benefícios em torno de contribuição sindical!

d. Contrato de trabalho avulso

Conceitua-se o trabalhador portuário de duas formas: aquele avulso e aquele que mantém vínculo de emprego. Ambos podem exercer atividades de capatazia, estiva, conferência de carga, conserto de carga, bloco e vigilância de embarcações nos portos organizados.

Antes da edição da lei da privatização dos portos não era possível o trabalho portuário com vínculo empregatício, salvo na capatazia em que eram empregados das Cias. Docas.

Considerando que o tema diz respeito a contratos de trabalho especiais, interessa-nos a abordagem do trabalhador avulso que não mantém vínculo de emprego, segundo definição da Instrução Normativa de Receita Federal n. 971/09, art. 263, inciso I,

> "Trabalhador avulso aquele que, sindicalizado ou não, presta serviços de natureza urbana ou rural, sem vínculo empregatício, a diversas empresas, com intermediação obrigatória do sindicato da categoria ou, quando se tratar de atividade portuária, do OGMO."

O trabalhador avulso desempenha papel político e econômico extramamente importante para o país porquanto tem atuação na área portuária, caracterizando-se essencialmente pelo carregamento e descarregamento de navios, nas atividades de movimentação e armazenagem de mercadorias destinadas ou provenientes de transporte aquaviário, além das demais atividades inerentes, conexas e complementares à movimentação e armazenagem de mercadorias, tais como vigilância e limpeza das embarcações e conservação das embarcações e mercadorias. O trabalhador avulso se organiza por meio de sindicato e, no passado, a entidade sindical mantinha o controle e monopólio dos postos de trabalho, negociando diretamente com o armador.

Os direitos trabalhistas reconhecidos aos trabalhadores avulsos se assemelham aos do trabalhador empregado e foram conquistados ao longo dos anos com muita luta sindical. A Constituição Federal de 1988, no art. 7º, inciso XXXIV reconhece "a igualdade de direitos entre o trabalhador com vínculo empregatício permanente e o trabalhador avulso" em demonstração clara do respeito a tais trabalhadores e da importância política que representam.

Com a privatização dos portos, por meio da Lei n. 8.630, de 25 de fevereiro de 1993, revogada pela Lei n. 12.815, de 5 de junho de 2013, o sistema portuário de contratação de mão de obra passou para o Órgão Gestor de Mão de Obra (OGMO), reputado pela lei como de utilidade pública, sem fins lucrativos, alijando os sindicatos dos embates diretos e, de certo modo, enfraquecendo as reivindicações do setor.

Os operadores portuários devem constituir em cada porto organizado um órgão de gestão de mão de obra do trabalho portuário, cuja finalidade é de fazer a gestão de fornecimento de mão de obra do trabalhador portuário e do trabalhador avulso; manter cadastro de trabalhador portuário e o registro do trabalhador portuário avulso; fazer treinamento e habilitar profissionalmente o trabalhador portuário; selecionar e registrar o trabalhador portuário avulso; controlar o número de vagas, forma e periodicidade para acesso ao registro do trabalhador portuário avulso; expedir documentos de identificação do trabalhador portuário; e, arrecadar e repassar aos beneficiários os valores devidos pelos operadores portuários relativos à remuneração do trabalhador portuário avulso e aos correspondentes encargos fiscais sociais e previdenciários (art. 32 e incisos).

O exercício do poder disciplinar relativamente aos trabalhadores portuários avulsos incumbe ao órgão gestor de mão de obra, consoante art. 33 da lei, inclusive repreensão verbal ou por escrito; suspensão de registro pelo período de 10 e 30 dias; cancelamento de registro; além de promover a formação profissional do trabalhador portuário e do trabalhador portuário avulso; criação de programas de realocação e de cancelamento do registro; arrecadar as contribuições destinadas ao custeio do órgão; zelar pela normas de segurança e medicina do trabalho; submeter à administração do porto propostas para aprimoramento da operação portuária e valorização econômica do porto.

O art. 34 da lei prevê, de modo expresso, que não haverá vínculo de emprego do trabalhador portuário avulso e o Órgão Gestor de Mão de Obra.

e. Contrato de aprendizagem

A Lei n. 10.907, de 19 de dezembro de 2000, alterou vários dispositivos do capítulo IV, da CLT, que trata "da proteção do trabalho do menor".

Com as alterações trazidas no bojo da citada lei, importantes questões das relações de trabalho com menores no trabalho foram atendidas compatibilizando o diploma consolidado com a norma constitucional e com as disposições do estatuto da criança e do adolescente Lei n. 8.069, de 13.07.1990.

A fim de dar entendimento mais amplo às modificações introduzidas, há necessidade de avaliação das dificuldades que se colocavam e que exigiam a intervenção do legislativo para, depois, analisar a alteração produzida e seus efeitos nas relações de trabalho com os menores de idade.

Anteriormente à Lei n. 10.097/2000, encontrávamo-nos com a proteção do menor na Constituição Federal, Emenda n. 20, art. 7º, inciso XXXIII, na forma disposta na CLT, arts. 402 a 441, o Estatuto da Criança e do Adolescente Lei n. 8.069, de 1990.

Muito embora a Constituição Federal admitisse o trabalho do menor aprendiz, anteriormente à idade de ingresso formal no mercado de trabalho, com expressa previsão legal no ECA, art. 64, os empregadores não se aventuravam a qualquer iniciativa de engajamento em processo de aprendizagem antes da idade legal, em razão da insegurança jurídica existente e pelo receio de que a fiscalização trabalhista confundisse tal iniciativa com exploração de mão de obra infantil.

Infelizmente, sempre houve uma presunção contra atos de voluntariedade social e, sob a bandeira de que somente a lei protege, projetos socialmente importantes foram abandonados e com eles os menores.

Dessa forma, a realidade social conflitava com a jurídica e as instituições que cuidavam de ensinar o trabalho no seu conteúdo floresceram em algumas regiões no modelo do chamado guarda-mirim.

Outro aspecto importante no processo de aprendizagem é que não se valorizava a frequência ao ensino regular e, de modo rotineiro o menor abandonava a escola, priorizando o aprendizado capaz de render imediatamente algum valor econômico para somar à renda familiar ou até como única forma de sustento da família.

Assim, a situação jurídica era a seguinte:

a – **Constituição Federal**

Desde a sua promulgação admitiu o trabalho do menor aprendiz antes da idade limite de 14 anos e com a emenda constitucional número 20 de dezembro antes dos 16 anos.

A Lei Complementar n. 150, de 1º de junho de 2015, proibiu o trabalho do menor em qualquer atividade de natureza doméstica, em residências de terceiros ou na própria casa e, dessa forma, ajustou-se à Convenção n. 182 da Organização Internacional do Trabalho, ratificada pelo Brasil em 14 de dezembro de 1999.

b – **Consolidação das Leis do Trabalho**

b.1. Admitia o trabalho formal do menor a partir dos 14 anos ou 16 anos conforme época de vigência da Constituição Federal.

b.2. Admitia o trabalho formal do menor como aprendiz do menor em instituições de formação profissional, a cargo dos empregadores que estavam obrigados a manter percentual mínimo proporcional às funções que demanda sem informação profissional regular.

c – Estatuto da Criança e do Adolescente.

O estatuto da Criança e do Adolescente serviu para traçar contornos naquilo que deveria ser entendido como forma de proteção ao menor de idade criando, a nosso ver, a figura do menor aprendiz não empregado entre 12 e 14 anos com bolsa de aprendizagem na empresa observando-se sempre que o aspecto educativo deveria prevalecer sobre o produtivo.

Deste modo, referiu-se ao menor aprendiz a partir dos 14 anos assegurando lhe direitos trabalhistas e previdenciários (art. 65), excluindo assim os menores dos 12 aos 14 anos de tais direitos.

A Lei n. 10.097, de 19 de dezembro de 2000, alterou o Capítulo IV, da CLT, que trata "Da proteção do trabalho do menor" e a lei do FGTS, Lei n. 8.036/1990. A lei trouxe alterações substanciais tanto do ponto de vista formal como conceitual, ampliando as chances de proteção do menor e das empresas que se engajavam em projetos de aprendizagem.

1. Idade – arts. 402 e 403 – alterações de conceito

A nova redação do art. 402 da CLT adota a mesma orientação conceitual anterior quanto a idade do menor a ser objeto de proteção.

Convém observar que a Constituição Federal permite o trabalho como aprendiz na exceção trazida pelo inciso XXXIII, da Emenda Constitucional n. 20, agora clarificando a expressão da redação anterior "salvo na condição de aprendiz" para "salvo na condição de aprendiz a partir dos 14 anos".

Ao se admitir como trabalhador o menor de 14 anos, está o legislador considerando-o como empregado especialíssimo. Trata-se de alteração conceitual importante que se insere no bojo do conjunto de normas que também se referem à relação de emprego. Trata-se de aprendiz cujas atividades serão objeto de projeto social de preparação para o mercado formal de trabalho respeitadas as condições legais e de conteúdo educacional.

Em resumo, a CLT, a partir da Lei n. 10.097, de 19 de dezembro de 2000, ajustou-se à norma constitucional, adotando, no seu art. 403, a condição de aprendiz a partir dos 14 anos e regulamentando-a nos dispositivos seguintes, dando ao menor aprendiz tratamento diverso daquele até então apresentado pelos dispositivos do diploma consolidado.

2 – Contrato de aprendizagem

Não havia, anteriormente à lei, previsão do contrato de aprendizagem para menores de idade que fossem vinculados aos Serviços de Aprendizagem.

a. Conceito e validade

O art. 428 da CLT, modificado pela Lei n. 11.180/2005, define o contrato de aprendizagem da seguinte forma e estabelece as condições de validade:

> Contrato de aprendizagem é o contrato de trabalho especial, ajustado por escrito e por prazo determinado, em que o empregador se compromete a assegurar ao maior de 14 (quatorze) e menor de 24 (vinte e quatro) anos inscrito em programa de aprendizagem formação técnico-profissional metódica, compatível com o seu desenvolvimento físico, moral e psicológico, e o aprendiz, a executar com zelo e diligência as tarefas necessárias a essa formação.

Portanto, extraem-se as seguintes características básicas e essenciais para a validade desse novo contrato:

1 – É um contrato especial porque, embora por prazo determinado, a ele não se aplicam as disposições dos arts. 479, 480, relativos ao término dos contratos a termo e respectiva indenização.

2 – Deve ser apresentado por escrito a fim de que fiquem expressamente definidas as condições do aprendizado e instituição envolvida no programa de aprendizado;

3 – O prazo determinado previsto na redação do art. 428 é justificável porque tais contratos são especiais em razão de estarem vinculados a um programa de aprendizagem com finalidade específica, evitando-se a contratação sem causa de aprendizes. O prazo vincula-se ao programa de aprendizagem e não poderá exceder 2 anos.

4 – Os trabalhadores protegidos são os que se encontrem entre 14 e 24 anos, excluídos do limite de idade os aprendizes portadores de deficiência (art. 428, § 5º da CLT) que estejam inscritos em programas de aprendizagem. Portanto, relação jurídica de aprendizagem, necessariamente, se passa a três: empresa, instituição de aprendizagem e menor.

A empresa deverá zelar pelo fiel cumprimento das condições de validade mediante anotação do contrato de aprendizagem na carteira de trabalho, exigência de atestado de frequência ao ensino fundamental inscrição do programa de aprendizagem desenvolvido sob orientação da entidade qualificada em formação técnico-profissional metódica.

De acordo com o art. 429 da CLT

> Os estabelecimentos de qualquer natureza são obrigados a empregar e matricular nos cursos dos Serviços Nacionais de Aprendizagem número de aprendizes equivalente a cinco por cento, no mínimo, e quinze por cento, no máximo, dos trabalhadores existentes em cada estabelecimento, cujas funções demandem formação profissional.

A Lei n. 11.180, de 23 de setembro de 2005, que instituiu o Projeto Escola de Fábrica, alterou os arts. 428 a 433 da CLT, ampliou a idade para 24 anos e incluiu os aprendizes portadores de deficiência, sem limite de idade.

a. Sujeitos da relação contratual

A contratação de aprendiz de acordo com a redação do art. 431, também recebeu tratamento diverso do que sempre se observara na legislação.

Anteriormente a empresa assumia diretamente a relação contratual de forma obrigatória final.

Atualmente, a obrigatoriedade foi mantida apenas quanto à matrícula em Serviços Nacionais de Aprendizagem de menores na proporção de 5% a 15% das funções que demandem formação profissional metódica por estabelecimento.

Excetuado o caso da obrigatoriedade assinalada, a contratação do aprendiz poderá ser efetivada pela empresa onde se realizará a aprendizagem ou pelas entidades sem fins lucrativos que tenham por objetivo a assistência do adolescente e à educação profissional, registrado no Conselho Municipal dos Direitos da Criança e do Adolescente.

Tais entidades serão submetidas a avaliação das respectivas competências por meio de normas a serem expedidas pelo Ministério do trabalho e emprego.

O art. 431 traz uma observação de extrema relevância quanto à existência de vínculo de emprego nesta modalidade de relação contratual. Com efeito, assevera que na hipótese de relação contratual com entidade sem fins lucrativos não haverá vínculo de emprego com a empresa tomadora de serviços, nem será ela responsável pelo eventual inadimplemento das obrigações da entidade em relação ao menor.

Pode-se admitir, portanto, que cabe a empresa a responsabilidade subsidiária pelas eventuais falhas e deficiências da entidade de ensino responsável pelo menor.

3 – Direitos do aprendiz

O Estatuto da Criança e do Adolescente (ECA), quando tratava da condição de aprendiz entre 12 e 14 anos (de acordo com os critérios legais da época), assegurava-lhe uma bolsa de aprendizagem com remuneração ou participação na venda de produtos do seu trabalho, esclarecendo que não desfigurava o caráter educativo da aprendizagem.

As novas disposições foram mais claras ao estabelecer as garantias do menor aprendiz.

a. Salário mínimo hora, salvo condição mais favorável

Qualquer que seja a forma do contrato de aprendizagem, ao menor será garantido o salário mínimo hora.

A condição mais favorável de que trata a lei refere-se à possível inclusão no contrato de forma de pagamento superior. Poderíamos cogitar, também, de normas coletivas de trabalho celebradas para regulamentar esse contrato especial. Tais normas teriam aplicação apenas nas hipóteses do vínculo direto entre aprendizes e empresa, excluindo-se aqueles menores contratados por entidades de ensino e colocados para aprendizagem nas empresas.

b. Duração do trabalho de 6h/diárias (ensino fundamental) e 8h/diárias (ensino médio)

Aos aprendizes que ainda não completaram o ensino fundamental, o limite máximo de permanência no trabalho de aprendizagem não poderá exceder de 6 horas se dada a prorrogação.

Para os aprendizes que já completaram o ensino fundamental poderá haver complementação do aprendizado prático na empresa com o ensino teórico, no caso em que a jornada de trabalho poderá ser de até 8 horas.

c. Fundo de Garantia do Tempo de Serviço

Aos menores submetidos ao contrato de aprendizagem, na forma estabelecida pelo art. 428, será assegurado o direito ao fundo de garantia em percentual de 2% sobre o valor recebido.

Dessa forma, acentua-se mais uma peculiaridade desse contrato especial.

Quanto ao acesso ao FGTS pelos menores após o término do contrato de trabalho, a legislação ainda não contempla a hipótese de liberação dos depósitos em caso de término antecipado de contrato de aprendizagem presumindo se aplicáveis as mesmas hipóteses indicadas pela Lei n. 8.036 de 1990, no art. 14 para os contratos de prazo determinado.

d. Término do contrato

O contrato de trabalho de aprendizes é de prazo determinado, não se admitindo outra hipótese. Todavia, a ele não se aplicam, em caso de término antecipado, as disposições previstas nos arts. 479 e 480 da CLT.

O término previsto pela Lei n. 10.097/2000, observando o caráter especial do contrato contempla as seguintes situações:

(i) Sobrevinda do termo de aprendizagem

Nesse caso, o contrato está vinculado ao curso específico de aprendizagem técnico--profissional metódica, de acordo com os programas de ensino previstos pelas entidades de ensino autorizadas e avaliadas pelo Ministério do Trabalho e Emprego .

Caso o termo da aprendizagem ocorra antes dos 18 anos de idade do menor aprendiz, não se admitirá a prorrogação ou sucessão de contratos de aprendizagem quando vinculados à empresa. Mesmo entendimento deverá ser adotado quando o aprendiz estiver vinculado à entidade de ensino.

(ii) Ter o menor completado a idade de 18 anos

Ainda que o curso de aprendizagem exceda a idade de 18 anos, a manutenção do menor como aprendiz gerará para a entidade ou empresa a obrigação, a partir dessa idade, ao tratamento regular de emprego não se aplicando mais as regras de proteção como aprendiz.

(iii) Antecipadamente nas seguintes hipóteses

O término antecipado não ensejará indenização a qualquer uma das partes tanto aprendiz como empresa, pois a natureza contratual tem fundamento educacional preponderante, não se vislumbrando prejuízos de ordem econômica na rescisão antecipada.

Todavia, o legislador não poderia ignorar as hipóteses possíveis de término antecipado.

Chama atenção o texto legal para o fato de que a empresa ou entidade educacional que mantiver com aprendiz contrato de prazo determinado não tem contemplada a possibilidade de rescisão desmotivada, ou seja, somente se admite o término do contrato desde que devidamente justificado por uma das condições apresentadas de desempenho insuficiente ou inadaptação do aprendiz, falha disciplinar grave, ausência injustificada à escola que implique perda do ano letivo.

A justificativa do término antecipado será um ato compartilhado entre empresa e entidade educativa pois, admitindo-se que a relação jurídica é triangular, a decisão do término da relação não poderá ser de natureza unilateral pela empresa nem pela entidade.

Contrariamente, a pedido do aprendiz, o contrato termina sem qualquer ônus.

No término do contrato de aprendizagem, embora a lei não cogite de verbas rescisórias devidas, dá a ele natureza contratual de prazo determinado e desse modo, os valores devidos se limitam, quando o término decorre do termo final ou de haver o menor completado a idade de 18 anos, as verbas comuns pagas no término dos contratos de prazo determinado em geral.

No término antecipado justificado não há que se falar em pagamento de aviso-prévio nem de multa de 40% do FGTS pois trata-se de contrato de natureza especialíssima, desprovido de natureza econômica, onde o aspecto social e educacional prepondera, não sendo coerente e juridicamente sustentável dar-lhe tratamento igual aos demais contratos de prazo indeterminado.

j. Previdência social e encargos

O contrato de aprendizagem, quanto as obrigações fiscais e trabalhistas, é um contrato comum sujeito a todas as regras dos contratos de trabalho em geral.

Caberá ao Ministério do Trabalho e Emprego emitir Carteira de Trabalho e Previdência Social para menores com 14 anos e ao empregador as anotações respectivas, relativas ao contrato de aprendizagem, com recolhimentos previdenciários pertinentes à relação de emprego.

A aprendizagem é um compromisso global para erradicação do trabalho infantil, levado a efeito pela OIT que, em parceria global com a Aliança 8.7., lançou o Ano Internacional para a Eliminação do Trabalho Infantil em 2021, com a finalidade de promover ações legislativas no sentido de erradicar o trabalho infantil em todo o mundo.

A Assembleia Geral da Organização das Nações Unidas (ONU) aprovou por unanimidade Resolução a fim de incentivar os governos a envidarem esforços necessários a fim de que a Meta 8.7 dos Objetivos de Desenvolvimento Sustentável da Agenda 2030 da ONU, que consiste em adotar "medidas imediatas e eficazes para erradicar o trabalho forçado, acabar com a escravidão moderna e o tráfico de pessoas, e assegurar a proibição e eliminação das piores formas de trabalho infantil, incluindo recrutamento e utilização de crianças-soldado", destacando-se a importância das Convenções ns. 138 e 182 da OIT sobre a idade mínima para o trabalho e piores formas de trabalho infantil.

f. Contrato de estágio

Em 26 de agosto de 2008 foi publicada a Lei n. 11.788, dispondo sobre a realização de estágio de estudantes, que, em linhas gerais, estabeleceu novos procedimentos para a formalização da relação estudante/instituição concedente/empresa; limites de horário para o desenvolvimento da atividade e benefícios aos estagiários.

De acordo com a lei o estágio deve ser considerado como "*ato educativo escolar supervisionado, desenvolvido no ambiente de trabalho, que visa à preparação para o trabalho produtivo de educandos que estejam frequentando o ensino regular em instituições de educação superior, de educação profissional, de ensino médio, da educação especial e dos anos finais do ensino fundamental, na modalidade profissional da educação de jovens e adultos*".

O estágio, na forma disposta pela lei, não forma vínculo de emprego, porquanto a subordinação existente na relação de estágio não é a mesma obrigacional do empregado, gozando o estagiário de ampla liberdade quanto ao controle da permanência no estágio (art. 3º).

Dessa forma a lei impôs sem qualquer possibilidade de dúvidas a necessidade de que o estágio tenha finalidade de preparação para o trabalho produtivo. Vale dizer: enquanto estagiário o estudante não deve estar inserido na atividade produtiva da empresa, razão pela qual não pode fazer parte de programas de participação nos lucros ou resultados das empresas.

Referida lei confere maior rigor e exige atenção por parte de empresas que pretendem disponibilizar oportunidades de estágio a estudantes a fim de que não sejam confundidos os procedimentos como desvio de finalidade da lei e sofram punições administrativas.

Verifica-se que a norma teve o cuidado de regular características importantes da relação de estágio, como conceito, finalidade quanto ao sujeito e projeto pedagógico do curso frequentado (art. 1ª); formas de estágio (art. 2º); seus efeitos em relação ao contrato de trabalho e condições de validade (art. 3º); obrigações da instituição de ensino (art. 4º); na parte concedente (art. 5º); do estagiário (art. 6º); horários e duração do estágio (arts. 7º e 11); benefícios (arts. 12, 13 e 14); penalidades para o não cumprimento dos requisitos legais (art. 15) e número máximo de estagiários por empresa e prorrogação nos termos de compromisso (arts. 17 e 18).

Constata-se do texto legal que há obrigações de natureza principal e obrigatórias, conforme acentuam os arts. 2º, 3º, 7º, 9º, 10º e 11, as quais não se comparam com as obrigações relativas ao trabalhador na condição de empregado, prevista no art. 3º, da CLT. Observam-se, ainda, obrigações de natureza complementar como o pagamento de bolsa-auxílio, vale-transporte, concessão de recesso e seguro contra acidentes pessoais.

Em caso de descumprimento das obrigações formais, a relação de estágio poderá ser configurada como de emprego.

Assim, exigem-se os seguintes requisitos para a formalização do contrato de estágio na forma da lei, de acordo com o art. 3º, cujo descumprimento transforma a relação em vínculo de emprego:

> "I – matrícula e frequência regular do educando em curso de educação superior, de educação profissional, de ensino médio, da educação especial e nos anos finais do ensino fundamental, na modalidade profissional da educação de jovens e adultos e atestados pela instituição de ensino;

> II – celebração de termo de compromisso entre o educando, a parte concedente do estágio e a instituição de ensino;
>
> III – compatibilidade entre as atividades desenvolvidas no estágio e aquelas previstas no termo de compromisso.
>
> § 1º O estágio, como ato educativo escolar supervisionado, deverá ter acompanhamento efetivo pelo professor orientador da instituição de ensino e por supervisor da parte concedente, comprovado por vistos nos relatórios referidos no inciso IV do *caput* do art. 7º desta Lei e por menção de aprovação final."

A relação de estágio é especialíssima e persegue objetivo claro de oportunizar ao estudante o ingresso na vida profissional após o período estágio que deve passar pelo rigor das exigências do aprendizado.

Poderão os interessados, instituições de ensino ou as partes cedentes, recorrer a serviços de agentes de integração públicos e privados, por meio de instrumento jurídico próprio, cabendo aos agentes de integração, na forma do § 1º, do art. 5º:

> I – identificar oportunidades de estágio;
>
> II – ajustar suas condições de realização;
>
> III – fazer o acompanhamento administrativo;
>
> IV – encaminhar negociação de seguros contra acidentes pessoais;
>
> V – cadastrar os estudantes.

Da mesma forma, a instituição de ensino se responsabiliza em relação aos seus educandos, de acordo com o art. 7º, *"a"*:

> I – celebrar termo de compromisso com o educando ou com seu representante ou assistente legal, quando ele for absoluta ou relativamente incapaz, e com a parte concedente, indicando as condições de adequação do estágio à proposta pedagógica do curso, à etapa e modalidade da formação escolar do estudante e ao horário e calendário escolar;
>
> II – avaliar as instalações da parte concedente do estágio e sua adequação à formação cultural e profissional do educando;
>
> III – indicar professor orientador, da área a ser desenvolvida no estágio, como responsável pelo acompanhamento e avaliação das atividades do estagiário;
>
> IV – exigir do educando a apresentação periódica, em prazo não superior a 6 (seis) meses, de relatório das atividades;
>
> V – zelar pelo cumprimento do termo de compromisso, reorientando o estagiário para outro local em caso de descumprimento de suas normas;

VI – elaborar normas complementares e instrumentos de avaliação dos estágios de seus educandos;

VII – comunicar à parte concedente do estágio, no início do período letivo, as datas de realização de avaliações escolares ou acadêmicas.

E, a parte concedente, isto é a pessoa jurídica que recebe o estudante, devem observar as seguintes obrigações (art. 9º):

I – celebrar termo de compromisso com a instituição de ensino e o educando, zelando por seu cumprimento;

II – ofertar instalações que tenham condições de proporcionar ao educando atividades de aprendizagem social, profissional e cultural;

III – indicar funcionário de seu quadro de pessoal, com formação ou experiência profissional na área de conhecimento desenvolvida no curso do estagiário, para orientar e supervisionar até 10 (dez) estagiários simultaneamente;

IV – contratar em favor do estagiário seguro contra acidentes pessoais, cuja apólice seja compatível com valores de mercado, conforme fique estabelecido no termo de compromisso;

V – por ocasião do desligamento do estagiário, entregar termo de realização do estágio com indicação resumida das atividades desenvolvidas, dos períodos e da avaliação de desempenho;

VI – manter à disposição da fiscalização documentos que comprovem a relação de estágio;

VII – enviar à instituição de ensino, com periodicidade mínima de 6 (seis) meses, relatório de atividades, com vista obrigatória ao estagiário.

Relativamente à pessoa do estagiário, a lei, em seu art. 10, estabelece regras claras e objetivas para o cumprimento do estágio, especialmente quanto à jornada máxima a ser cumprida na atividade:

I – 4 (quatro) horas diárias e 20 (vinte) horas semanais, no caso de estudantes de educação especial e dos anos finais do ensino fundamental, na modalidade profissional de educação de jovens e adultos;

II – 6 (seis) horas diárias e 30 (trinta) horas semanais, no caso de estudantes do ensino superior, da educação profissional de nível médio e do ensino médio regular.

§ 1º O estágio relativo a cursos que alternam teoria e prática, nos períodos em que não estão programadas aulas presenciais, poderá ter jornada de até 40 (quarenta) horas semanais, desde que isso esteja previsto no projeto pedagógico do curso e da instituição de ensino.

§ 2º Se a instituição de ensino adotar verificações de aprendizagem periódicas ou finais, nos períodos de avaliação, a carga horária do estágio será reduzida pelo menos à metade, segundo estipulado no termo de compromisso, para garantir o bom desempenho do estudante.

E, finalmente, quanto ao tempo de duração do estágio, na mesma parte concedente, não poderá ultrapassar 2 (dois) anos, ressalvada a exceção quando se tratar de estagiário portador de deficiência (art. 11).

O estagiário poderá receber bolsa ou outra forma de contraprestação acordada com a parte concedente e será compulsório juntamente com auxílio-transporte quando o estágio não for obrigatório (art. 12).

O estagiário tem assegurado período de recesso de 30 dias a cada período de 12 meses de estágio, a ser usufruído, de forma preferencial, juntamente com as férias escolares.

O estagiário poderá vincular-se, como segurado facultativo, ao regime geral de previdência social.

As irregularidades constatadas por agentes da fiscalização na contratação de estagiários poderão impor à concedente a proibição de contratação de estagiários pelo prazo de dois anos.

A fim de evitar que empresas se utilizem de estagiários como mão de obra barata, a lei impõe limites quanto ao número de estagiários na seguinte proporção (art. 17), de acordo com o número de trabalhadores existentes no estabelecimento de estágio, excetuando-se o limite para estágios de nível superior e de nível médio profissional:

> I – de 1 (um) a 5 (cinco) empregados: 1 (um) estagiário;
>
> II – de 6 (seis) a 10 (dez) empregados: até 2 (dois) estagiários;
>
> III – de 11 (onze) a 25 (vinte e cinco) empregados: até 5 (cinco) estagiários;
>
> IV – acima de 25 (vinte e cinco) empregados: até 20% (vinte por cento) de estagiários.

Como se vê, a lei de estágio é extremamente criteriosa a fim de impedir o seu mal uso, devendo sempre ser respeitada a finalidade educacional a que se propõe a relação de estágio.

Capítulo VII

Contrato de Trabalho Quanto ao Conteúdo: Claúsulas Comuns e Especiais. Cláusula de Não Concorrência. Claúsula de Permanência

Se o contrato de trabalho é celebrado de modo verbal, define-se o seu conteúdo pelas regras das garantias legais, isto é, aplica-se a lei quanto à jornada de trabalho, quanto ao período de férias, aos descansos remunerados, salário, descontos nos salários, transferência, afastamentos e todas as demais circunstâncias fáticas que possam ocorrer durante a execução contratual. Dito de outra maneira, o conteúdo do contrato de trabalho já se encontra definido pela legislação razão pela qual desnecessária a repetição da lei.

Nessa hipótese de ausência de contrato escrito, sempre que houver interesse de o empregador e/ou empregado alterar as condições contratuais, deverão recorrer à análise dos fatos e da prática usual e, a partir dessa contextualização, avaliar a possibilidade de revisão das práticas contratuais até então adotadas.

De outro lado, quando empregado e empregador, desejosos de negociar obrigações e direitos, definem as condições contratuais por meio de contrato escrito, devem observar o disposto no art. 444 da CLT que assegura às partes a liberdade contratual, encontrando limites naquilo que *"não contravenha às disposições de proteção ao trabalho, aos contratos coletivos que lhes sejam aplicáveis e às decisões das autoridades competentes"*.

Assim, podem estar contratualmente celebradas, para vigência durante a execução do contrato, a forma pela qual se dará a obrigação de cumprimento da jornada de trabalho, presencial ou remota; limites de tolerância para atraso ou saídas antecipadas; funções a serem exercidas; cargo a ser ocupado e funções dele decorrentes; salários; prêmios; bônus, gratificações, local de trabalho e transferência de localidade; trabalho para outras empresas do grupo; benefícios indiretos; critérios para gozo de férias; uso de uniforme, confidencialidade, detalhamento quanto à proteção de dados e uso de equipamentos tecnológicos; redes sociais; regras de *compliance*, planos de *stock options*, efeitos da rescisão contratual com as chamadas cláusulas de não concorrência ou não solicitação. O regulamento da empresa, quando da admissão do empregado, passa a figurar como parte do contrato e a ele adere integralmente.

Alguns contratos de trabalho são celebrados após período de negociação com troca de carta de oferta contendo as promessas de aperfeiçoamento profissional e outras vantagens com a finalidade de reter talentos de modo que o candidato ao emprego seja convencido a aceitar a contratação.

Tais promessas, quando formuladas, inserem-se nos contratos de trabalho como cláusulas obrigacionais pelo empregador cujo descumprimento dá ao empregado o direito de ação judicial para reparar o prejuízo.

Algumas cláusulas são especialmente relevantes no momento da contratação e podem ter efeitos após o término do contrato de trabalho.

Uma das cláusulas que tem sido utilizada com frequência é a de não concorrência ("*non compete agreement*") pela qual o empregado, mediante compensação pecuniária, compromete-se a não trabalhar para empresas concorrentes do ex-empregador em região previamente definida, durante determinado período de tempo, evitando-se, desse modo, que o empregado, que adquiriu os conhecimentos da estratégia de produtos e de atuação do ex-empregador, seja cooptado pela concorrência e faça uso dos segredos do negócio.

A cláusula de não concorrência tem caráter protecionista *vis à vis* o empregador e seu patrimônio de um lado e, de outro lado, leva em consideração a preservação dos contratos de trabalho dos empregados que permanecem perante o ex-empregador.

Contra aqueles que consideram que a celebração de cláusula de não concorrência implica violação à garantia constitucional de liberdade de trabalho (art. 5º, XIII), opõe-se o direito de liberdade econômica do empregador e, ainda, a sobrevivência da empresa como geradora de recursos e dos vínculos de emprego dos empregados.

De fato, a compatibilização de interesses da sociedade empresarial com os interesses dos empregados, sem ofender a garantia do direito a liberdade ao trabalho, não é tarefa fácil porque implica a revisão de conceitos e de questionamento quanto à finalidade da cláusula. Para sua observância durante o contrato de trabalho a proteção contra o ato de concorrência foi inserida como de caráter disciplinar, considerado o fato grave imputado ao empregado (art. 482, "*c*" da CLT).

Todavia, após a rescisão contratual, quando o empregado adquire liberdade para recolocação no mercado, parecem surgir três tipos de preocupações:

(i) do lado empresarial;

(ii) do lado do empregado retirante; e

(iii) do lado dos trabalhadores que permanecem na empresa.

Para as empresas (i), parece normal que queiram guardar com reservas as informações transferidas ao empregado retirante, em especial se ele foi capaz de absorver conhecimentos técnicos e estratégicos e que, nas mãos da concorrência, poderiam comprometer a continuidade do negócio ou que o afetaria de modo sério ainda que temporariamente. A empresa estaria então legitimada a negociar com o empregado retirante condições para que seu patrimônio comercial ou industrial não sofresse riscos.

Se o contrato contiver previsão de condição de restrição possível, basta que o empregador a acione. Todavia, se o contrato for omisso quanto ao exercício da obrigação de não concorrência, a negociação pós contrato será mais difícil e dependerá da vontade do empregado. Há casos em que, em razão das circunstâncias da atividade profissional do empregado retirante, a fixação de cláusula de não concorrência poderia apresentar uma restrição profissional e ofender a liberdade ao trabalho e poderia ser imputada de nula.

Para o empregado (ii) retirante a confidencialidade de informações e o respeito à transmissão de conhecimentos de seu antigo empregador constitui obrigação natural de comprometimento ético e de boa fé final. Portanto, mesmo sem cláusula de não concorrência, poderíamos dizer que há uma limitação ética e concorrencial natural que acompanha a vida profissional do empregado, cabendo-lhe com exclusividade, a avaliação de quanto sua renúncia à permanência na mesma atividade ou setor impactará seu futuro profissional.

Para os empregados que permanecem na empresa (iii), há uma expectativa de continuidade dos contratos de trabalho e de que o empregador mantenha sua condição de atuação no mercado com capacidade de continuar gerando empregos.

Desse modo, caso o empregado retirante viesse a desempenhar suas atividades na concorrência, poderia comprometer a atividade do antigo empregador e, assim, colocaria em risco a permanência dos empregos. Nesse ponto, a cláusula de não concorrência carrega, na sua estipulação, o interesse do grupo de trabalhadores que permanecem na empresa e, portanto, sua negociação transcende das obrigações individuais negociadas entre empregado e empregador, passando a projetar-se por um campo de proteção mais amplo e com interesses diretos na preservação das condições de emprego.

Atualmente, a forma de transmissão de dados pelas redes sociais e a velocidade com que as informações se expandem têm sido objeto de preocupação das empresas e, no momento da contratação, inserem-se cláusulas de compromisso de fidelidade ou de não concorrência (esta relegada a evento futuro incerto de rescisão do contrato de trabalho).

Para alguns, a previsão pós-contrato vincularia a renúncia do direito ao trabalho e, para outros, a restrição de mercado de trabalho não limita a atividade profissional em outros setores econômicos. As duas vertentes consideram que o único bem a ser protegido é o ex-empregado, uma pela renúncia à liberdade de trabalho e outra pela restrição da liberdade ao trabalho.

Assim sendo parece que a cláusula de não concorrência poderia ser inserida no contexto da proteção mais ampla, considerando-se que não se protege exclusivamente o empregado retirante ou o patrimônio cultural e industrial da empresa, mas sim a proteção objetiva dos empregados e os postos de trabalho, já que a concorrência poderia comprometer a continuidade dos negócios do ex-empregador.

Talvez, por essa razão a pactuação de não concorrência poderia vir a ser objeto de negociação coletiva ampliando o campo de aplicação para empregados em qualquer nível hierárquico e funcional, de forma que a empresa e seus empregados não fossem submetidos a riscos em caso de mudança de empregador no mesmo segmento econômico.

Esta a razão de a legislação francesa e belga admitirem que, por meio de negociação coletiva, se convenionem condições em torno de indenização por observação de concorrência possível, em qualquer nível de ocupação.

Importante que a análise da cláusula de não concorrência seja ampliada e que se encontre nela uma valorização do conhecimento que o contrato de trabalho possa gerar com a transferência de elementos de informação técnica e cultural que o empregado acumulou durante a prestação de serviços afinal(70).

A previsão de não concorrência em contratos de trabalho impõe obrigações recíprocas para as partes e deve ser regulamentada a fim de que possa gerar efeitos tanto para o empregador quanto para o empregado em caso de descumprimento. Visto está aqui que a ausência de regulamentação poderá impor dever de indenização pelo ex-empregador. A menos que, ao final do contrato, o empregador renuncie expressamente à exigência de seu cumprimento.

A cláusula de permanência no emprego pode ocorrer nas situações em que o empregador contribui com a formação profissional do empregado, pagando-lhe os estudos ou viagens de aperfeiçoamento. Assim ocorrendo, é lícito que o empregador exija que, no retorno, o empregado permaneça durante determinado tempo em atividade de tal modo que, na recusa pelo empregado, este ficaria obrigado a uma indenização pelo valor equivalente às despesas efetuadas pelo empregador, ou pagamento de indenização previamente estabelecida.

Trata-se, de um lado, de cláusula de garantia ao empregador de que poderá obter retorno do investimento efetuado para proporcionar ao empregado melhoria em sua condição profissional.

De outro lado, é uma cláusula que pode receber obrigação recíproca no sentido de que o empregado, no retorno dos estudos, teria garantia de emprego pelo prazo acordado, impedindo que o empregador extinga o contrato de trabalho.

(70) JOÃO, Paulo Sergio. *Dez anos de reflexões trabalhista*. Contrato de trabalho e cláusula de não concorrência: forma de proteção coletiva. 1. ed. Campinas/SP: Lacier Editora, 2024. p. 33.

Capítulo VIII

Alteração do Contrato de Trabalho

A regra estabelecida pela legislação trabalhista é de que, nos termos do disposto pelo art. 444, da CLT, as partes são livres para estipular as condições contratuais, desde que não contrariem normas de proteção ao trabalho.

Portanto, celebrado o contrato, impôs o legislador séria restrição à possibilidade de sua alteração, em especial as alterações unilaterais, exceto se decorrerem do *jus variandi* do empregador e se houver uma vantagem reconhecida ao empregado de modo inconteste.

O contrato de trabalho é de trato sucessivo, e algumas alterações são próprias do exercício do poder diretivo e disciplinar do empregador, e outras são imputadas ao poder que tem o empregador de variar as condições contratuais (*jus variandi*), nas chamadas alterações voluntárias, com algumas restrições legais ou mesmo convencionais.

Com efeito, diz o art. 468 da CLT:

> Nos contratos individuais de trabalho só é lícita a alteração das respectivas condições por mútuo consentimento, e ainda assim desde que não resultem, direta ou indiretamente, prejuízos ao empregado, sob pena de nulidade da cláusula infringente desta garantia.

Portanto, está claro que não se aplica nas relações contratuais de emprego o mesmo princípio que rege os contratos de natureza civil e relativo à autonomia da vontade. Há na relação de emprego uma presunção de que a vontade manifestada está premida pelas desfavoráveis condições econômicas de dependência que tem o empregado em relação ao empregador e que, assim, contamina a liberdade no exercício da autonomia da vontade.

Quando se trata de alterações bilaterais, isto é, aquelas que dependem do consentimento do empregado, somente serão válidas e possíveis, se não resultarem em prejuízo do trabalhador, imputando-se, no caso, de nulas.

O contrato de trabalho, conforme se disse, é de trato sucessivo e traz em si o germe da própria alteração. Exemplificativamente, desde a admissão, o empregado poderá galgar postos mais elevados na empresa, tratando-se de movimentação contratual benéfica ao trabalhador. Também, as alterações de horário de trabalho, intervalos para refeição, entre outras, compõem o universo do *jus variandi* do empregador.

De maneira geral, as alterações contratuais permitidas são as que decorrem da função do empregado, do horário de trabalho ou de local da prestação de serviços, sendo esta última com forte restrição pelo legislador.

Sobre as alterações funcionais, podem ser em nível horizontal, isto é, o empregado mantém o nível hierárquico; em nível vertical, no sentido da promoção para cargo mais relevante, em especial quando a empresa mantém plano de cargos e salários. Discute-se, nesse caso, se o empregado poderia se recusar à promoção e, na nossa avaliação, seria possível, desde que o empregado não se considerasse habilitado para o novo cargo, cabendo ao empregador avaliar a pertinência ou não da recusa do empregado, mas jamais a recusa poderia ser tida como questão disciplinar, passível de justa causa.

Nas alterações funcionais, a lei permite, ainda, a reversão do empregado ao cargo efetivo, ocupado anteriormente ao cargo de confiança que venha galgar na empresa.

Essa é a disposição do art. 468, § 1º, ao afirmar que *"não se considera alteração unilateral a determinação do empregador para que o respectivo empregado reverta ao cargo efetivo, anteriormente ocupado, deixando o exercício de função de confiança"*.

Trata-se de alteração quantitativa, ou seja, que afeta o ganho do empregado. A reforma trabalhista acrescentou o § 2º, ao art. 468 para eliminar discussão sobre a incorporação ao contrato das vantagens recebidas pelo empregado enquanto no exercício do cargo de confiança, tal como a gratificação de função, para afirmar que:

> A alteração de que trata o § 1º deste artigo, com ou sem justo motivo, não assegura ao empregado o direito à manutenção do pagamento da gratificação correspondente, que não será incorporada, independentemente do tempo de exercício da respectiva função.

Anteriormente, o TST havia consolidado entendimento na Súmula 372, cancelada em 30 de junho de 2025, no sentido de que *"Percebida a gratificação de função por dez ou mais anos pelo empregado, se o empregador, sem justo motivo, revertê-lo a seu cargo efetivo, não poderá retirar-lhe a gratificação tendo em vista o princípio da estabilidade financeira"*.

Finalmente, a alteração de local da prestação de serviços também passa por rigoroso controle pelo legislador, dispondo o art. 469 da CLT que

> Ao empregador é vedado transferir o empregado, sem a sua anuência, para localidade diversa da que resultar do contrato, não se considerando transferência a que não acarretar necessariamente a mudança do seu domicílio.

A regra geral disposta na lei é de que, se houver consentimento pelo empregado, o empregador poderá alterar a localidade da prestação de serviços, exceto nas situações em que não houver mudança de domicílio do empregado, caso em que a alteração se encontra no *jus variandi* do empregador. Em outras palavras, somente a transferência que implicar alteração domicílio é que apresenta a necessidade de obter do empregado sua aquiescência. Inclui-se nessa hipótese a extinção de estabelecimento (art. 469, § 2º da CLT).

Ainda, quando se trata de alteração de domicílio o empregador deverá demonstrar a real necessidade de serviço do empregado no local da transferência, evitando, assim, transferências abusivas de empregados que poderiam, premidos pelo desconforto, pedir demissão do emprego.

Então, sobre o tema transferência de empregados, a regra fundamental primeira é **a real necessidade de serviço** e, depois, a anuência expressa do empregado, valendo, para tanto, a cláusula inserida no contrato de trabalho em que concorda com a prestação de serviços em localidade diversa da que originou o contrato de trabalho.

Finalmente, provada a real necessidade de serviço, o empregador poderá transferir o empregado para outra localidade, obrigando-se ao pagamento de adicional de transferência de 25% enquanto durar a situação de transferência.

Quando se tratar de transferência definitiva, isto é, sem possibilidade de retorno à localidade da contratação, portanto, não será devido o adicional e o empregador assume as despesas decorrentes da transferência conforme preceitua o art. 470 da CLT.

As alterações do contrato de trabalho, quando lesivas ao trabalhador, se submetem ao prazo de prescrição para contra elas se opor o empregado. Nesses casos, aplica-se o prazo do art. 11, § 2º, da CLT, na nova redação trazida pela Lei n. 13.467/2017 e que incorporou o teor da cancelada Súmula n. 294[(71)], do TST:

> Tratando-se de pretensão que envolva pedido de prestações sucessivas decorrente de alteração ou descumprimento do pactuado, a prescrição é total, exceto quando o direito à parcela esteja também assegurado por preceito de lei.

Dessa feita, quando se trata de alteração prejudicial que envolva prestações sucessivas, com direito assegurado por preceito de lei, a qualquer tempo o trabalhador poderá pleitear a reparação dos prejuízos sofridos, caso em que os eventuais créditos serão reconhecidos de acordo com o prazo prescricional do art. 11 da CLT. Contrariamente, se alteração se referir a condições contratuais, isto é, alteração do pactuado, a prescrição será total a contar da data do ato que gerou a alteração.

As alterações do contrato de trabalho podem ensejar pelo empregado, sentindo-se prejudicado, pleito de rescisão indireta do contrato de trabalho, de acordo com o disposto no art. 483, alínea *"d"*, da CLT.

---

(71) Tratando-se de ação que envolva pedido de prestações sucessivas decorrente de alteração do pactuado, a prescrição é total, exceto quando o direito à parcela esteja também assegurado por preceito de lei. *(Cancelada em 30 de junho de 2025)*

A fim de impedir ato abusivo do empregador, em se tratando de transferência sem a demonstração da real necessidade de serviço, de acordo com a Súmula 43, do TST[72], o empregado poderá se opor, ajuizando ação cautelar, pretendendo liminar para obstar a transferência (art. 659, IX e X da CLT).

A reparação de alterações do contrato de trabalho nem sempre apresenta entendimento tranquilo, razão pela qual a jurisprudência é variada a respeito do tema.

(72) Súmula 43, do TST: "Presume-se abusiva a transferência de que trata o § 1º do art. 469 da CLT, sem comprovação da necessidade do serviço".

Capítulo IX

O Tempo no Trabalho e o Limite na sua Execução. Suspensão e Interrupção do Contrato de Trabalho

A. O tempo no trabalho e o limite na sua execução

O contrato de trabalho se mede em duas dimensões: para o empregador, credor das horas contratadas, pela produção e resultado que o empregado lhe pode proporcionar em razão do cumprimento das obrigações contratadas e, para o empregado, o contrato de trabalho se mede pelo tempo de sua execução e pelo salário pago, representando o meio pelo qual poderá obter ganho de subsistência pelo trabalho contratado e pelo tempo que dedica à sua realização.

Para os empresários, quanto maior a produção e quanto menor tempo para sua realização, pode resultar mais lucro, razão pela qual o tempo de dedicação ao trabalho mereceu, desde cedo, a atenção dos Estados a fim de que se colocasse um freio à exploração a que foram submetidos trabalhadores no período da Revolução Industrial, com jornadas excessivas e sem controle, causadoras de inúmeros acidentes do trabalho em razão da fadiga a que eram submetidos os trabalhadores.

Relembram-se, nesse caso, movimentos por uma jornada de trabalho controlada e as manifestações dos trabalhadores ocorridas no fim do século XIX. Ficou célebre a manifestação ocorrida em 1º de maio de 1886, em Chicago, em que se lutava pela divisão do dia de 24 horas em 8 horas de trabalho, 8 horas de lazer e 8 horas de sono. O episódio ficou marcado pelo massacre de trabalhadores que resultou, depois da 1ª Internacional, na comemoração do dia 1º de maio como dia universal do trabalho.

A legislação brasileira, no Capítulo de Introdução da CLT, consagrou, no art. 4º, que o tempo em que o empregado fica à disposição do empregador não é apenas o tempo dedicado à execução de ordens, mas sim aquele em que permanece à disposição do empregador, aguardando ordens ou executando serviço, como se lê no art. 4º:

> Considera-se como de serviço efetivo o período em que o empregado esteja à disposição do empregador, aguardando ou executando ordens, salvo disposição especial expressamente consignada.

Trata-se, pois, de uma primeira advertência de que o tempo da execução do contrato de trabalho vincula-se à permanência do empregado com sua força de trabalho à disposição do empregador.

Em 1932 a jornada de comerciários e industriários foi limitada a oito horas, a Constituição de 1934 fixou também o mesmo limite de duração diária de trabalho.

A Constituição Federal de 1988, no art. 7º, inciso XIII, inovou quanto ao conceito de tempo de trabalho ao fixar o limite máximo diário e semanal, ou seja, determinou o limite diário para duração normal de oito horas e acrescentou que na semana a duração de trabalho não deve exceder de 44 horas. Admitiu a Constituição a flexibilização do tempo de trabalho por meio de acordo individual ou coletivo para fins de compensação da jornada.

Algumas profissões apresentam outros limites de duração normal do trabalho. Assim, para os trabalhadores submetidos em turnos ininterruptos de revezamento, dispõe a Constituição Federal, em seu art. 7º, inciso XIV, a duração máxima de seis horas, admitindo-se, contudo, que, por meio de negociação coletiva, a duração de trabalho seja de oito horas diárias.

Nessa mesma trilha de jornadas especiais encontram-se, exemplificativamente, os bancários, com seis horas diárias e 36 semanais (art. 224 da CLT), serviços de telefonia, de telegrafia submarina e subfluvial, de radiotelegrafia, (art. 227 da CLT), jornalistas profissionais (art. 303 da CLT), médicos e cirurgiões dentistas (Lei n. 3.999/1961).

Sobre a jornada de trabalho regular de 44 horas semanais, com previsão na CLT, Capítulo II, "Da duração do Trabalho" o art. 58, seguindo a previsão constitucional assegura "*a duração normal do trabalho, para os empregados em qualquer atividade privada, não excederá de 8 (oito) horas diárias, desde que não seja fixado expressamente outro limite*".

Dois aspectos relevantes no cotejo da Norma Maior e a lei ordinária. A primeira admite a flexibilização mediante acordo de compensação e a segunda estabelece a possibilidade de que seja fixado outro limite de modo expresso, entendendo-se por lei ou por acordo individual ou coletivo.

A compensação de jornada de trabalho deve ser celebrada por escrito e tem por finalidade a redução das horas em um dia de trabalho com o acréscimo nos demais dias, de tal forma que a duração não exceda de 10 horas no dia e de 44 horas na semana.

Admite a lei extensão da compensação da jornada dentro do período de um mês, abandonando, desse modo, o critério semanal, conforme dispõe o § 6º, do art. 59, afirmando que "*é lícito o regime de compensação de jornada estabelecido por acordo individual, tácito ou escrito, para a compensação no mesmo mês*".

De acordo com o conceito de tempo à disposição do empregador, previsto no art. 4º, da CLT, no sentido de que se considera como de serviço efetivo o período em que o empregado esteja à disposição do empregador, se considerou que o tempo de percurso, despendido pelo empregado, desde a sua residência e para seu retorno, deveria ser computado na jornada de trabalho, em especial quando o transporte era fornecido pelo empregador.

Entretanto, a reforma trabalhista da Lei n. 13.467 inseriu o § 2º no art. 58, para dizer que não será computado na jornada de trabalho, por não ser considerado tempo à disposição do empregador:

> *O tempo despendido pelo empregado desde a sua residência até a efetiva ocupação do posto de trabalho e para o seu retorno, caminhando ou por qualquer meio de transporte, inclusive o fornecido pelo empregador, não será computado na jornada de trabalho, por não ser tempo à disposição do empregador.*

Encerraram-se, portanto, tais discussões, permitindo-se que os empregadores forneçam transporte aos seus empregados sem risco de pleitos de horas extraordinárias.

O Tribunal Superior do Trabalho, no dia 30 de junho de 2025, em sessão do Pleno daquela Corte, aprovou proposta da Comissão de Jurisprudência e de Precedentes Normativos de cancelamento de 36 enunciados da jurisprudência que foram superados pela reforma trabalhista, Lei n. 13.467/2017, ou por decisões do Supremo Tribunal Federal. Em relação à Súmula 90, que fazia referência aos deslocamentos do empregado, bem como a Súmula 320, foram canceladas.

A reforma trabalhista inseriu, de modo excepcional, no bojo da CLT a jornada de 12 horas de trabalho por 36 horas de descanso, cuja prática decorria de norma coletiva e utilizada com frequência pelo setor médico, com profissionais de enfermagem, especialmente e que ficam excetuados da necessidade de licença prévia à prática dessa jornada. Assim, diz o art. 59-A e parágrafo único, abrangendo inclusive, descanso semanal remunerado e feriados, que serão tidos como compensados.

> Art. 59-A. Em exceção ao disposto no art. 59 desta Consolidação, é facultado às partes, mediante acordo individual escrito, convenção coletiva ou acordo coletivo de trabalho, estabelecer horário de trabalho de doze horas seguidas por trinta e seis horas ininterruptas de descanso, observados ou indenizados os intervalos para repouso e alimentação.
>
> Parágrafo único. A remuneração mensal pactuada pelo horário previsto no *caput* deste artigo abrange os pagamentos devidos pelo descanso semanal remunerado e pelo descanso em feriados, e serão considerados compensados os feriados e as prorrogações de trabalho noturno, quando houver, de que tratam o art. 70 e o § 5º do art. 73 desta Consolidação.

A lei ainda trata de jornada de trabalho a tempo parcial, inserida no contexto legal no ano de 1998, quando se atravessava grande crise de emprego.

A finalidade da lei foi de que as empresas pudessem evitar as dispensas de empregados mediante acordo coletivo de trabalho, alterando a jornada dos contratos vigentes, de tal forma que caberia aos empregados a opção da redução da jornada e, por óbvio, percebendo salário proporcional à redução praticada.

A França, em 2008, também chegou a adotar a redução da jornada de trabalho com a finalidade de manutenção dos empregos, todavia, o Estado, como forma de incentivo, isentava as empresas de recolhimento de encargos sociais durante determinado período.

Entre nós, tudo se passou diferentemente, pois os encargos sociais foram mantidos e caberia, exclusivamente, aos sindicatos, empregados e empresas assumirem o ônus da redução de jornada, sem qualquer compensação ou garantia de permanência no emprego.

A reforma trabalhista alterou o regime de trabalho a tempo parcial e transformou em modalidade de contrato de trabalho, que perdeu, desse modo, a finalidade social de outrora.

O regime de trabalho de tempo parcial pode ser de trinta horas semanais não se permitindo o trabalho em horas extras ou de 26 horas semanais, permitindo-se o acréscimo de até seis horas suplementares semanais.

Considera-se, portanto, de acordo com a lei, trabalho em regime de tempo parcial aquele cuja duração não exceda a trinta horas semanais, sem a possibilidade de horas suplementares semanais, ou, ainda, aquele cuja duração não exceda a vinte e seis horas semanais, com a possibilidade de acréscimo de até seis horas suplementares semanais.

A alteração dos contratos vigentes para jornada de tempo parcial manteve-se na forma da lei anterior, com permissão mediante acordo coletivo de trabalho e opção do empregado perante a empresa.

Para fins de trabalho em horas extraordinárias, o legislador admitiu que a duração diária normal fosse acrescida de duas horas no máximo, autorizada mediante acordo individual, convenção coletiva ou acordo coletivo de trabalho, conforme estabelece o art. 59, da CLT.

> A duração diária do trabalho poderá ser acrescida de horas extras, em número não excedente de duas, por acordo individual, convenção coletiva ou acordo coletivo de trabalho.

Embora a lei faça referência a convenção ou acordo coletivo de trabalho, a celebração mediante acordo individual se sobrepõe ao que dispuser a norma coletiva em razão do caráter personalíssimo de que goza a jornada de trabalho, cabendo, no nosso sentir, exclusivamente ao empregado dispor de sua jornada e não submetê-la a negociações coletivas com normas abstratas.

Em caso de trabalho em regime de horas extraordinárias, a remuneração será efetuada com o adicional de 50% e com os reflexos em todos os demais direitos trabalhistas e encargos sociais.

O menor de dezoito anos está proibido de trabalhar além da duração normal de trabalho (art. 413 da CLT).

A lei admite que empregado e empregador convencionem a celebração de acordo de compensação de jornada por meio de banco de horas.

A compensação de jornada por meio de banco de horas teve origem em negociações coletivas de alguns setores de atividade econômica que sofriam com sazonalidade de demandas e que, em período de baixa produção, viam-se obrigados a despedir trabalhadores, muitas vezes qualificados, perdendo, assim, investimentos efetuados em treinamento na formação profissional.

Desse modo, negociou-se o banco de horas, entendendo-se que se estabelece uma caixa de compensação entre trabalhadores e empresas, mantendo-se sempre o salário do empregado. Dito em outras palavras, quando a produção está em baixa, os empregados não trabalham e recebem seu salário integral, permanecendo devedores de horas não trabalhadas ao seu empregador, que poderá, em tempo definido pelo acordo, dar trabalho ao empregado e repor seu crédito. Na hipótese de alta produção, as horas excedentes da jornada regular não são pagas pelo empregador que poderá compensá-las posteriormente em período de baixa produção, ou mediante concessão de dias de descanso aos empregados. A primeira lei que cuidou de regulamentar a contratação de banco de horas foi a Lei n. 9.601/1998, estabelecendo prazo de 120 dias para compensação.

O modelo legal adotado entre nós está disposto no § 2º, do art. 59 da CLT e o período de compensação fixado foi de no máximo um ano:

> Poderá ser dispensado o acréscimo de salário se, por força de acordo ou convenção coletiva de trabalho, o excesso de horas em um dia for compensado pela correspondente diminuição em outro dia, de maneira que não exceda, no período máximo de um ano, à soma das jornadas semanais de trabalho previstas, nem seja ultrapassado o limite máximo de dez horas diárias.

Todavia, quando se tratar de banco de horas celebrado mediante acordo individual, o prazo de compensação não poderá ultrapassar o período de seis meses, consoante dispõe o § 5º, do art. 59 da CLT:

> "O banco de horas de que trata o § 2º deste artigo poderá ser pactuado por acordo individual escrito, desde que a compensação ocorra no período máximo de seis meses."

Esse tema da jornada de trabalho, compensação e horas à disposição do empregador, foi objeto de consolidação na jurisprudência do TST, na Súmula 85, de elaboração anterior à reforma trabalhista de 2017, cujo conteúdo ainda não passou por revisão da Corte Suprema:

> I – A compensação de jornada de trabalho deve ser ajustada por acordo individual escrito, acordo coletivo ou convenção coletiva.
>
> II – O acordo individual para compensação de horas é válido, salvo se houver norma coletiva em sentido contrário.

> III – O mero não atendimento das exigências legais para a compensação de jornada, inclusive quando encetada mediante acordo tácito, não implica a repetição do pagamento das horas excedentes à jornada normal diária, se não dilatada a jornada máxima semanal, sendo devido apenas o respectivo adicional.
>
> IV – A prestação de horas extras habituais descaracteriza o acordo de compensação de jornada. Nesta hipótese, as horas que ultrapassarem a jornada semanal normal deverão ser pagas como horas extraordinárias e, quanto àquelas destinadas à compensação, deverá ser pago a mais apenas o adicional por trabalho extraordinário.
>
> V – As disposições contidas nesta súmula não se aplicam ao regime compensatório na modalidade "banco de horas", que somente pode ser instituído por negociação coletiva.
>
> VI – Não é válido acordo de compensação de jornada em atividade insalubre, ainda que estipulado em norma coletiva, sem a necessária inspeção prévia e permissão da autoridade competente, na forma do art. 60 da CLT.

Como se vê, a jurisprudência já foi superada pela lei, por exemplo o item III, pelo art. 59-B, e contraria o item IV, admitindo a prestação de horas extras mesmo mediante acordo de compensação (parágrafo único do art. 59-B), mas ainda continua sendo parâmetro para estudo de critérios de pagamento e de controle de jornada de compensação.

A reforma trabalhista, introduzida pela Lei n. 13.467/2017, eliminou a dúvida de que empregados e empregadores poderiam celebrar acordo individual para compensação de jornada de trabalho por meio de banco de horas, excluindo assim, o teor da Súmula 85 do TST, que restringia a hipótese apenas acordos coletivos.

A jornada de trabalho tem natureza estritamente individual e deve compor o campo dos direitos individuais disponíveis naquilo que ela estabelece como forma de preservação de duração máxima do horário de trabalho, respeitando-se o disposto no art. 7º, inciso XIII, da Constituição Federal. Não se trata, no nosso sentir de direito indisponível a possibilidade de transigir com o empregador modelo de compensação de jornada de trabalho, limitado sempre o limite da duração normal semanal ou mensal.

A transferência de negociação com o sindicato de trabalhadores é uma opção que o empregador poderá adotar de acordo com suas conveniências e interesses dos empregados aos quais o acordo coletivo de compensação de jornada de trabalho por meio de banco de horas seria aplicado.

A duração do trabalho, em caso de necessidade imperiosa, por motivo de força maior ou para atender a realização ou conclusão de serviços inadiáveis ou cuja inexecução possa acarretar prejuízo manifesto, não observará o limite legal ou que tenha sido convencionado, não podendo, todavia, exceder de 12 horas o trabalho.

Poderá o empregador, nas hipóteses de interrupção do trabalho resultante de causas acidentais, ou de força maior, prorrogar a jornada contratada por duas horas durante o período necessário durante o número de dias indispensáveis para a recuperação do tempo perdido, até o limite de 10 horas diárias e pelo período não superior a 45 dias.

O art. 62 da CLT contemplou uma exclusão do regime de jornada de trabalho para certos trabalhadores que pelo cargo que ocupam, quer pela atividade que exercem e que estariam afastados do controle da jornada de trabalho.

Assim, dispõe o art. 62, que o regime não se aplica:

(i) Aos empregados que exercem atividade externa, incompatível com o controle de jornada;

(ii) Aos gerentes, considerados como tal os empregados que ocupam cargos de gestão, equiparando-se para todos os efeitos os diretores e chefes de departamento ou filial;

(iii) Os empregados em regime de teletrabalho e que prestam serviço por produção ou tarefa.

Para os gerentes ou assemelhados, há o requisito de que percebam do empregador salário acrescido de gratificação de função em, pelo menos, 40% do salário do cargo efetivo.

Não é situação tranquila na casuística em que se debate, de forma rotineira, a qualidade do cargo ocupado e o efetivo poder atribuído ao trabalhador a fim de que possa ser identificado e qualificado no exercício do cargo de confiança ou, em outras palavras, que esteja desempenhando funções como se empregador fosse dada a confiança necessária exigida pela lei.

Quanto à atividade externa, com as transformações tecnológicas e com a possibilidade de controle da atividade mediante os meios informatizados, modernamente é discutível a impossibilidade de controle de jornada.

A lei da reforma trabalhista introduziu a regulamentação dos serviços prestados pela modalidade teletrabalho, considerado também como trabalho remoto, *"prestado fora das dependências do empregador, de maneira preponderante ou não, com utilização de tecnologias de informação e de comunicação, que, por sua natureza, não configure trabalho externo"*.

Adotou-se na linguagem técnica a expressão "teletrabalhador" para identificar o trabalhador que se submete à prestação de serviços por meio de tecnologias de informação e de comunicação. Não concordamos com a expressão porquanto não se trata de profissão regulamentada, mas de atividade eventual na forma de prestar serviços. De outro lado, embora reconhecendo a facilidade de identificar com rapidez o tipo de trabalho, não nos parece adequada, do ponto de vista jurídico, a utilização da expressão.

Muitos confundem teletrabalho com *home office*, erro igualmente técnico que, com aprofundamento da natureza das atividades, deve ser evitado. O trabalhador em *home office* cumpre jornada de trabalho e goza da liberdade de exercer sua atividade fora do ambiente de trabalho, revezando entre a permanência no ambiente do empregador e aquele em que opta por cumprir sua jornada de trabalho.

Anteriormente à reforma trabalhista, a Lei n. 12.551, de 15 de dezembro de 2011, que acrescentou o parágrafo único, no art. 6º da CLT, fez referência à possibilidade de que haveria o exercício do poder de comando e direção do empregador sobre trabalhadores que exercessem atividade com utilização de meios telemáticos e informatizados *("os meios telemáticos e informatizados de comando, controle e supervisão se equiparam, para fins de subordinação jurídica, aos meios pessoais e diretos de comando controle e supervisão do trabalho alheio")*.

Nosso entendimento, com todo respeito às opiniões contrárias, não se trata de manifestação expressa de vínculo de emprego, mas de hipótese ainda a ser demonstrada, lembrando-se que citado artigo se encontra no capítulo de introdução da CLT, cujas regras são referência quanto à aplicação da CLT, de forma a orientar o intérprete. A evolução legislativa revelou o quão inócua foi a disposição do art. 6º.

Dizem Gilberto Stürmer e Denise Fincato(73) a propósito que

> equivocou-se o legislador nacional, em 2011, ao declarar a equiparação de tratamento entre trabalho presencial e trabalho a distância o que, atualmente, vê-se corrigido com o correto destaque ao teletrabalho na CLT.

Sobre o tema, na época da publicação da lei, foi instalado pânico geral nas empresas que cediam aparelho celular aos seus empregados porque a interpretação mais ligeira e oportunista foi de que o uso de celular, *tout court*, implicaria tempo à disposição do empregador e revelaria a obrigação de pagamento de horas extras. Claro que se dissipou essa ideia por falta de qualquer fundamento fático e jurídico.

Celio Pereira Oliveira Neto(74) conceitua o teletrabalho como

> trabalho prestado, ao menos em parte à distância, fora da sede da organização empresarial, mediante o uso da telemática, ou seja, comunicação mais informação e/ou informática. Na sua essência, o teletrabalho, especialmente antes da pandemia da COVID-19, é realizado com flexibilidade de jornada e ausência de fiscalização direta empoderamento terem trabalhador diante da auto-organização e autonomia da gestão do tempo, em certa medida de suas atividades.

---

(73) STÜRMER, Gilberto; FINCATO, Denise. Teletrabalho em tempos de calamidade por Covid-19: impacto das medidas trabalhistas de urgência. p. 361. In: *O Direito do Trabalho na crise da Covid-19.* Alexandre Agra Belmonte, Luciano Martinez e Ney Maranhã. São Paulo: Editora JusPodivm, 2024. p. 341-363.

(74) PEREIRA NETO, Célio. *Trabalho em ambiente virtual:* causas, efeitos e conformação. 2. ed. rev., atual. e ampl. São Paulo: LTr, 2022. p. 101.

Para os trabalhadores em regime de teletrabalho, a lei da reforma, alterada pelo Lei n. 14.442, de 2022, restringiu a exclusão de controle de jornada no serviço por produção ou tarefa, ou seja, para o empregador não importa a hora trabalhada, mas o resultado da atividade laboral, cabendo ao empregado o controle de sua própria jornada.

Inicialmente, discutia-se a questão de a atividade do trabalhador ser preponderantemente fora das dependências do empregador e de que modo seria avaliados os comparecimentos no ambiente da empresa empregadora. A discussão se esvaziou com a nova lei que trata a preponderância de comparecimento na localidade do empregador de forma indiferente e assume que, de fato, o comparecimento não descaracteriza o regime de teletrabalho ou de trabalho remoto.

Relativamente ao conteúdo do contrato de trabalhador na modalidade de prestação de serviços por teletrabalho, forçoso reconhecer a necessidade de que o contrato seja escrito e especifique as condições da execução do trabalho em todos seus aspectos relevantes, tais como o tempo de uso de equipamentos e de cuidados quanto à ergonomia na execução de suas atividades, responsabilidades pela aquisição, manutenção ou fornecimentos dos equipamentos tecnológicos e da infraestrutura necessária e adequada à prestação do trabalho remoto, bem como reembolso de despesas arcadas pelo empregado. Convém observar que, segundo a lei, o tempo de uso de equipamentos tecnológicos e de infraestrutura necessária, fora da jornada normal do empregado não constituirá tempo à disposição ou regime de prontidão ou de sobreaviso, exceto previsão contratual individual ou coletiva.

Aos trabalhadores em regime de teletrabalho aplica-se a regra da lei do local da prestação de serviços e, nesse sentido, consideram-se as normas coletivas da base territorial do estabelecimento de lotação do empregado. Assim, ao empregado que presta serviços fora do território nacional, aplica-se a legislação brasileira, observadas as disposições da Lei n. 7.064, de 6 de dezembro de 1982.

No exercício de seu poder diretivo, poderá o empregador alterar o contrato para regime presencial e de teletrabalho, chamado híbrido, mediante acordo entre as partes por aditivo contratual. Em caso de alteração para regime presencial, sem ônus de qualquer espécie ao empregador, deverá ser garantido ao empregado prazo de transição de 15 dias, mediante aditivo contratual.

Celio Neto[75] observa que

> em regra, é o teletrabalhador quem faz as suas escolhas, mormente quanto às horas intensidade do trabalho, poupando se de longas horas de congestionamentos, especialmente nos os maiores centros urbanos, livrando-se do

(75) *Op. cit.*, p. 116.

> *stress* causado pelo trânsito cotidiano, e minimizando os efeitos da violência urbana — situações que por si só já têm o condão de melhorar sensivelmente a qualidade de vida do teletrabalhador.

Ainda Celio Neto faz observações sobre a Agenda 2030 da Organização das Nações Unidas e seus 17 Objetivos de Desenvolvimento Sustentável (ODS), considerando, nesse aspecto, a relevância a ser desempenhada pela atividade laboral por meio do teletrabalho[(76)], permitindo a inclusão digital como exercício da cidadania, atrelada à dignidade da pessoa humana.

Essa modalidade de atividade, denominada teletrabalho, recebeu preocupação também nos países da Europa que, no ano de 2002 firmaram o Acordo Marco sobre o Teletrabalho (AMET, 2002) cujo objetivo foi de modernizar e melhorar as relações de trabalho, dotando os trabalhadores de maior autonomia na realização de suas tarefas, de tal modo que pudesse conciliar a vida profissional e a vida pessoal. Como se tratou de acordo voluntário no âmbito da EU, não trouxe obrigação para os Estados membros. Esperanza Macarena Sierra Benitez[(77)] observa que

> La implementación del AMET em cada uno de los Estados membros se ha llevado a cabo mediante uma transposición autónoma que, por consiguiente, há dependido del diálogo social y de la capacidade de los interlocutores sociales a escala comunitária para garantizar que sus afiliados nacionales cumplan com lo dispuesto em los acuerdos.

A crise sanitária da Covid-19 fez crescer a necessidade do trabalho remoto ou teletrabalho, de forma a contribuir com o isolamento das pessoas no ambiente de trabalho. A propósito, Celio Neto[(78)] acentua que o teletrabalho naquele momento se deu de forma precária, sem estrutura definida, sem planejamento as empresas e trabalhadores foram levados a buscar uma solução para manutenção de emprego e produtividade quando possível.

Passado esse período de aprendizagem para todos que se viram empurrados a adotar algum modelo de prestação de serviços a distância, ainda hoje se discutem as condições jurídicas e as formas de proteção do trabalhador que tem sua atividade por meio de teletrabalho, com preocupações que envolvem a saúde mental do trabalhador, questões ergonômicas, exercício do direito de desconexão entre outras.

---

(76) *Op. cit.*, p. 129.

(77) BENITEZ, Esperanza Macarena Sierra. Visión General de la Regulación del Teletrabajo em España: La Ley 10 (2021, de 9 de Julio, de Trabajo a Distancia. p. 176-207. In: *Desafios do teletrabalho*. Organizadores: Guilherme Guimarães Feliciano, Patrícia Helena Azevedo Lima, Larissa Matos. 1. ed. Campinas/SP: Lacier Editora, 2023.

(78) *Op. cit.*, p. 251.

B. Suspensão e interrupção do contrato de trabalho

O contrato de trabalho é *sui generis* e, diferentemente dos contratos de natureza civil em que as obrigações contratadas devem ser cumpridas (*pacta sunt servanda*), prevalece o princípio da continuidade do vínculo de emprego, permitindo-se que, em algumas ocasiões, as obrigações não sejam cumpridas e o contrato não se desfaça.

São os casos de suspensão total e parcial (interrupção) do contrato de trabalho previstos pela CLT e que afetam o tempo de serviço do empregado.

É o que dispõe o Capítulo IV da CLT, quando refere à suspensão e interrupção do contrato de trabalho cujas bases fundamentais de proteção são a permanência do vínculo laboral, contagem do tempo de serviço e o pagamento de salários. O art. 471 da CLT assinala que

> Ao empregado afastado do emprego, são asseguradas, por ocasião de sua volta, todas as vantagens que, em sua ausência, tenham sido atribuídas à categoria a que pertencia na empresa.

Na suspensão total do contrato de trabalho, cessam as obrigações do empregado de prestar serviços e do empregador de pagar salários durante o período de afastamento do trabalho, ficando-lhe assegurado o retorno ao emprego com todas as vantagens que foram atribuídas, durante sua ausência, pelo empregador ou por norma coletiva.

É o caso, por exemplo, do afastamento do empregado por motivo de doença ou acidente do trabalho a partir do 16º dia, a partir do qual passa a receber benefício da previdência social. Durante o afastamento, o empregador não tem obrigações trabalhistas em relação ao contrato do empregado afastado, exceto quando o afastamento for por acidente do trabalho, pois, nesse caso, o empregador recolhe FGTS enquanto durar o afastamento.

Na suspensão disciplinar do empregado, igualmente o empregador não paga os salários.

Cessado o afastamento, o empregado retorna ao emprego e assume suas atividades regulares.

A interrupção do contrato de trabalho implica a suspensão parcial das obrigações contratadas. Assim, o empregado não trabalha, mas, em contrapartida recebe salários como se em atividade regular estivesse.

São as hipóteses de afastamento de até 15 dias por doença ou acidente do trabalho; férias anuais remuneradas e descanso semanal remunerado.

O afastamento do empregado para o serviço militar ou encargo público exige que o empregado notifique o empregador da intenção de retornar ao emprego no prazo de 30 dias da data da baixa ou da cessação do encargo público.

Quando se tratar de contrato de prazo, o tempo de afastamento não será computado para a terminação do contrato, exceto se houver sido pactuado diferentemente entre empregado e empregador (art. 472, § 2º da CLT).

O art. 473 da CLT relaciona as situações em que o empregado poderá deixar de comparecer ao serviço, portanto em dias úteis de trabalho, sem prejuízo do salário:

> I – até 2 (dois) dias consecutivos, em caso de falecimento do cônjuge, ascendente, descendente, irmão ou pessoa que, declarada em sua carteira de trabalho e previdência social, viva sob sua dependência econômica;
>
> II – até 3 (três) dias consecutivos, em virtude de casamento;
>
> III – por 5 (cinco) dias consecutivos, em caso de nascimento de filho, de adoção ou de guarda compartilhada;
>
> IV – por um dia, em cada 12 (doze) meses de trabalho, em caso de doação voluntária de sangue devidamente comprovada;
>
> V – até 2 (dois) dias consecutivos ou não, para o fim de se alistar eleitor, nos têrmos da lei respectiva;
>
> VI – no período de tempo em que tiver de cumprir as exigências do Serviço Militar referidas na letra "c" do art. 65 da Lei n. 4.375, de 17 de agosto de 1964 (Lei do Serviço Militar)
>
> VII – nos dias em que estiver comprovadamente realizando provas de exame vestibular para ingresso em estabelecimento de ensino superior.
>
> VIII – pelo tempo que se fizer necessário, quando tiver que comparecer a juízo.
>
> IX – pelo tempo que se fizer necessário, quando, na qualidade de representante de entidade sindical, estiver participando de reunião oficial de organismo internacional do qual o Brasil seja membro.
>
> X – pelo tempo necessário para acompanhar sua esposa ou companheira em até 6 (seis) consultas médicas, ou em exames complementares, durante o período de gravidez.
>
> XI – por 1 (um) dia por ano para acompanhar filho de até 6 (seis) anos em consulta médica.
>
> XII – até 3 (três) dias, em cada 12 (doze) meses de trabalho, em caso de realização de exames preventivos de câncer devidamente comprovada.

O art. 476-A da CLT cuida da suspensão do contrato de trabalho por meio de convenção ou acordo coletivo de trabalho, com aquiescência do empregado, por um período de dois a cinco meses, para que o empregado participe de programa de qualificação profissional, cuja duração deverá ser equivalente ao período de suspensão.

A empresa somente poderá se utilizar dessa modalidade de suspensão uma vez no período de dezesseis meses.

Durante o período de suspensão do contrato de trabalho, para fins de qualificação profissional, os empregados farão jus aos benefícios voluntários concedidos pelo empregador, ficando proibida a dispensa nos três meses subsequentes à suspensão, sob pena de o empregador ter que pagar ao empregado, além das verbas rescisórias e multa da convenção coletiva de cem por cento da última remuneração, anterior à suspensão, devida para o empregado (art. 476-A, § 5º da CLT).

Se não for ministrado curso ou programa de qualificação profissional, fica descaracterizada a suspensão, e o empregador será obrigado ao pagamento dos salários e encargos devidos no período (art. 476-A, § 6º da CLT).

Capítulo X

Períodos de Descanso

A. Descansos intrajornada. Descansos entrejornadas

A imposição de jornadas de trabalho excessivas no período da Revolução Industrial demonstrou seus efeitos diretamente relacionados com a saúde dos trabalhadores que, quando não adoeciam, eram vitimados por acidentes decorrentes da fadiga e da perda de condições mentais de operar máquinas, muitas vezes verdadeiros experimentos cujo inventor não tinha condições exatas de seu funcionamento.

Dessa feita, a fim de aliviar os transtornos decorrentes de doenças e acidentes, logo se impôs um limite para a jornada estabelecendo-se, assim, períodos de descanso obrigatórios com a finalidade higiênica para permitir o refazimento da energia despendida durante a jornada.

Leonel Maschietto(79) observa que

> [...] Os intervalos intrajornadas um pouco mais extensos (por exemplo o intervalo de 1 hora 2 horas para refeição e descanso) podem cumprir também outros objetivos de importância. É que eles ainda podem assegurar concomitantemente ao trabalhador um mínimo de disponibilidade pessoal no âmbito do horário de trabalho podendo favorecer deste modo a sua própria inserção familiar (ou social).

A CLT cuida dos períodos de descanso nos arts. 66 a 72, classificados entre os intrajornada, ou entre dois dias de trabalho, chamados entrejornadas de trabalho, cuja finalidade é a busca da preservação da integridade física e mental dos empregados para que possam se refazer dos desgastes físicos ocorridos na rotina da execução da atividade laboral. Presume-se, desse modo, que os acidentes e as doenças ocupacionais sejam eliminados ou reduzidos.

(79) MASCHIETTO, Leonel. *Direito ao descanso nas relações de trabalho:* o trabalho aos domingos como elemento de dissolução da família e restrição ao lazer. São Paulo: LTr, 2015. p. 29.

A legislação trata do tema de forma objetiva, não permitindo interpretações de natureza interpretativa e jurídica sobre o assunto porquanto leva em conta o tempo da duração das horas contínuas trabalhadas e os períodos obrigatórios de descanso, cabendo ao empregador respeitar e impor o respeito aos seus empregados. São normas que podem ser classificadas no campo do direito tutelar do Direito do Trabalho, de ordem pública, e que obrigam empregados e empregadores em relação ao Estado que exerce fiscalização do seu cumprimento, cabendo, sempre, no limite, ao empregador a responsabilidade pela fiscalização de seu cumprimento.

As controvérsias nesse assunto ocorrem, especialmente, em decorrência da utilização de formas de acesso ao ambiente de trabalho por meio da *internet* e dos meios telemáticos de comunicação, pelos quais os empregados são acionados pelo empregador e que implicariam desrespeito aos intervalos que deveriam ser usufruídos pelos empregados, gerando direito a reparação pelos empregadores.

O direito ao descanso está contemplado pela Constituição Federal como direito fundamental ao lazer no art. 6º, no capítulo dos direitos sociais e, no art. 7º, ao tratar das garantias aos trabalhadores, o constituinte inseriu nos incisos XV e XVII, o direito ao descanso semanal remunerado, preferencialmente aos domingos, e o direito a férias anuais remuneradas.

Leonel Maschietto[80] considera que "[...] o termo "preferencialmente" não pode ser entendido como algo relativo, mas sim de forma quase absoluta", afirmando que

> o legislador não se utilizou do termo "preferencialmente" para deixar ao arbítrio subjetivo das pessoas a instituição ou não do descanso aos domingos. Seu efetivo valor e significado transcendem a vontade dos agentes (empregados e empregadores).

O art. 66 da CLT impõe que entre duas jornadas de trabalho, isto é, entre um dia que termina e outro dia que começa, deve ser respeitado um intervalo de 11 (onze) horas consecutivas para descanso (*"Entre 2 (duas) jornadas de trabalho haverá um período mínimo de 11 (onze) horas consecutivas para descanso"*). Desse modo, a previsão legal proíbe, *e.g.*, que o empregado trabalhe em horas extraordinárias até as 22 horas e, retorne, no dia seguinte, às 9 horas da manhã para dar início à nova jornada. O retorno somente poderia ocorrer a partir das 10 horas.

De acordo com a interpretação por analogia da Súmula 110, do TST, as horas em desrespeito ao intervalo devem ser remuneradas como extras

> No regime de revezamento, as horas trabalhadas em seguida ao repouso semanal de 24 horas, com prejuízo do intervalo mínimo de 11 horas consecutivas para descanso entre jornadas, devem ser remuneradas como extraordinárias, inclusive com o respectivo adicional.

---

(80) MASCHIETTO, Leonel. *Op. cit.*, p. 68.

Também foi assegurado aos empregados o direito ao descanso semanal de 24 horas, preferencialmente aos domingos, de acordo com o disposto no art. 67 da CLT

> Será assegurado a todo empregado um descanso semanal de 24 (vinte e quatro) horas consecutivas, o qual, salvo motivo de conveniência pública ou necessidade imperiosa do serviço, deverá coincidir com o domingo, no todo ou em parte.

Admite-se, assim, que o domingo possa compor o descanso semanal em parte e, por exceção, que não seja o domingo o dia de repouso hebdomadário.

Algumas profissões desempenham sua atividade nos domingos, ficando, portanto, excluídas do proibitivo legal, tal como ocorre com os elencos teatrais. Nas demais atividades o empregador deverá estabelecer uma escala de revezamento entre os empregados, conforme parágrafo único, do art. 67

> Nos serviços que exijam trabalho aos domingos, com exceção quanto aos elencos teatrais, será estabelecida escala de revezamento, mensalmente organizada e constando de quadro sujeito à fiscalização.

A Lei n. 10.101, de 19 de dezembro de 2000, que dispôs sobre a participação dos trabalhadores nos lucros ou resultados da empresa, surpreendeu com a previsão no art. 6º, ao cuidar do trabalho aos domingos nas atividades do comércio em geral, submetendo a permissão à legislação municipal e condicionou o repouso à negociação coletiva.

Historicamente e assim foi quando da elaboração e aprovação da CLT em 1943, os empregados recebiam seu salário pelos dias ou horas trabalhados efetivamente. Desse modo, os dias de descanso e feriados eram de descanso apenas, sem ônus para o empregador.

No período após a II Guerra Mundial, os trabalhadores europeus, por meio de reivindicação dos sindicatos, conquistaram o direito ao descanso semanal remunerado. A Constituinte de 1946 inspirou-se nas novas conquistas e fez inserir como garantia aos trabalhadores o descanso semanal remunerado, acrescentando, que fosse concedido preferencialmente aos domingos, respeitando a tradição cristã.

Todavia, embora previsto pela Carta Constitucional como um direito, carecia de regulamentação, fato que somente ocorreu em 1946, com a aprovação da Lei n. 605, de 5 de janeiro de 1949 que, além de dispor quanto ao valor a ser pago pelos empregadores, incluiu a condição para o recebimento do descanso remunerado aos domingos e nos feriados.

Desse modo, o empregado somente fará jus a descanso remunerado do domingo e do feriado, quando houver, se tiver cumprindo a duração do trabalho na semana precedente. Portanto, embora com garantia constitucional, que alguns chamam de direito fundamental, está condicionado ao cumprimento da duração do trabalho na semana, razão pela qual, o controle de atrasos e faltas injustificadas pode punir o trabalhador com descontos no salário. Convém observar que o empregado não perde o direito ao descanso de 24 horas, mas sim e apenas do valor da remuneração desse dia.

Quanto ao valor do descanso semanal remunerado, deve ele equivaler a um dia útil de trabalho acrescido de horas extras se houver e da média das comissões por dia trabalhado. Esses reflexos excluem o adicional noturno e adicionais da remuneração (insalubridade, periculosidade) porque levam em conta o mês integral e não apenas os dias úteis trabalhados.

Para a duração diária de trabalho, estabeleceu o art. 71, da CLT, regras a serem observadas para os descansos intrajornada não remunerados, não computados na duração normal de trabalho, e que levam em consideração o trabalho contínuo da seguinte forma:

a. **No exercício dos poderes disciplinar e diretivo do empregador:**

Para o trabalho contínuo, cuja duração exceda de 6 (seis) horas, é obrigatória a concessão de intervalo para repouso ou alimentação de 1 (uma) a 2 (duas) horas, a critério do empregador.

b. **Mediante autorização do Ministério do Trabalho e Emprego,** o intervalo poderá ser inferior a uma hora, hipótese em que verificará a autoridade competente se o "estabelecimento atende integralmente às exigências concernentes à organização dos refeitórios, e quando os respectivos empregados não estiverem sob regime de trabalho prorrogado a horas suplementares" (art. 71, § 3º, da CLT).

c. **Por acordo escrito ou contrato coletivo:**

Por meio de acordo escrito entre empregado e empregador ou acordo coletivo poderá ser estabelecido outro intervalo, superior a 2 (duas) horas, e.g., os motoristas de transporte coletivo usufruem de intervalo superior a 2 horas, autorizados por meio de convenção coletiva de trabalho, nos chamados contratos de duas pegadas.

d. **Na duração de trabalho contínuo não excedente de 6 (seis) horas e superior a 4 horas, será obrigatório um intervalo de 15 (quinze) minutos.**

O desrespeito aos intervalos intrajornada, para repouso ou alimentação, parcialmente ou total, obriga o empregador a indenizar o empregado pelo tempo suprimido com acréscimo de 50%. Durante algum tempo se discutia quanto à natureza jurídica dessa hora trabalhada e entendia o TST que teria natureza salarial[(81)]. A Lei n. 13.467 de 2017 afastou essa interpretação e atribuiu natureza indenizatória, encerrando a discussão em torno do assunto.

Serão remunerados os intervalos durante a jornada de trabalho e, portanto, computados na duração normal de trabalho, do digitador que a cada 50 minutos de trabalho

(81) Súmula 437, cancelada em sessão do Pleno do TST em 30 de junho de 2025.

contínuo deve usufruir de 10 minutos de descanso e, no mesmo sentido, os trabalhadores em serviços "*permanentes de mecanografia (datilografia, escrituração ou cálculo), a cada período de 90 (noventa) minutos de trabalho consecutivo corresponderá um repouso de 10 (dez) minutos não deduzidos da duração normal de trabalho*".

B. Férias anuais remuneradas

As férias constituem um direito irrenunciável ao descanso anual assegurado pela Constituição Federal e pela lei ordinária a todo trabalhador após período de trabalho de 12 meses para o mesmo empregador, com finalidade higiênica para saúde mental e física do trabalhador.

Trata-se, talvez, de um dos direitos assegurados pela Constituição Federal e capítulo da CLT, nos arts. 129 a 153, mais descumprido na prática trabalhista quer por ignorância de seu caráter imperativo de suas regras, quer pelo descaso que muitas vezes se faz desse direito, em geral encarado como vantagem de cunho pecuniário e negociável sem restrição.

A Organização Internacional do Trabalho tem na Convenção n. 132, aprovada em 1993, ratificada pelo Brasil em 1999, aquilo que considera razoável em termos de respeito ao direito de férias dos trabalhadores.

Entre nós, a Constituição de 1988 inaugurou uma novidade, aliás prevista em normas coletivas da época, denominada abono de férias, que foi o pagamento de 1/3 calculado sobre a remuneração das férias, por ocasião de sua concessão pelo empregador. Assim fazendo, procurou, de um lado, alimentar a possibilidade de gozo de férias com valor excepcional e que, em tese, não estaria comprometido com as despesas de rotina mensais e, de outro lado, desestimular a venda de parte do período de gozo das férias, eliminando o abono pecuniário previsto na lei ordinária. Lamentavelmente, a legislação coisificou e precificou o direito ao lazer, transformado em patrimônio negociável pelo trabalhador.

No caso do art. 7º, no Capítulo II, Dos Direitos Sociais, da Carta Constitucional, são os trabalhadores legítimos titulares dos direitos ali relacionados. O direito às férias, ali reconhecido no inciso XVII, embora com fundamento jurídico obrigacional decorrente do contrato de trabalho, tem com o direito social ao lazer, vínculo direto e complementar. Desta forma, o direito às férias se completa com a ação do Estado, quando proporciona condições para que o trabalhador dele usufrua.

O direito fundamental ao lazer, claro está, não se realiza sozinho, especialmente nos grandes centros urbanos e carrega a obrigação do Estado de assegurar, por meio de políticas públicas que os cidadãos tenham acesso a bens culturais, entretenimentos em parques públicos, podendo deles usufruir com liberdade e sem discriminação em seus momentos de diversão, garantindo segurança e higiene ambiental, com sanitários adequados ao uso, a fim de que seja preservada a dignidade da pessoa humana. Então, pode-se dizer que a afirmação do direito ao lazer não caminha de forma isolada, cabendo ao Estado papel de relevância extrema para tornar possível a realização pessoal da vida em sociedade.

Nas relações de emprego, quando o empregado adquire o direito a férias, embora se possa dizer que se trata de aquisição exclusiva e diretamente contra o empregador, em decorrência do vínculo jurídico mantido, gerando obrigações de pagamento e concessão de período de gozo, os efeitos que desse direito se fazem sentir, implicam, diretamente, em aquisição de um direito contra o Estado, garantidor dos direitos sociais, que se beneficiou direta ou indiretamente da atividade produtiva do trabalhador e se comprometeu, pelas garantias constitucionais, a proporcionar o gozo de descanso do trabalho como direito fundamental ao lazer.

Por isso, o direito a férias anuais, em algumas legislações, já se distanciou da condição exclusiva de direito decorrente de vínculo de emprego e passou para a condição de benefício de natureza social, como forma de preservar a saúde mental e física de todos.

Conforme relata Paulo Régis Machado Botelho[(82)], no tempo da pandemia do Covid-19 a Medida Provisória n. 927/2020, disciplinou nos arts. 6º a 12 a concessão de férias individuais e coletivas naquele período, estabelecendo regras próprias e emergenciais e que tiveram notável relevância.

As férias constituem um direito, tal como o descanso semanal remunerado, que está condicionado ao trabalho efetivo e presença nos 12 meses que precedem a aquisição do direito a férias. Em palavras outras, a expectativa é de que cumpra os 12 meses do chamado período aquisitivo integralmente, sem faltas. Todavia, caso falte de forma injustificada, terá consequências na redução dos dias de gozo de férias, consoante disposição expressa no art. 130 da CLT:

> Art. 130 – Após cada período de 12 (doze) meses de vigência do contrato de trabalho, o empregado terá direito a férias, na seguinte proporção
>
> I – 30 (trinta) dias corridos, quando não houver faltado ao serviço mais de 5 (cinco) vezes;
>
> II – 24 (vinte e quatro) dias corridos, quando houver tido de 6 (seis) a 14 (quatorze) faltas;
>
> III – 18 (dezoito) dias corridos, quando houver tido de 15 (quinze) a 23 (vinte e três) faltas;
>
> IV – 12 (doze) dias corridos, quando houver tido de 24 (vinte e quatro) a 32 (trinta e duas) faltas.

---

(82) BOTELHO, Paulo Régis Machado. Férias em tempos de Covid-19: Análise da MP n. 927/2020 à luz dos novos princípios contratuais". In: *O Direito do Trabalho na Crise da Covid-19*. Alexandre Agra Belmonte, Luciano Martinez, Ney Maranhão. São Paulo: JusPodivm, 2024. p. 365/380.

Convém assinalar algumas regras fundamentais para a compreensão e aplicação do direito às férias:

i. **As faltas ao serviço não podem ser compensadas com redução dos dias de férias** (art. 130, § 1º).

Esta prática, adotada em alguns países, permite que o empregado informe o empregador quanto à redução dos dias de férias, compensando, portanto, a falta injustificada ao serviço.

Nossa legislação, apesar de o trabalhador ser o titular do direito dos dias de férias adquiridas, preserva a punição com potencial redução dos dias de gozo.

ii. **Consideram-se dois períodos importantes:**

o **período aquisitivo**, correspondente aos 12 meses de trabalho em que o empregado poderá adquirir o direito a férias; e, o **período concessivo**, relativo aos 12 meses seguintes ao aquisitivo em que o empregador deve conceder as férias ao empregado.

iii. **O período de gozo de férias é considerado como tempo de serviço efetivo para a aquisição de novo período de férias** (art. 130, § 2º).

iv. **A rescisão do contrato de trabalho, seguida de nova contratação pelo mesmo empregador, ou empresa do mesmo grupo econômico ou na sucessão de empregador, não afeta o tempo de serviço para a aquisição do período de férias, cujo prazo deverá sempre ser aquele da admissão primeira do empregado.**

v. **Durante as férias concedidas pelo empregador, fica vedado ao empregado prestar serviços a outro empregador, exceto mantiver contrato de trabalho que o obrigue à prestação de serviços.**

Trata-se a previsão legal de iniciativa louvável, de um país imaginário, em que se cumpra efetivamente o direito ao gozo de férias e que o empregado possa dele usufruir de modo pleno no exercício de seu direito fundamental ao lazer. Todavia, a efetividade desta regra é absolutamente incontrolável, sendo cediço que os trabalhadores, em especial de ganhos salariais precários, quando conseguem atingir o direito a férias, logo procuram um "bico" para reforçar o orçamento familiar.

As ausências que podem afetar o número de dias de gozo de férias são aquelas injustificadas, entendendo como tal, as faltas ao serviço que resultaram em desconto do salário pois, se o empregado faltou e justificou o motivo da ausência, por razões adversas àquelas permitidas na lei, tendo o empregador aquiescido sem desconto no salário, entende-se que houve perdão da ausência e deverá ser tida como tempo de serviço para fins de férias.

As ausências legais, durante o período aquisitivo, que não afetam as férias na sua aquisição, são aquelas referidas no art. 131, da CLT:

a. Os casos previstos no art. 473, da CLT[(83)];

b. durante o licenciamento compulsório da empregada por motivo de maternidade ou aborto, observados os requisitos para percepção do salário-maternidade custeado pela Previdência Social;

c. por motivo de acidente do trabalho ou enfermidade atestada pelo Instituto Nacional do Seguro Social — INSS, excetuada a hipótese do inciso IV do art. 133;

d. justificada pela empresa, entendendo-se como tal a que não tiver determinado o desconto do correspondente salário;

e. durante a suspensão preventiva para responder a inquérito administrativo ou de prisão preventiva, quando for impronunciado ou absolvido;

f. nos dias em que não tenha havido serviço, salvo na hipótese do inciso III do art. 133.

De outro lado, existem situações que, por representarem descontinuidade de tempo de serviço, afetam diretamente a aquisição do período de férias, tais como disciplinadas no art. 133:

I – deixar o emprego e não for readmitido dentro de 60 (sessenta) dias subsequentes à sua saída.

Cuida de situação comum e pouco observada para fins de aplicação do tempo de serviço para fins de aquisição do período de gozo de férias. É o caso de fusão ou aquisição

---

(83) I – até 2 (dois) dias consecutivos, em caso de falecimento do cônjuge, ascendente, descendente, irmão ou pessoa que, declarada em sua carteira de trabalho e previdência social, viva sob sua dependência econômica.

II – até 3 (três) dias consecutivos, em virtude de casamento.

III – por 5 (cinco) dias consecutivos, em caso de nascimento de filho, de adoção ou de guarda compartilhada.

IV – por um dia, em cada 12 (doze) meses de trabalho, em caso de doação voluntária de sangue devidamente comprovada.

V – até 2 (dois) dias consecutivos ou não, para o fim de se alistar eleitor, nos têrmos da lei respectiva.

VI – no período de tempo em que tiver de cumprir as exigências do Serviço Militar referidas na letra *"c"* do art. 65 da Lei n. 4.375, de 17 de agosto de 1964 (Lei do Serviço Militar).

VII – nos dias em que estiver comprovadamente realizando provas de exame vestibular para ingresso em estabelecimento de ensino superior.

VIII – pelo tempo que se fizer necessário, quando tiver que comparecer a juízo.

IX – pelo tempo que se fizer necessário, quando, na qualidade de representante de entidade sindical, estiver participando de reunião oficial de organismo internacional do qual o Brasil seja membro.

X – pelo tempo necessário para acompanhar sua esposa ou companheira em até 6 (seis) consultas médicas, ou em exames complementares, durante o período de gravidez.

XI – por 1 (um) dia por ano para acompanhar filho de até 6 (seis) anos em consulta médica.

XII – até 3 (três) dias, em cada 12 (doze) meses de trabalho, em caso de realização de exames preventivos de câncer devidamente comprovada.

de empresas em que se resolve dar baixa nos contratos de trabalho, fazendo novas anotações em seguida.

Observando-se o princípio da continuidade da relação de emprego e que o contrato é único, a data a ser considerada para fins de aquisição do direito a férias deve ser aquela da admissão de origem.

II – permanecer em gozo de licença, com percepção de salários, por mais de 30 dias.

Ocorre em casos de afastamento do empregado, mediante permissão do empregador, para frequentar cursos no país ou no exterior.

III – deixar de trabalhar, com percepção do salário, por mais de 30 dias, em virtude de paralisação parcial ou total dos serviços da empresa.

Esta situação foi vivida entre nós no período da pandemia, logo resolvida pelas medidas de emergência da época.

É possível também que o período de greve de 30 dias ou mais, com celebração de acordo ou decisão da Justiça com pagamento dos dias, implique a perda do período aquisitivo de férias incompleto. Por esta razão, os sindicatos negociam com frequência os efeitos da greve sobre o tempo de serviço para fins de férias.

IV – tiver percebido da Previdência Social prestações de acidente de trabalho ou de auxílio-doença por mais de 6 meses, embora descontínuos.

Nesse caso deverá sempre ser observado o afastamento superior a 6 meses durante o mesmo período aquisitivo. Desse modo, o afastamento por 8 meses, exemplificativamente, sendo 4 meses em cada período aquisitivo, não afetará a aquisição do direito a férias em nenhum dos dois períodos.

Sobre o disposto nestes incisos, observa-se que se leva em conta o período aquisitivo específico que precede o atingimento do potencial período de gozo.

Ao término dos afastamentos referidos, quando do retorno ao emprego, iniciar-se-á novo período de férias e, portanto, a data de admissão do empregado não será mais efetiva para contagem de períodos aquisitivos de férias.

Uma vez adquirido o direito ao gozo de férias, a regra que se impõe é de que cabe ao empregador, de acordo com o art. 136, com raras exceções[84], conceder as férias ao

(84) § 1º Os membros de uma família, que trabalharem no mesmo estabelecimento ou empresa, terão direito a gozar férias no mesmo período, se assim o desejarem e se disto não resultar prejuízo para o serviço

§ 2º O empregado estudante, menor de 18 (dezoito) anos, terá direito a fazer coincidir suas férias com as férias escolares.

empregado nos 12 meses seguintes, na época que considerar mais adequada e capaz de suportar a ausência do trabalhador, comunicando-o da concessão no prazo de 10 dias do início que se dará sempre em dia útil.

Para fins de concessão, poderá o empregador fracionar, excepcionalmente, o período de gozo em dois períodos, sendo que um deles não poderá ser inferior a dez dias, consoante disposto pelo art. 134, § 1º da CLT. Excetuam-se dessa possibilidade os maiores de 50 anos e os menores de 18 anos, cujas férias devem ser usufruídas em um único período, art. 134, § 2º da CLT.

Em caso de descumprimento pelo empregador na concessão de férias no prazo estipulado, ficará obrigado ao pagamento em dobro da respectiva remuneração, sem prejuízo da obrigação de conceder o descanso anual, conforme art. 137 da CLT.

Sobre a remuneração das férias, o empregador é obrigado a efetuar o pagamento com 48 horas de antecedência do início do prazo do descanso, no valor equivalente ao mês de remuneração (art. 142 da CLT), acrescido de 1/3 de adicional previsto na Constituição Federal, art. 7º, inciso XVII, mais as horas extras e outros adicionais ou vantagens "in natura", considerados de natureza salarial.

Além do pagamento das férias, acrescida de 1/3 previsto na Constituição Federal, poderá o empregado converter 1/3 do período de férias no chamado "abono pecuniário", de natureza indenizatória, desde que solicitado ao empregador com 15 dias de antecedência do vencimento período aquisitivo, utilizando-se de seu direito potestativo (art. 143, § 1º da CLT), situação que não permitiria a recusa do empregador. Vencido o prazo, a negociação fica aberta e depende do interesse do empregador.

Nesse caso, mediante concordância do empregador, o empregado terá seu período de gozo de férias reduzido em 1/3, durante o qual prestará serviços ao empregador e receberá o valor da remuneração das férias, acrescido de 1/3 constitucional mais 1/3 do abono pecuniário.

A Constituição de 1988 inaugurou uma novidade, aliás prevista em normas coletivas da época, denominada abono de férias, que foi o pagamento de 1/3 calculado sobre a remuneração das férias, por ocasião de sua concessão pelo empregador. Assim fazendo, procurou, de um lado, alimentar a possibilidade de gozo de férias com valor excepcional e que, em tese, não estaria comprometido com as despesas de rotina mensais e, de outro lado, desestimular a venda de parte do período de gozo das férias, eliminando o abono pecuniário previsto na lei ordinária. Lamentavelmente a legislação coisificou e precificou o direito ao lazer, transformado em patrimônio negociável pelo trabalhador.

Na nossa percepção, a Constituição Federal de 1988, ao dispor do pagamento do acréscimo de 1/3 no valor da remuneração, teria revogado a previsão da lei ordinária, não havendo mais necessidade de que o empregado negociasse dias de descanso com seu empregador, garantida que estava a verba suplementar. Todavia, a interpretação que prevaleceu foi a de sua manutenção, entendendo a jurisprudência que teria havido sua recepção pela norma constitucional.

Esse dispositivo legal tem natureza controvertida quanto à finalidade higiênica do benefício das férias porquanto admite que o empregado transigir dias de descanso ao empregador, trocando-os por dias de trabalho, de tal forma que seja esvaziada a proposta de que o empregado possa se refazer física e mentalmente emprego. É a força de trabalho transformada em mercadoria na sua forma mais pura.

Quando o empregador, por razões operacionais, técnica ou de gestão do negócio, pretender dar férias coletivas aos seus empregados, poderá faze-lo mediante negociação coletiva com o sindicato representativo dos trabalhadores.

As férias coletivas poderão ser concedidas pelo empregador a todos os empregados da empresa ou para determinados estabelecimentos ou setores da empresa (art. 139 da CLT), mediante comunicação ao órgão do Ministério do Trabalho e Emprego e ao sindicato dos trabalhadores, com 15 dias de antecedência, informando a data de início e fim das férias, detalhando os estabelecimentos e setores abrangidos.

Nesse caso, nas hipóteses em que a empresa mantém empregados que pertencem a diversos sindicatos, há natural polêmica quanto ao sindicato que deverá participar das negociações, em especial quando se trata de categorias ainda chamadas de diferenciadas. A prática tem solucionado a questão, utilizando-se da negociação com o sindicato da categoria preponderante, colocando em dúvida o modelo da unicidade sindical entre nós adotado pela Constituição Federal.

Mauricio Godinho Delgado[(85)] adverte que o fracionamento das férias coletivas traz controvérsias: assim, por exemplo, os menores de 18 anos e maiores de 50 anos que não podem ter período de férias fracionado. Outro segundo aspecto diz respeito à impossibilidade de que o período de gozo das férias, relativamente ao menor, seja usufruído nas férias escolares. E, em terceiro lugar, aponta o caso de membros de uma mesma família que ficam com a prerrogativa de escolha elidida. E, em quarto lugar, o trabalhador fica impossibilitado de negociar com o empregador o abono pecuniário de férias. Finalmente, acentua o fato de que alguns empregados, recém-admitidos, poderão não ter ainda completado período aquisitivo de férias.

Embora destacadas as preocupações, parece-nos que os empregados que gozam de prerrogativas de gozo integral de férias, tal como os menores de 18 anos e maiores de 50 anos, não terão afetado seu direito a férias anuais integrais. Portanto, não serão atingidos pelo fracionamento. A lei estabelece que o sindicato poderá negociar no âmbito

(85) DELGADO, Mauricio Godinho. *Curso de Direito do Trabalho*. 16. ed. ver. e ampl. São Paulo: LTr, 2017. p. 1.129.

do acordo coletivo a forma pela qual se dará o pagamento de abono pecuniário. Para os empregados recém-admitidos, gozam das férias coletivas, recebendo pelo período integralmente, recomeçando novo período aquisitivo no término das férias e retorno ao trabalho.

Por ocasião da cessação do contrato de trabalho, qualquer que seja a modalidade de justificativa, o empregado terá direito a receber as férias vencidas e proporcionais de período incompleto acrescidas de 1/3 constitucional.

Embora o parágrafo único do art. 146 da CLT se refira ao fato de que a justa causa excluiria o direito à percepção das férias proporcionais, não nos parece deva prevalecer esta condição com aplicação da garantia constitucional de gozo de férias anuais remuneradas e a garantia do direito fundamental ao lazer.

Nesse sentido, sustentamos que a cada mês trabalhado o empregado adquire o direito a 2,5 dias de férias, incorporado ao seu patrimônio trabalhista e, de outro lado, há flagrante incompatibilidade no condicionamento previsto na lei ordinária para que o empregado usufrua do direito às férias, para muitos direito fundamental.

A título de informação, a França, desde 2 de março de 2016, aboliu a perda do direito a férias de período incompleto quando a rescisão ocorresse por justa causa, alinhando-se à Diretiva Europeia 2003/88.

Desse modo, não se justifica, efetivamente, que o direito a férias, tal como ocorre entre nós, esteja condicionado a número de faltas injustificadas e a perda do direito em caso de justa causa. Ora, se estamos falando de direito fundamental ao descanso, *ipso facto*, ele não pode estar submetido a situações de perda porquanto se contrapõe à garantia do direito. Nem mesmo a justa causa deveria ser capaz de eliminar o direito a receber o período incompleto de férias porquanto se trata de direito adquirido em função da prestação de serviços que, a cada mês de trabalho, credita ao empregado 2,5 dias de férias. A regra que pune o empregado não apresenta fundamento jurídico capaz de justificar a supressão desse direito.

A Convenção n. 132 da OIT, ratificada pelo Brasil, fixa no seu art. 4º, n. 1, que "*qualquer pessoa que tiver cumprido, no decorrer de determinado ano, um período de serviço de duração inferior ao período requerido para conferir o direito à totalidade das férias prescritas no anterior art. 3º terá direito, no referido ano, a férias pagas de duração proporcionalmente reduzida*".

O TST ainda mantém a Súmula 171, contrariando a Convenção Internacional ratificada, nos seguintes termos:

> **FÉRIAS PROPORCIONAIS. CONTRATO DE TRABALHO. EXTINÇÃO.**
>
> Salvo na hipótese de dispensa do empregado por justa causa, a extinção do contrato de trabalho sujeita o empregador ao pagamento da remuneração das férias proporcionais, ainda que incompleto o período aquisitivo de 12 (doze) meses (art. 147 da CLT).

Carlos Henrique Bezerra Leite[86] traz referência de decisão de sua lavra, quando foi desembargador no TRT da 17ª Região, contrariando o teor da súmula e afinando-se à aplicação da Convenção 132, da OIT, nos seguintes termos da ementa:

> **Férias proporcionais na ocorrência de dispensa por justa causa.** Convenção n. 132 da OIT. Em nosso país a autoridade legislativa não estipulou o período mínimo de trabalho de que trata o § 2º do art. 5º da Convenção n. 132 da OIT, sendo certo que o art. 11 do mesmo diploma legislativo garante o direito a percepção das férias proporcionais em caso de cessação do contrato de trabalho, sem fazer qualquer ressalva quanto a modalidade de rescisão contratual. Analisando o teor da Convenção e ponderando alcance das normas que regem a questão, entendo ser indevidas as férias proporcionais, independentemente do número de meses trabalhados, ainda que a dispensa tenha ocorrido por justa causa. (TRT17ª.R. – RO 00831.2005.007.17.00.6 – Rel. Des. Carlos Henrique Bezerra Leite – *DO* 20.06.2008).

A obrigação de concessão de férias aos trabalhadores pelos empregadores deve ser complementada pela ação do Estado na criação de oportunidades para que os trabalhadores possam usufruir dos bens culturais e de ambientes saudáveis e lúdicos a fim de que possam efetivamente usufruir do período de férias socialmente.

O direito ao gozo de férias integrais, na constância do contrato de trabalho, passa pelo período de expectativa de sua realização durante o período concessivo, durante o qual o empregador, no exercício de seu poder diretivo e disciplinar reconhecerá ao empregado o direito ao descanso. É da ausência da concessão do período de férias (art. 149 da CLT) que se inicia o prazo prescricional para a exigência da reparação do prejuízo e, considerando a hipótese de vigência contratual, será de 5 (cinco) anos, de acordo com a Constituição Federal, art. 7º, XXIX, e art. 11 da CLT).

Todavia, em caso de rescisão contratual, conta-se o prazo a partir do término do contrato de trabalho.

C. Direito de desconexão

Os períodos de descanso, em qualquer uma de suas modalidades, em razão da natureza tutelar da proteção, traz implicitamente a proibição de o empregador exigir trabalho durante estas pausas e coloca-se hodiernamente a discussão em torno da utilização de meios telemáticos para acessar o empregado e dele exigir manifestação ou, até mesmo, prestação de serviços.

Embora a proibição esteja clara na lei, os abusos dos empregadores na solicitação de trabalho a distância nos horários de descanso, fez surgir na doutrina o direito à desconexão, entendendo-se como tal, o direito de o empregado se desconectar das atividades laborais em todos os sentidos e deixando de atender às solicitações do empregador.

(86) BEZERRA LEITE, Carlos Henrique. *Curso de Direito do Trabalho*. 5. ed. rev., ampl. e atual. São Paulo: Saraiva, 2014. p. 410.

Sandro Nahmias Melo, citado por Célio Neto[87], afirma que

> o direito à desconexão do ambiente de trabalho é inerente a todo e qualquer empregado e consiste no "desligamento", na desconexão, como o próprio nome sugere, tanto físico ou mental, do empregado ao ambiente em que trabalha. O direito à desconexão é antes de tudo fator de resgate da natureza humana que na era da conexão em tempo integral encontra-se comprometido pelo uso indiscriminado no ambiente laboral das ferramentas telemáticas.

Na França, o direito à desconexão foi incluído no Código do Trabalho, L. 2242-17, 7º, que prevê, para empresas com mais de 50 empregados, que a negociação anual sobre igualdade profissional entre homens e mulheres e a qualidade de vida no trabalho deva considerar "as modalidades do pleno exercício pelo empregado de seu direito à desconexão e a aplicação pela empresa de regulamentação de utilização de aparelhos numéricos, objetivando assegurar o respeito do tempo de descanso e de férias da vida pessoal e familiar". Na ausência de acordo, o empregador deve elaborar um regulamento com as regras de do exercício do direito de desconexão, prevendo além disso, orientação para sensibilizar os empregados ao uso razoável dos equipamentos numéricos.

É a efetividade do direito ao descanso, objetivando a saúde mental dos empregados, ameaçada pela conexão direta com o trabalho e que deve estar afastado da vida pessoal.

Entre nós, o direito a desconexão ainda não atingiu patamar legal, sendo objeto de decisões dos tribunais que formam uma jurisprudência bastante severa quanto aos abusos praticados pelos empregadores ao submeterem os empregados a trabalhos por meios telemáticos quando deveriam estar em gozo de descanso seja semanal ou anual.

O direito à desconexão está diretamente ligado ao respeito ao direito fundamental ao lazer, direito à saúde, vida em sociedade de modo livre e, neste sentido, consoante visto no direito aos períodos de descanso e as normas lá dispostas, trata-se de garantia de ordem pública e de caráter tutelar, cuja efetividade deve ser observada por trabalhadores e empregadores.

---

(87) MELO, Sandro Nahmias. *Trabalho em ambiente virtual:* causas, efeitos e conformação. 2. ed. rev., atual. e ampl. São Paulo: LTr, 2022. p. 88, nota 224.

Capítulo XI

Salário e Remuneração

A. Conceito e tratamento legal

O salário e a remuneração envolvem diversos aspectos sobre sua aplicação na relação de emprego como, por exemplo, a noção de remuneração justa ou salário justo inserido na Declaração Universal dos Direitos do Homem de 1948, as manifestações da Organização Internacional do Trabalho, por meio de Convenções internacionais a respeito de salário-mínimo, isonomia salarial, proteção do salário, entre outras.

> A ideia de salário como forma tradicional de pagamento pelos serviços prestados, de função alimentar para alguns ou, para outros, de crédito correspondente à prestação de serviços, impõe dificuldades para adaptação de conceitos atuais de remuneração. Neste sentido, as modernas teorias de flexibilização de normas trabalhistas encontram barreira quase intransponível em dois aspectos: o *social*, justificada pela predominância do caráter alimentício e de subsistência do salário pago ao trabalhador e, do ponto de vista fiscal, pelo sistema previdenciário que, essencialmente, se alimenta das contribuições sociais incidentes sobre o salário e a folha de pagamento.[88]

Félix Pippi[89], em sua clássica obra "De la notion de salaire individuel a la notion de salaire social" observa que o salário aparece historicamente a partir do momento em que o indivíduo que trabalha é livre ou relativamente livre de sua força de trabalho apesar de não ser pessoalmente proprietário dos meios de produção.

Nas origens, o Direito do Trabalho, à margem do Direito Civil e em reação contrária às normas civilistas, passou a elaborar suas próprias regras, muito embora mantivesse o modelo de contrato de locação de serviços. A remuneração passou pela chamada "socialização do salário" adicionando, com a finalidade de corrigir o caráter forfaitaire do salário, considerado injusto, outros elementos componentes da remuneração, inicialmente

(88) JOÃO, Paulo Sergio. *Participação no lucros ou resultados das empresas*. São Paulo: Dialética, 1998. p. 25.

(89) PIPPI, Félix. *De la notion de salaire individuel à la notion de salaire social*. Paris: Libraire Générale de Droit et Jurisprudence, 1966, p. 16.

excluídos do conceito de salário, consideradas liberalidades de valores e procedimentos aleatórios, tais como alimentação, alojamento ou bens de consumo. Félix Pippi informa que a Lei de 7.12.1909, a exemplo de algumas legislações estrangeiras, impôs a obrigação de pagamento de salário em moeda corrente e não em mercadorias(90).

Outra modalidade de ampliação da noção de remuneração foi verificada com inclusão de cláusulas vinculando o trabalhador à prosperidade da empresa, como influência das encíclicas dos Papas Pio XI e Leão XIII, de caráter aleatório e cujo resultado dependia de fatores estranhos à atividade do trabalhador, contrariando o caráter farfaitaire reconhecido de modo clássico ao salário(91).

Conquanto discutida pela doutrina natureza jurídica diversa da alimentícia, seguimos a orientação da Constituição Federal, no art. 7º, inciso IV, que se refere ao salário-mínimo com nítida condição alimentícia e de suficiência para os trabalhadores urbanos e rurais:

> salário-mínimo, fixado em lei, nacionalmente unificado, capaz de atender a suas necessidades vitais básicas e às de sua família, com moradia, alimentação, educação, saúde, lazer, vestuário, higiene, transporte e previdência social, com reajustes periódicos que lhe preservem o poder aquisitivo, sendo vedada sua vinculação para qualquer fim.

Trata-se de um conceito abrangente e que, supostamente, deveria ser capaz de satisfazer necessidades básicas do trabalhador e de sua família.

É um crédito alimentício decorrente da contraprestação de serviços no contrato de trabalho pelo empregado.

Amauri Mascaro Nascimento(92) assinala que

> a finalidade do salário deve ser compreendida numa perspectiva socioeconômica, integrativa das suas duas grandes dimensões. A dimensão econômica, sem nenhuma dúvida, é relevantíssima na medida em que se expressa como manifestação diretamente vinculada às possibilidades do processo produtivo e, não há dúvida, condicionada ao mesmo uma vez que sem relações econômicas não há salários. No entanto, a dimensão econômica do salário, apesar de fundamental, não é a única o que pesa nos sistemas jurídicos salariais, conhecidas que são as interferências do direito positivo, através, inclusive, de princípios como o da isonomia salarial, da suficiência salarial que leva aos reajustes periódicos do valor do salário, aos valores mínimos que as normas garantem etc.

---

(90) *Op. cit.*, p. 34.

(91) *Ibidem*, p. 35.

(92) NASCIMENTO, Amauri Mascaro. *Teoria jurídica do salário*. São Paulo: LTr, 1994. p. 31.

O salário pode ser fixado por diversas formas. Assim, as partes podem negociar o contrato por obra ou empreitada, por unidade de tempo, observados os limites legais, por produção ou por tarefa.

Quanto à modalidade de pagamento do salário, pode ser em dinheiro ou em utilidades, chamadas salário "*in natura*" que será objeto de comentários mais adiante.

Tratar de salário e remuneração é cuidar de assunto que envolve luta histórica e diária nas relações de trabalho, de um lado os empregados, desejosos sempre de maior ganho em menos tempo de trabalho, e, de outro, os empregadores, com interesses diversos, ambos acompanhados de perto pelo Estado zeloso e fiscalizador dos valores pagos como fruto do contrato de trabalho, sempre perseguindo com avidez a necessidade de fazer caixa para o custeio da previdência social, especialmente.

Desse modo a questão atual de indagação em torno do assunto, apesar de trazer importância para a relação de trabalho e para o mundo jurídico do Direito do Trabalho, não se coloca apenas nos limites do dispositivo legal trabalhista e revela que a própria relação de trabalho necessita de maior dinamismo sem, contudo, violentar normas mínimas de proteção social.

A clássica distinção entre salário e remuneração, estampada no art. 457 e respectivos parágrafos da CLT, passa por profunda revisão, pois o conceito da relação de trabalho também sofre alterações em razão da necessidade de ajuste à realidade social e econômica do mundo moderno. Contrato de trabalho não deve mais ser compreendido com antagonismo que gerou a necessária e obrigatória intervenção do Estado para impor leis e garantias mínimas aos trabalhadores, preservando-os contra a desigualdade econômica que, comprovadamente, ao longo da história, revelou-se arbitrária e desumana.

Evidentemente, não se está apregoando a flexibilização de normas de garantia social mínima nem a desregulamentação dos direitos trabalhistas, transferindo a relação de trabalho para a livre manifestação da autonomia da vontade como apregoam alguns. Nesse sentido, a reforma trabalhista trazida pela Lei n. 13.467/2017, trouxe relevantes alterações em matéria de flexibilização das relações de trabalho, inclusive quanto à natureza jurídica de algumas verbas pagas pelo empregador, outrora de natureza salarial.

Desse modo, ao abordar o conceito de salário e remuneração, passagem obrigatória para a fixação e orientação das interpretações que se seguirem, não há como fugir do texto legal e seu conteúdo. Assim, o art. 457 da CLT, tratando de modo abrangente do conceito de remuneração, estabeleceu o seguinte:

> Compreendem-se na remuneração do empregado, para todos os efeitos legais, além do salário devido e pago diretamente pelo empregador, como contraprestação do serviço, as gorjetas que receber.

Do conceito exposto constata-se que o salário contratado faz parte da remuneração o que leva à afirmação de que a remuneração é gênero e o salário espécie de remuneração, representando entre outras verbas uma parte da remuneração.

Acentua-se que decorrem dessa conceituação os efeitos sobre todos os direitos decorrentes do vínculo de emprego e, por consequência, sobre a remuneração incidirão os encargos sociais pertinentes.

A preocupação básica é a de atribuir aos valores variáveis recebidos pelo empregado, em decorrência da manutenção do contrato de trabalho, a natureza jurídica salarial e, assim, observar todos os efeitos legais determinados pela legislação, de tal modo que não cause prejuízo direto imediato ou indireto e futuro ao trabalhador.

> Quando se trata, pois, de atribuir a natureza jurídica de valores pagos por serviços prestados, a necessidade de que se avalie, profundamente, a modalidade dos serviços que deram origem aos pagamentos ou a vinculação direta destes aos fatores condicionantes de sua liberação ao trabalhador. Portanto, a natureza jurídica de importâncias recebidas pelos empregados, durante a relação de trabalho, vincula-se mais à modalidade do fato gerador, representado pela tipificação dos serviços que lhes deram origem, que à simples existência de vínculo de emprego.[93]

Alguns autores atribuem sinonímia a expressão salário e remuneração, não estabelecendo distinção de natureza prática, sugerindo que a advertência do legislador busca a proteção especial do empregado, evitando que o empregador efetue pagamentos de moda fraudar-lhe seus direitos. Essa interpretação fez a jurisprudência trabalhista se consolidar por meio de Súmulas do TST, sempre no sentido de estabelecer vaso comunicante entre o valor pago e a natureza salarial.

Amauri Mascaro Nascimento[94] observa que

> uma obrigação não tem natureza jurídica salarial quando não é correlativa ao trabalho prestado, disponível ou, por imposição normativa, remunerável sendo muitas aquelas que, embora constituindo-se em obrigação contratual, não têm características de obrigação salarial com o que se lhes é retirado o conjunto de efeitos próprios do salário. O contrato de trabalho pode assegurar ao trabalhador salários e outras vantagens.

(93) JOÃO, Paulo Sergio. *Op. cit.*, p. 26.

(94) NASCIMENTO, Amauri Mascaro. *Teoria Jurídica do Salário*. São Paulo: LTr, 1994. p. 68.

Desse modo, quando se fala de salário e remuneração, a ideia básica e essencial é a de salário, pois se tivermos claro seu conceito e as vantagens atribuídas durante o contrato de trabalho ao empregado, com mais facilidade, teremos o enquadramento jurídico adequado.

O salário, do ponto de vista legal, está limitado às importâncias devidas e pagas diretamente pelo empregador como contraprestação do serviço.

O salário apresenta várias características, dentre elas, o caráter individual, isto é, decorre da pessoalidade na prestação do serviço, destinando-se ao pagamento dos serviços executados por determinado empregado.

Depois, é **sinalagmático** no sentido de que corresponde a uma prestação de serviços, excluídos, pois, de acordo com Orlando Gomes e Elson Gottschalk(95) do conceito de salário, os pagamentos efetuados a título de salário-maternidade, descanso semanal remunerado, os 15 primeiros dias de afastamento do empregado por motivo de doença. A natureza de tais pagamentos, segundo os autores, é indenizatória, embora produza efeitos sobre o contrato de trabalho como se serviço existisse.

De fato, se for considerado o salário *stricto sensu* como contraprestação de serviços, os benefícios decorrentes do contrato de trabalho que obrigam ao empregador o pagamento, apesar de ausente o trabalho pelo empregado, não se ajustariam ao conceito de salário. Todavia, reconhecemos o acerto da observação dos autores baianos e entendemos que se trata, a exemplo dos descansos remunerados, de benefício conquistado pelo empregado durante a prestação de serviços, dada a natureza condicional fixada em lei.

Alguns autores se colocam em posição antagônica e não atribuem ao salário o caráter de sinalagmático, transferindo ao conjunto do contrato de trabalho, pelo fato de que o empregado coloca à disposição do empregador sua força de trabalho e que, naquelas ocasiões, em que o empregador não utilize as suas energias, porque não pode ou não quer, não se desobriga do pagamento de salário. Segundo esses autores o salário é fruto do contrato de trabalho.

Outras características do salário apresentam efeitos importantes como, por exemplo, o **caráter alimentar** porquanto destinado ao sustento do trabalhador e de sua família; o caráter **forfaitaire** acentuado pela sua Independência quanto à prosperidade da empresa, ou seja, o salário é desprovido de qualquer aleatoriedade; **periodicidade** no pagamento; **proporcionalidade** na fixação, levando em conta a natureza, quantidade e qualidade do trabalho prestado; **irredutibilidade** ressalvada a hipótese prevista na Constituição Federal art. 7º, inciso VI.

Comunicam-se da natureza salarial as gratificações legais e as comissões pagas pelo empregador, conforme art. 457, § 1º da CLT.

---

(95) NASCIMENTO, Amauri Mascaro. *Curso de Direito do Trabalho*. 6. ed. Rio de Janeiro/São Paulo: Forense, 1975. Vol. I. p. 322.

A diferença essencial entre salário e remuneração é que as verbas que se agrupam para formar o conjunto da remuneração não se incorporaram ao salário como condição contratual, desobrigando o empregador sempre que o fato gerador da ocorrência deixar de existir. Quer dizer que as horas extras terão natureza jurídica salarial e farão parte da remuneração, mas o pagamento estará sempre condicionado ao fato da existência de horas extraordinárias. No mesmo sentido os adicionais da remuneração.

Portanto, não é impertinente a advertência feita pelo legislador em torno das verbas que se devem considerar como integrante do conceito de remuneração.

Outra questão pertinente ao tema e que norteou a identificação de valores pagos como sendo de natureza salarial é a que se refere ao próprio conceito de contrato de trabalho e da habitualidade.

Nos termos do art. 442 da CLT, o contrato individual de trabalho corresponde ao ajuste tácito ou expresso correspondente à relação de emprego e, nesse sentido, quanto aos valores atribuídos ao empregado pelo empregador, ausentes de pactuação expressa, são rotulados na condição de ajuste tácito. Acompanhados da habitualidade, considerada como um comportamento que gera uma expectativa de recebimento pelo empregado, todos os atos do empregador são inibidos para colaborar no sentido de maior dinamismo e integração na relação de trabalho. Nesse aspecto, o art. 468 da CLT, não autoriza prejuízo ao empregado, especialmente quando se trata de redução salarial.

Desse modo, houve um deslocamento do reconhecimento do salário como vantagem de natureza pessoal para o reconhecimento da natureza salarial de valores decorrentes do contrato de trabalho. Salário não é mais contraprestação de serviço, nem pagamento pela disponibilidade da força de trabalho, mas valores pagos em razão da existência do contrato de trabalho.

Os salários, como já se disse, podem ser contratados e pagos de diversas formas e modalidades. Assim, podem ser ajustados por tarefa, por produção, por unidade de tempo. E, ainda, na modalidade, exemplificativamente, de comissões, percentagens, gratificações ou bônus, abonos e *"in natura"* ou utilidades.

As diárias para viagem e ajudas de custo tiveram, no passado, relevância na caracterização da sua natureza. Com a Reforma Trabalhista de 2017, Lei n. 13.467, perdeu completamente a natureza salarial e não se discutem, por absolutamente incabível, os reflexos trabalhistas e previdenciários. Nesse sentido, diz o art. 457, em seu § 2º:

> As importâncias, ainda que habituais, pagas a título de ajuda de custo, auxílio-alimentação, vedado seu pagamento em dinheiro, diárias para viagem, prêmios e abonos não integram a remuneração do empregado, não se incorporam ao contrato de trabalho e não constituem base de incidência de qualquer encargo trabalhista e previdenciário.

Apenas o auxílio-alimentação sofreu a observação do legislador quanto à proibição de pagamento em dinheiro, devendo, portanto, sempre ser oferecido de acordo com o Programa de Alimentação do Trabalhador (PAT), *in natura* ou por meio de terceiros que colaboram no Programa perante o Ministério do Trabalho e Emprego.

Os prêmios receberam no disposto pelo artigo em referência, em seu § 4º, o seguinte tratamento:

> Consideram-se prêmios as liberalidades concedidas pelo empregador em forma de bens, serviços ou valor em dinheiro a empregado ou a grupo de empregados, em razão de desempenho superior ao ordinariamente esperado no exercício de suas atividades.

Claro está que não tem o prêmio natureza salarial desde que não esteja condicionado previamente pelo empregador a determinada performance do empregado, exigindo deste determinado comportamento. Ficam afastados do conceito legal os prêmios de assiduidade, de produção e outros tantos que a criatividade dos departamentos de recursos humanos atribui aos empregados para fazerem jus a um ganho suplementar de salário.

Portanto, o prêmio de que trata a lei é de natureza aleatória, imprevisível e que deve corresponder a um "*desempenho superior ao ordinariamente esperado*" e, deste modo, vincula-se ao elemento surpresa no comportamento do empregado e no pagamento pelo empregador que, importante dizer, não está obrigado contratualmente, podendo ser, de acordo com a lei em bens, serviços ou dinheiro.

a. Gratificações legais

As gratificações legais são aquelas previstas no ordenamento jurídico e, nela podemos incluir, exemplificativamente, as decorrentes do exercício de cargo de confiança prevista no art. 62, inciso II, parágrafo único, e ainda o do exercício de cargo de confiança bancário, art. 224, § 2º da CLT.

b. Comissões

O pagamento de salário por meio de comissões permite ao empregado a obtenção de ganhos salariais em função de resultados que obtém em razão de vendas que realiza e sobre as quais incide, de acordo com o contrato, percentual de ganho.

A Lei n. 3.207, de 18 de julho de 1957, chamada lei do vendedor, viajante ou pracista é que regulamenta o tratamento a ser dispensado às comissões avençadas e os critérios de pagamento.

c. Abonos

Os abonos tiveram origem na iniciativa de empregadores que, considerando que os empregados teriam reajuste normativa decorrentes de negociação futura, promoviam antecipação de reajuste e que seriam compensados por ocasião das negociações concluídas. Portanto, a natureza salarial, neste caso, é indiscutível.

Durante um tempo, o próprio governo federal se utilizou de abonos de emergência para promover reajustes de salários diante da inflação elevada.

Claro, parece, que o legislador da reforma trabalhista, está dando outra interpretação ao abono que deve ser caracterizado por um pagamento único, sem habitualidade portanto, que o empregador transfere ao empregado e que não está vinculado a obrigação contratual de qualquer gênero nem goza o empregado de expectativa.

Não se deve confundir o abono com os chamados bônus de performance ou de metas contratados previamente com o empregado cuja natureza salarial deve ser respeitada.

d. Prêmios

Os prêmios pagos pelo empregador sempre foram considerados de natureza salarial porque condicionados a comportamentos disciplinares dos empregados e, portanto, fruto de esforço ou de condição contratual. São exemplos clássicos nessa modalidade de remuneração, os prêmios de assiduidade, de economia, de produção, de desempenho, entre outros, pelos quais o empregador exige do empregado uma atitude para fazer jus ao recebimento.

A natureza salarial do prêmio está determinada pelo compromisso contratual expresso ou pela habitualidade de seu pagamento, muitas vezes decorrentes de ajustes tácitos.

Para aqueles que consideram de modo absoluto a natureza jurídica salarial de todas as vantagens que o empregado venha receber em decorrência do contrato de trabalho, o critério da habitualidade de pagamento é elemento essencial. Nesse sentido, embora possam algumas verbas, originariamente possuir natureza indenizatória, a atribuição habitual, transforma a natureza jurídica em salarial.

Segundo Pedro Paulo Manus[(96)], habitual em tese seria determinado evento que pela sua repetição torna-se razoavelmente esperado.

Mario Deveali[(97)], referindo-se aos efeitos da habitualidade diz, com propriedade, que a doutrina não se limita a valorizar o ato mecânico da repetição periódica, acentuando

---

(96) MANUS, Pedro Paulo. *Direito do Trabalho*. 4. ed. São Paulo: Atlas, 1995. p. 100.

(97) Desse modo se expressa Deveali: "La doctrina, al valorar el papel de la habitualidad o reiteración fui, como determinante de la obligatoriedad de la gratificación, no se limita a considerar el hecho, casi podria decirse mecânico, de la repetición periódica, sino que califica la habitualidade (repetición periódica) com la "uniformidade" o "certidumbre" em el modo de determinar su cuantía. No se trata de la identidade del monto, pues éste puede variar (p. ej., si consiste em um porcentaje de los benefícios), sino de la identidade de las bases o datos a considerar para estabelecer el monto", *Tratado de Derecho del Trabajo*. 2. ed. Buenos Aires: La ley, 1972. tomo II, p. 596.

que a habitualidade é qualificada pela uniformidade ou certeza no modo de determinar seu valor quanto às bases de fixação.

Desse modo, compreende-se na remuneração os ganhos variáveis e aqueles ocasionais, denominados salário- condição pagos pelo empregador para compensar uma situação específica, por exemplo, horas extras adicional noturno, prêmios etc..

A Lei n. 13.467/2017 alterou substancialmente o conceito de prêmio, separando da natureza salarial aquele pago pelo empregador e decorrente de situação excepcional motivada pelo empregado.

Assim dispõe o art. 457, § 4º da CLT:

> Consideram-se prêmios as liberalidades concedidas pelo empregador em forma de bens, serviços ou valor em dinheiro a empregado ou a grupo de empregados, em razão de desempenho superior ao ordinariamente esperado no exercício de suas atividades.

Claro está que o prêmio previsto pela reforma trabalhista foge às características da habitualidade e da expectativa de recebimento. De acordo com a lei, se trata de liberalidade do empregador, cujo pagamento poderá ser feito em bens, serviços ou dinheiro, em razão de desempenho superior ao esperado usualmente nas atividades exercidas pelo empregado.

O empregado não tem o pagamento de prêmio, nesse caso, como condição contratual, razão pela qual não pode gerar expectativa de recebimento. É ato discricionário do empregador.

e. *Salário* in natura

O art. 458 da CLT, considerando que o empregador possa remunerar os serviços prestados por outros meios, assinala o seguinte:

> Além do pagamento em dinheiro, compreende-se no salário, para todos os efeitos legais, a alimentação, habitação, vestuário ou outras prestações "in natura" que a empresa, por fôrça do contrato ou do costume, fornecer habitualmente ao empregado. Em caso algum será permitido o pagamento com bebidas alcoólicas ou drogas nocivas.

De plano observa-se que, as utilidades ou vantagens "in natura" não constituem a única forma de pagamento pelos serviços prestados, ficando reservada, sempre e obrigatoriamente, uma parte em dinheiro.

Poderá, portanto, o empregador, por força do contrato, ou seja de forma negociada na admissão, compor o salário do empregado com vantagens chamadas indiretas ou utilidades, também ditas "in natura", cujo valor econômico, de natureza salarial, deverá integrar o salário para todos os efeitos legais, trabalhistas e previdenciários.

As vantagens *"in natura"* que venham a compor o salário do empregado, em especial quando se trata de alimentação e habitação, recebeu do legislador controle quanto ao limite a ser fixado, dispondo que quanto à habitação e alimentação, não pode exceder de 20% e 25% do salário contratual e, quando se tratar de morada coletiva, o valor deverá ser rateado entre os co-habitantes, vedando a morada na mesma unidade residencial de mais de uma família (art. 457, §§ 3º e 4º da CLT).

A doutrina e jurisprudência avaliam a destinação, a finalidade, para a qual a utilidade está sendo oferecida para definir a natureza salarial e, nesse sentido, se for "por" força do contrato ou "para" a realização do contrato, considerando que por força do contrato teria natureza salarial porque representa uma vantagem contratada; todavia, se for oferecida a utilidade para a realização do contrato, seria excluída da natureza salarial por representar um instrumento para a execução do contrato de trabalho. Assim, um veículo oferecido como vantagem contratual, por força do contrato de trabalho, apresentaria natureza salarial e, de outro lado, o veículo oferecido para visitar clientes seria tido como instrumento de trabalho e, dessa feita, excluída a natureza salarial.

Relativamente ao valor a ser considerado das vantagens "in natura" para integrar o salário, o § 1º, do art. 457, refere-se a que seja justo e razoável, mantendo o percentual utilizado nos componentes do salário-mínimo. O TST uniformizou jurisprudência na Súmula 258, determinando a apuração do real valor da utilidade[98].

Por força de lei, art. 457, § 2º, excluem-se da natureza salarial os seguintes bens ou utilidades:

> I – vestuários, equipamentos e outros acessórios fornecidos aos empregados e utilizados no local de trabalho, para a prestação do serviço;
>
> II – educação, em estabelecimento de ensino próprio ou de terceiros, compreendendo os valores relativos a matrícula, mensalidade, anuidade, livros e material didático;
>
> III – transporte destinado ao deslocamento para o trabalho e retorno, em percurso servido ou não por transporte público;
>
> IV – assistência médica, hospitalar e odontológica, prestada diretamente ou mediante seguro-saúde;
>
> V – seguros de vida e de acidentes pessoais;
>
> VI – previdência privada;
>
> VIII – o valor correspondente ao vale-cultura.

(98) SUM-258 SALÁRIO-UTILIDADE. PERCENTUAIS (nova redação) – Res. n. 121/2003, *DJ* 19, 20 e 21.11.2003. Os percentuais fixados em lei relativos ao salário *"in natura"* apenas se referem às hipóteses em que o empregado percebe salário mínimo, apurando-se, nas demais, o real valor da utilidade.

Tais utilidades, quando fornecidas pelo empregador aos seus empregados não terão natureza salarial por força do que dispõe a lei. Todavia, a previdência social fixa critérios na forma de distribuição de algumas utilidades e, segundo o caso, poderá ser incluída no salário de contribuição para fins previdenciários.

Assim, de acordo com a Lei n. 8.212, de 24 de julho de 1991, art. 28, § 9º, os seguintes bens são excludentes do salário-de-contribuição fixando as respectivas condições de exclusão:

> § 9º Não integram o salário-de-contribuição para os fins desta Lei, exclusivamente:
>
> *a)* os benefícios da previdência social, nos termos e limites legais, salvo o salário-maternidade;
>
> *b)* as ajudas de custo e o adicional mensal recebidos pelo aeronauta nos termos da Lei n. 5.929, de 30 de outubro de 1973;
>
> *c)* a parcela *"in natura"* recebida de acordo com os programas de alimentação aprovados pelo Ministério do Trabalho e da Previdência Social, nos termos da Lei n. 6.321, de 14 de abril de 1976;
>
> *d)* as importâncias recebidas a título de férias indenizadas e respectivo adicional constitucional, inclusive o valor correspondente à dobra da remuneração de férias de que trata o art. 137 da Consolidação das Leis do Trabalho — CLT;
>
> (...)
>
> *f)* a parcela recebida a título de vale-transporte, na forma da legislação própria;
>
> *g)* a ajuda de custo, em parcela única, recebida exclusivamente em decorrência de mudança de local de trabalho do empregado, na forma do art. 470 da CLT
>
> ***h)* as diárias para viagens;**
>
> ***i)* a importância recebida a título de bolsa de complementação educacional de estagiário, quando paga nos termos da Lei n. 6.494, de 7 de dezembro de 1977;**
>
> ***j)* a participação nos lucros ou resultados da empresa, quando paga ou creditada de acordo com lei específica;**
>
> *l)* o abono do Programa de Integração Social-PIS e do Programa de Assistência ao Servidor Público — PASEP;
>
> ***m)* os valores correspondentes a transporte, alimentação e habitação fornecidos pela empresa ao empregado contratado para trabalhar em localidade distante da de sua residência, em canteiro de obras ou local que, por força da atividade, exija deslocamento e estada, observadas as normas de proteção estabelecidas pelo Ministério do Trabalho;**
>
> ***n)* a importância paga ao empregado a título de complementação ao valor do auxílio-doença, desde que este direito seja extensivo à totalidade dos empregados da empresa;**
>
> *o)* as parcelas destinadas à assistência ao trabalhador da agroindústria canavieira, de que trata o art. 36 da Lei n. 4.870, de 1º de dezembro de 1965;
>
> ***p)* o valor das contribuições efetivamente pago pela pessoa jurídica relativo a programa de previdência complementar, aberto ou fechado, desde que disponível à totalidade de seus empregados e dirigentes, observados, no que couber, os arts. 9º e 468 da CLT;**

***q)* o valor relativo à assistência prestada por serviço médico ou odontológico, próprio da empresa ou por ela conveniado, inclusive o reembolso de despesas com medicamentos, óculos, aparelhos ortopédicos, próteses, órteses, despesas médico-hospitalares e outras similares;**

***r)* o valor correspondente a vestuários, equipamentos e outros acessórios fornecidos ao empregado e utilizados no local do trabalho para prestação dos respectivos serviços;**

***s)* o ressarcimento de despesas pelo uso de veículo do empregado e o reembolso creche pago em conformidade com a legislação trabalhista, observado o limite máximo de seis anos de idade, quando devidamente comprovadas as despesas realizadas;**

***t)* o valor relativo a plano educacional, ou bolsa de estudo, que vise à educação básica de empregados e seus dependentes e, desde que vinculada às atividades desenvolvidas pela empresa, à educação profissional e tecnológica de empregados, nos termos da Lei n. 9.394, de 20 de dezembro de 1996,** e

1. não seja utilizado em substituição de parcela salarial; e

2. o valor mensal do plano educacional ou bolsa de estudo, considerado individualmente, não ultrapasse 5% (cinco por cento) da remuneração do segurado a que se destina ou o valor correspondente a uma vez e meia o valor do limite mínimo mensal do salário-de-contribuição, o que for maior;

u) a importância recebida a título de bolsa de aprendizagem garantida ao adolescente até quatorze anos de idade, de acordo com o disposto no art. 64 da Lei n. 8.069, de 13 de julho de 1990.

f. Décimo terceiro salário

O décimo terceiro salário, também chamado de gratificação natalina, teve sua origem na prática espontânea de empregadores que tinham por hábito, por ocasião das festas de fim de ano, gratificar os empregados com um salário, cuja finalidade era de contribuir para as despesas acrescidas nessa época do ano.

A Lei n. 4.090, de 13 de julho de 1962, instituiu a chamada gratificação de natal, devida em valor equivalente à remuneração do mês de dezembro a todos os empregados e correspondente a 1/12 avos por mês de trabalho na empresa.

Posteriormente, a Lei n. 4.749 de 12 de agosto de 1965 praticamente regulamentou a forma de pagamento e os prazos, fixando a obrigatoriedade de pagamento em duas parcelas, sendo a primeira entre fevereiro de novembro e a segunda até o dia 20 de dezembro.

De acordo com a Lei n. 4.090, em caso de rescisão do contrato de trabalho, sem justa causa, o empregado recebe o décimo terceiro de forma proporcional à base de 1/12 por mês trabalhado, considerando a fração igual ou superior a 15 dias como mês integral.

A Constituição Federal, no inciso VIII, do art. 7º, assegurou o direito ao décimo terceiro salário a todos os empregados e, por essa razão, não deveria ser aplicada a exclusão do direito em caso de rescisão do contrato de trabalho por justa causa.

A celeuma jurídica está colocada e ainda não se tem uma pacificação da jurisprudência a respeito do tema.

g. Piso salarial

O piso salarial tem previsão na Constituição Federal, art. 7º, inciso V, referindo-se à garantia a todos os trabalhadores do "*piso salarial proporcional à extensão e à complexidade do trabalho*".

A previsão constitucional eliminou certa resistência existente na época quanto ao cumprimento de pagamento de piso salarial fixado por norma coletiva por meio de negociações coletivas de trabalho.

Portanto, comum que as diferentes categorias de trabalhadores tenham fixado o piso salarial, também chamado salário normativo ou salário de ingresso, usualmente é fixado em valor superior ao do salário-mínimo.

h. Salário profissional

O salário profissional é aquele fixado por lei para algumas profissões regulamentadas como médicos, dentistas, veterinários, engenheiros. Portanto, é a lei que regulamenta o exercício profissional que fixa o valor do salário profissional.

i. Salário-família

O salário-família não diz respeito a verba de natureza trabalhista. Trata-se de benefício previdenciário devido aos empregados, inclusive trabalhadores avulsos, com filhos menores de catorze anos ou dependentes inválidos sem limite de idade.

O fundamento legal está na lei previdenciária, Lei n. 8213/1991, art. 65.

O empregador, de acordo com a declaração do empregado, efetua o pagamento mediante compensação perante a previdência social.

j. Salário-maternidade

O salário-maternidade é um benefício previdenciário, previsto na Lei n. 8.213/1991, devido à segurada, durante 120 dias, sendo 28 dias antes do parto e 92 dias após a ocorrência do parto.

Terá direito ao benefício o segurado ou segurada da Previdência Social que adotar ou obtiver guarda judicial pelo período de 120 dias, nos termos do art. 71-A da Lei n. 8.213/1990.

Trata-se do período de afastamento do contrato de trabalho da empregada gestante ou adotante.

Portanto, quem tem a obrigação do pagamento é o INSS, todavia cabe à empresa o pagamento à gestante ou adotante, utilizando-se o empregador de compensação no recolhimento de contribuições previdenciárias devidas incidentes sobre a folha de salários.

B. Adicionais da remuneração

Os adicionais da remuneração são assim denominados porque refletem valores devidos pelos empregadores, além da remuneração, em razão de uma circunstância especial em que o trabalho é realizado: um maior esforço; uma condição de tempo adverso; uma condição prejudicial à saúde ou um incontrolável risco de vida; ou, ainda, um desconforto gerado pela alteração do local da prestação de serviços. Possuem caráter indenizatório mas a natureza jurídica é salarial.

São adicionais da remuneração o adicional de horas extras, o adicional noturno o adicional de insalubridade, o adicional de periculosidade e o adicional de transferência.

a. Adicional de horas extras

O adicional de horas extras é devido pelo empregador sempre que a duração normal de trabalho, legal ou contratual for excedida sem a respectiva compensação.

A Constituição Federal trata do adicional de horas extras, fixando em 50% no art. 7º, inciso XVI, calculado sobre o valor da hora normal.

Observa-se que a jornada de trabalho será tida como extra após o período de apuração estabelecido pelo art. 59, da CLT, isto é, após a fixação da média de horas trabalhadas no período observadas as restrições respectivas.

A habitualidade do trabalho em regime de horas extras gera para o empregado a expectativa de preservação de ganho, somente suprimido mediante indenização empregado dos valores extras até então recebido, a teor da Súmula 291 do TST:

> "A supressão total ou parcial, pelo empregador, de serviço suplementar prestado com habitualidade, durante pelo menos 1 (um) ano, assegura ao empregado o direito à indenização correspondente ao valor de 1 (um) mês das horas suprimidas, total ou parcialmente, para cada ano ou fração igual ou superior a seis meses de prestação de serviço acima da jornada normal. O cálculo observará a média das horas suplementares nos 12 (doze) meses anteriores à mudança, multiplicada pelo valor da hora extra do dia da supressão."

Claro está o caráter pedagógico do teor da súmula em relação ao empregador a fim de que sejam coibidos abusos no cumprimento da jornada de trabalho ou que sirva de estímulo aos empregados de extrapolarem a jornada com frequência, colocando em risco sua condição física. Ou seja, as horas extras não podem gerar expectativa de ganho pelo empregado e sua execução com habitualidade agride os princípios de proteção do trabalhador.

O adicional de horas extras pode se acumular com outros adicionais, como por exemplo, adicional noturno.

b. Adicional noturno

A Constituição Federal no art. 7º, inciso IX, e a Consolidação das Leis do Trabalho, no art. 73, prevêem o pagamento de adicional na hipótese de trabalho em horário noturno.

Trata-se de adicional devido pelo empregador ao empregado urbano que cumpre jornada de trabalho entre as 22 horas de um dia e as 5 horas do dia seguinte. Além de usufruir de jornada reduzida, o empregado se beneficia de redução de tempo físico estabelecido, e, por mera ficção jurídica, a duração de hora de trabalho é de 52 minutos e 30 segundos no setor urbano.

O adicional noturno é fixado em 20%, calculado sobre o valor da hora diurna.

Para os trabalhadores rurais, a Lei n. 5.889, de 8 de junho de 1973, deu-lhes outro tratamento, adaptado às peculiaridades da atividade rural desenvolvida.

Assim, para pecuária considera-se noturno o trabalho realizado entre as 20 horas de um dia e as 4 horas do dia seguinte.

Para a lavoura o horário noturno está compreendido entre as 21 horas e as 5 horas do dia seguinte.

O adicional a observar para o setor rural é de 25% e não trouxe o legislador a redução de hora, tal como fez para o trabalho noturno urbano, valendo, portanto, o tempo de 60 minutos.

Observa-se que alteração de horário noturno para o diurno não enseja ao empregado o direito à manutenção do recebimento, de acordo com jurisprudência uniformizada da Súmula 265 do TST.

A transferência para o período diurno de trabalho implica na perda do direito ao adicional noturno.

c. Adicional de insalubridade

A Constituição Federal prevê no art. 7º, inciso XXIII, e a Consolidação das Leis do Trabalho trata das condições consideradas insalubres no art. 189, entendendo que:

> *Serão consideradas atividades ou operações insalubres aquelas que, por sua natureza, condições ou métodos de trabalho, exponham os empregados a agentes nocivos à saúde, acima dos limites de tolerância fixados em razão da natureza e da intensidade do agente e do tempo de exposição aos seus efeitos.*

Desse modo, constata-se que a condição insalubre pode estar localizada, em tese, em qualquer situação e depende das condições do ambiente de trabalho e das condições eventualmente adversas em que o trabalho é executado.

O adicional de insalubridade devido pelo empregador ao empregado sempre que este, na sua atividade laboral, portanto, seja exposto a condições de trabalho agressivas à sua situação física além dos limites de tolerância que um ser humano possa suportar, respeitados os limites de tempo e respectiva agressão à sua condição física.

Portanto e nesse sentido, de acordo com o art. 189, da CLT, a insalubridade não é própria de determinada ou determinadas atividades profissionais mas poderá existir em qualquer exercício funcional.

O empregador, diante da existência de insalubridade, estará obrigado ao pagamento do respectivo adicional, segundo a intensidade da agressão à condição física do empregado, em três graus, na forma do art. 192, da CLT, sendo grau mínimo, grau médio e grau máximo, em 10%, 20% e 40%, respectivamente, sobre o salário-mínimo.

Eliminada a insalubridade, com adoção de medidas de proteção no ambiente de trabalho ou fornecimento de equipamentos de proteção individual, o empregador fica desobrigado do pagamento do respectivo adicional.

Discutiu-se durante muito tempo se a Constituição Federal não teria revogado o artigo da CLT que faz referência ao cálculo com base no salário-mínimo, diante da proibição expressa, prevista na norma constitucional, art. 7º, inciso IV, que veda a utilização do salário-mínimo para qualquer finalidade, isto é, não poderia ser utilizado para referências de reajustes contratuais, por exemplo.

O Supremo Tribunal Federal analisou a questão e decidiu que a vinculação do adicional de insalubridade ao salário mínimo ofende a Constituição Federal e fixou a Súmula Vinculante n. 4, nos seguintes termos:

> Salvo nos casos previstos na Constituição, o salário mínimo não pode ser usado como indexador de base de cálculo de vantagem de servidor público ou de empregado, nem ser substituído por decisão judicial.

d. Adicional de periculosidade

A Constituição Federal prevê o pagamento de adicional de periculosidade, no art. 7º, inciso XXIII, e a Consolidação das Leis do Trabalho trata das condições consideradas perigosas no art. 193:

> *São consideradas atividades ou operações perigosas, na forma da regulamentação aprovada pelo Ministério do Trabalho e Emprego, aquelas que, por sua natureza ou métodos de trabalho, impliquem risco acentuado em virtude de exposição permanente do trabalhador a:*
>
> *I – inflamáveis, explosivos ou energia elétrica;*

> *II – roubos ou outras espécies de violência física nas atividades profissionais de segurança pessoal ou patrimonial.*
>
> *III – colisões, atropelamentos ou outras espécies de acidentes ou violências nas atividades profissionais dos agentes das autoridades de trânsito.*

O adicional de periculosidade será pago pelo empregador ao empregado sempre que este pela natureza ou métodos de trabalho estiver em contato permanente com inflamáveis ou explosivos, em condições de risco acentuado, para os trabalhadores que exerçam atividade em sistemas elétricos de potência, que mantenham atividades com radiações ionizantes ou substâncias radioativas.

A Lei n. 12.740, de 8 de dezembro de 2012, incluiu os empregados em cuja atividade esteja exposto a roubos ou outras espécies de violência física nas atividades profissionais de segurança pessoal ou patrimonial e a Lei n. 14.684, de 20 de setembro de 2023, incluiu o inciso III, para estender a proteção aos trabalhadores que estejam sujeitos. no exercício de sua atividade profissional a colisões, atropelamentos ou outras espécies de acidentes ou violências nas atividades profissionais dos agentes das autoridades de trânsito. Nesse último caso parece referir-se aos trabalhadores motociclistas, incluídos expressamente pela Lei n. 12.997, de 18 de junho de 2014 para afirmar que ***"São também consideradas perigosas as atividades de trabalhador em motocicleta"***.

A falta de continuidade dos trabalhadores em situação de risco, ensejou discussão doutrinária e divergência jurisprudencial em torno da aplicação do adicional apenas pelo tempo de exposição ou mesmo não aplicação do adicional. Em tais situações a jurisprudência trabalhista se consolidou no sentido de que o adicional será devido, não importando se o trabalhador é exposto de modo intermitente ou permanente.

O adicional é de 30% calculado sobre o salário básico do empregado, isto é, o salário, excluídos outros componentes da remuneração.

Na hipótese em que o trabalhador se coloca em condições insalubres e sob o risco da periculosidade, de acordo com o § 2º, do art. 193, da CLT, "*o empregado poderá optar pelo adicional de insalubridade que porventura lhe seja devido*".

Cessada a circunstância de fato, cessa a obrigação na manutenção do pagamento nos termos do art. 194 da CLT: "*o direito do empregado ao adicional de insalubridade ou de periculosidade cessará com a eliminação do risco à sua saúde ou integridade física*".

O Ministério do Trabalho e Emprego, por força do disposto nos arts. 155 e 200 da CLT, foi aprovada a Portaria n. 3.214/1977, regulamenta o meio ambiente do trabalho por meio de Normas Regulamentadoras, chamadas NRs, dispõe sobre o quadro de atividades e operações insalubres, fixando os limites de tolerância aos agentes agressivos, meios de proteção e o tempo máximo de exposição do empregado a esses agentes.

Destaque-se, ainda, a obrigação de realização de perícia técnica especializada, sempre que arguida em juízo, insalubridade ou periculosidade (art. 195 da CLT).

Raimundo Simão de Melo[99] afirma que

> no Direito do Trabalho, o bem ambiental envolve a vida do trabalhador como uma pessoa integrante da sociedade, devendo ser preservado por meio da implementação de adequadas condições de trabalho, higiene e medicina do trabalho. Cabe ao empregador, primeiramente, a obrigação de preservar e proteger o meio ambiente de trabalho laboral e, ao Estado e à sociedade, fazer valer a incolumidade desse bem.

Desse modo, o tema que envolve os adicionais de insalubridade e periculosidade não deve ser considerado, apenas, como ônus imposto ao empregador que submete o empregado às condições prejudiciais à sua saúde e risco de vida, mas também como advertência para que os fatores adversos sejam eliminados ou, na impossibilidade natural, sejam eles aliviados no exercício da atividade laboral por meio de equipamentos de proteção, atendendo dessa forma ao princípio constitucional do art. 7º, inciso XXII, que assegura a "*redução dos riscos inerentes ao trabalho, por meio de normas de saúde, higiene e segurança*".

Incumbe ao empregador a manutenção de ambiente saudável, sadio e digno, preservando a integridade física e psíquica dos empregados com medidas de proteção e de prevenção contra doenças profissionais e acidentes do trabalho.

e. Adicional de transferência

O adicional de transferência é tratado pela legislação dentro do capítulo que se refere à alteração do contrato de trabalho, no art. 469 da CLT e comunga da mesma ideia de obrigação de reparação pelo empregador em razão de desconforto gerado ao empregado quanto à mudança temporária do local da prestação de serviços.

O adicional será pago pelo empregador sempre que o empregado for transferido mediante sua anuência e demonstrada a real necessidade de serviço, provisoriamente, para localidade diversa da que originou o contrato de trabalho e, ainda, desde que a transferência acarrete a mudança de domicílio do empregado.

O adicional será devido enquanto durar a transferência e equivalerá a 25% do salário do empregado, ainda que o empregado exerça cargo de confiança[100].

---

(99) *Direito ambiental do trabalho e a saúde do trabalhador:* responsabilidades legais, dano material, dano moral, dano estético. São Paulo. LTr, 2004. p. 33.

(100) OJ-SDI1-113 ADICIONAL DE TRANSFERÊNCIA. CARGO DE CONFIANÇA OU PREVISÃO CONTRATUAL DE TRANSFERÊNCIA. DEVIDO. DESDE QUE A TRANSFERÊNCIA SEJA PROVISÓRIA (INSERIDA EM 20.11.1997) O fato

C. Igualdade salarial

Ao buscarmos ideia inicial sobre a igualdade, retomemos a Grécia antiga, conforme observam Álvaro de Azevedo Gonzaga e Luiz Alberto David Araujo(101):

> Platão notou que a igualdade, tão ligada à justiça, não se encontra no tratamento de todas as pessoas do mesmo modo, como pretendeu mais tardiamente o pensamento liberal francês do século XVIII. A razão disso é que os sujeitos não são iguais, tanto por razões de cunho pessoal quanto por interferências sociais. Uma aceitação precipuamente isonômica, assim, traduzir-se-ia em evidente injustiça. Por isso, pode absorver-se de Platão o embrião da concepção jurídica de igualdade material, conforme o qual se necessita conceder abordagem idêntica aos "iguais e desigual aos desiguais, na exata medida de suas desigualdades". Tal acepção é tardiamente desdobrada por Aristóteles e foi muito bem condensada por Rui Barbosa, neste famoso discurso de Oração aos Moços:
>
> "A regra da igualdade não consiste senão em quinhoar desigualmente aos desiguais, na medida em que se desigualam. Nesta desigualdade social, proporcionada à desigualdade natural, é que se acha a verdadeira lei da igualdade. O mais são desvarios da inveja, do orgulho, ou da loucura. Tratar com desigualdade a iguais, ou a desiguais com igualdade, seria desigualdade flagrante, e não igualdade real. Os apetites humanos conceberam inverter a norma universal da criação, pretendendo, não dar a cada um, na razão do que vale, mas atribuir o mesmo a todos, como se todos se equivalessem."

Antes de adentrar ao tema central do salário, convém observar que o termo "igualdade" apresenta diversos sentidos. A Declaração Universal dos Direitos do Homem e do Cidadão de 1789 proclamou a igualdade como lema, afirmando que ao nascer, todos os homens teriam direito à liberdade e à igualdade ("Os homens nascem e são livres e iguais em direitos").

A igualdade proposta pela Revolução Francesa estava distante da igualdade ideal uma vez que pretendia uma igualdade independente das diferenças entre os indivíduos, conforme observou José Afonso da Silva(102):

> É que a igualdade constitui o signo fundamental da democracia e não admite os privilégios e as distorções que um regime simplesmente liberal consagra.

---

de o empregado exercer cargo de confiança ou a existência de previsão de transferência no contrato de trabalho não exclui o direito ao adicional. O pressuposto legal apto a legitimar a percepção do mencionado adicional é a transferência provisória.

(101) *Igualdade:* fundamentos filosóficos. Tomo Direitos Humanos. Edição 1, mar. 2022. Disponível em: https://enciclopediajuridica.pucsp.br/verbete/536/edicao-1/igualdade:-fundamentos-filosoficos.

(102) SILVA, José Afonso da. *Curso de Direito Constitucional Positivo*. 11. ed. São Paulo: Malheiros, 1996. p. 466.

Por isso é que a burguesia, cônscia de seu privilégio de classe, jamais postulou um regime de igualdade tanto quanto reivindicara o de liberdade. É que um regime de igualdade contraria seus interesses e dá à liberdade sentido material que não se harmoniza com o domínio de classe em que assenta a democracia liberal burguesa.

O estado social, que se seguiu ao liberal-burguês, procurou consolidar o princípio da igualdade para reduzir as desigualdades, não se limitando à igualdade perante a lei, mas garantindo iguais oportunidades para a realização dos objetivos do cidadão.

É a ideia, portanto, de igualdade não somente perante o direito, mas de "igualdade real e efetiva perante os bens da vida", a chamada "igualdade substancial".(103)

Essa ideia de igualdade evoluiu para atribuir valor ao ser humano como tal e proibir que haja discriminação arbitrária, impondo limites legais. Em nosso sistema vigente, o art. 5º da Constituição Federal de 1988 determina que "todos são iguais perante a lei".

José Afonso da Silva observa que "a Constituição procura aproximar os dois tipos de isonomia, na medida em que não se limitara ao simples enunciado da igualdade perante a lei"(104).

Transportado o princípio que veda a discriminação de qualquer ordem para o universo do Direito do Trabalho, constata-se que, além da proibição de tratamento desigual na oportunidade para o trabalho, a igualdade salarial foi objeto de preocupação no Tratado de Versalhes, em 1919, conhecido como Tratado de Paz e que pôs fim à I Guerra Mundial, dispondo, naquele momento, além das questões gerais de ordem trabalhista, sobre a necessidade de tratamento igual, afirmando no seu art. 427, item 7º, "o princípio da igualdade de salário, sem distinção de sexo, para um trabalho de igual valor".

Também a Declaração Universal dos Direitos Humanos, adotada pela Assembleia Geral das Nações Unidas em 10 de dezembro 1948, no art. 23.1.(105) veda a discriminação em matéria salarial.

---

(103) BASTOS, Celso Ribeiro. *Curso de Direito Constitucional*. 21. ed. São Paulo: Saraiva, 2000. p. 179.

(104) *Idem*.

(105) Declaração Universal dos Direitos Humanos, adotada pela Assembleia Geral das Nações Unidas em 10 de dezembro 1948, afirmam o direito ao salário vital, vedando a discriminação em matéria salarial: Art. 23 1. Todo ser humano tem direito ao trabalho, à livre escolha de emprego, a condições justas e favoráveis de trabalho e à proteção contra o desemprego. 2. Todo ser humano, sem qualquer distinção, tem direito a igual remuneração por igual trabalho. 3. Todo ser humano que trabalha tem direito a uma remuneração justa e satisfatória que lhe assegure, assim como à sua família, uma existência compatível com a dignidade humana e a que se acrescentarão, se necessário, outros meios de proteção social (ONU, [1948]).

A Convenção n. 100 da OIT, de 1951, cuidou do direito à igualdade de remuneração entre homens e mulheres, para um trabalho de igual valor, sendo ratificada pelo Brasil, dispondo no art. 1º:

> Para os fins da presente convenção:
>
> a) o termo "remuneração" compreende o salário ou o tratamento ordinário, de base, ou mínimo, e todas as outras vantagens, pagas direta ou indiretamente, em espécie ou *"in natura"* pelo empregador ao trabalhador em razão do emprego deste último;
>
> b) a expressão "igualdade de remuneração para a mão de obra masculina e a mão de obra feminina por um trabalho de igual valor", se refere às taxas de remuneração fixas sem discriminação fundada no sexo.

O Pacto Internacional dos Direitos Civis e Políticos de 1966 adota a igualdade em seu preâmbulo, afirmando "o reconhecimento da dignidade inerente a todos os membros da família humana e dos seus direitos iguais inalienáveis constitui o fundamento da liberdade, da justiça e da paz no mundo".

No Brasil, o princípio de igualdade salarial apareceu, pela primeira vez, na Carta Magna de 1934, sendo mantido com pequenas alterações nos textos constitucionais que se seguiram. Assim, desde 1934 se proibia a diferença de salário por motivo de idade, sexo, nacionalidade ou estado civil.

A Constituição Federal de 1946 repetiu a redação do texto de 1934, ao passo que a de 1967 omitiu a proibição de discriminação em razão da idade. A Constituição Federal de 1988 consagrou o princípio da igualdade salarial no art. 7º, incisos XXX e XXXI.

Importante, ainda, a garantia da "igualdade de direitos entre o trabalhador com vínculo empregatício permanente e o trabalhador avulso", constante do inciso XXXIV e, também, a previsão de igualdade de tratamento "entre trabalho manual, técnico e intelectual ou entre os profissionais respectivos" (art. 7º, XXXII).

O direito a salário igual, portanto, é garantia constitucional estampada no art. 7º, inciso XXX, nos seguintes termos:

> Art. 7º. São direitos dos trabalhadores urbanos e rurais, além de outros que visem à melhoria de sua condição social:
>
> I – (...)
>
> (...)
>
> **XXX** – proibição de diferença de salários, de exercício de funções e de critério de admissão por motivo de sexo, idade, cor ou estado civil;

Segundo Valentin Carrion[(106)]

> O princípio da isonomia inspira-se na filosofia da institucionalização da empresa, de forma que, ao empresário, por não ser senhor absoluto e pelos fins sociais da propriedade, não assistiria direito de preterir um empregado, pagando-lhe menos que a outro. Portanto, ao serviço igual deve corresponder remuneração igual.

Não há consenso doutrinário ao tratar do princípio da não-discriminação ou da isonomia, por serem conceitos, efetivamente, diversos. O princípio da não discriminação diz respeito à proteção e propõe, de forma impositiva, a garantia da igualdade de todos e condena atos de discriminação porque ofensivos à dignidade humana.

O princípio da isonomia é mais amplo, mais pretensioso. Ultrapassa a mera não--discriminação, procurando igualar o tratamento jurídico entre pessoas ou situações que tenham ponto de contato entre si, podendo o seu comando ser resultado de conveniência política cultural ou de qualquer outra natureza.

O Direito do Trabalho incorporou, como critério, o princípio da não-discriminação, já que a noção de isonomia, igualdade, em razão da sua amplitude, não seria compatível com os seus próprios objetivos essenciais que, segundo Plá Rodriguez, busca estabelecer um "nível mínimo de proteção", ponderando que o direito "busca evitar o atraso face ao nível normal ou geral, mas não se restringe a equiparar todos no nível mais alto, porque alguém o obteve"[(107)].

No campo da igualdade salarial, a CLT cuida do direito a salário igual em três hipóteses distintas: por analogia (art. 358), por equivalência (art. 460) e por identidade (art. 461).

a. Equiparação por analogia e equiparação por equivalência

A equiparação por analogia está prevista no art. 358 da CLT, referindo-se aos casos em que se confrontam trabalhadores brasileiros com estrangeiros, exercendo funções análogas. Embora de aplicação controvertida, consideramos que a previsão da lei ordinária tem como meta a proteção do trabalhador nacional e não se trata de discriminação em relação ao estrangeiro.

Nesse caso, exige-se que as funções desempenhadas por brasileiro e estrangeiro sejam análogas, comparáveis, cabendo ao Ministério do Trabalho e Emprego definir, em exame prévio, o que sejam funções análogas.

---

(106) CARRION, Valentin. *Comentários à Consolidação das Leis do Trabalho*. 28. ed. atual. São Paulo: Saraiva, 2003. p. 311.

(107) RODRIGUEZ, Américo Plá. *Princípios do Direito do Trabalho*. 3. ed. São Paulo: LTr, 2000. p. 442.

O citado artigo menciona que a discrepância salarial seria permitida nos casos em que a remuneração resultar de maior produção, para os empregados que trabalham por comissão ou por tarefa. Nesses termos é importante registrar que a diferença de produção somente será relevante se os meios postos à disposição de ambos forem iguais. Caso a maior produção derive de melhores meios colocados à disposição do estrangeiro, será evidenciada a disparidade na apuração da diferença salarial, sendo cabível equiparação.

No que se refere à equiparação por equivalência, está prevista pelo art. 460 da CLT que dispõe que na ausência de estipulação do salário ou não havendo prova sobre a importância ajustada, o empregado terá direito a perceber salário igual ao daquele que, na mesma empresa, fizer serviço equivalente, ou do que for habitualmente pago para serviço semelhante.

A disposição visa estabelecer equivalência salarial para empregados que desempenham funções equivalentes ou semelhantes, de forma que não haja disparidade salarial sem justificativa.

b. Equiparação por identidade

O art. 461 da CLT prevê a equiparação salarial por identidade e determina que estejam reunidas, de forma concomitante, as seguintes condições: (i) a identidade de função; (ii) trabalho de igual valor; (iii) mesmo empregador e; (iv) mesmo estabelecimento empresarial, salientando-se que o exercício funcional deve ser contemporâneo entre dois empregados.

Assim dispõe citado artigo:

> Sendo idêntica a função, a todo trabalho de igual valor, prestado ao mesmo empregador, no mesmo estabelecimento empresarial, corresponderá igual salário, sem distinção de sexo, etnia, nacionalidade ou idade.

Será chamado "paradigma" o empregado que é identificado como referência para apuração da equivalência salarial. Será denominado "paragonado" o empregado que busca o reconhecimento da equiparação salarial.

Quanto aos critérios para verificação da equiparação salarial, em se tratando de **identidade de função** diz respeito às atividades exercidas de fato e não a denominação do cargo, observando-se, a aplicação do princípio da primazia da realidade. Em outras palavras, cargo consiste na posição que o empregado ocupa na empresa; função é o trabalho que o empregado efetivamente executa e as tarefas são as atribuições que compõem a função.

A identidade funcional é a circunstância de os trabalhadores, paradigma e paragonado, realizarem o mesmo trabalho com atribuições, poderes e prática de atos materiais concretos idênticos. Apenas se o conjunto unitário de tarefas for idêntico é que caberá falar em equiparação salarial. Ela deve ser efetiva, não se satisfazendo com simples semelhança ou aproximação.

Não obstante, presumem-se idênticas as funções (presunção *iuris tantum*) quando a denominação dos cargos ocupados for a mesma.

Não há nenhum impedimento que ocorra equiparação entre funções de confiança, bem como quando se trata de trabalho intelectual, lembrando que os requisitos legais deverão estar previstos.

Além da identidade de funções, há também a exigência, para caracterização da equiparação salarial, de **trabalho de igual valor**, ou identidade produtiva.

Neste caso, a própria legislação esclarece e define o critério, conforme o § 1º, do art. 461, que determina que trabalho de igual valor é aquele realizado por dois trabalhadores com mesma perfeição técnica e produtividade, entre pessoas cuja diferença de tempo de serviço para o mesmo empregador não seja superior a quatro anos e a diferença de tempo na função não seja superior a dois anos.

A legislação, portanto, traz a definição de trabalho de igual valor, acrescendo elemento temporal à disposição.

No que se refere à perfeição técnica e a produtividade, é necessário apurar o resultado do trabalho com as mesmas regras e critérios, ou seja, se paradigma e paragonado entregam trabalho com as mesmas qualidades e resultados. Será por meio desse conceito que se identificará alguma diferença entre e o resultado das funções desempenhadas. Sendo o resultado o mesmo, idêntico, haverá, então, a necessidade de equivalência salarial.

No mesmo sentido é a produtividade, eis que, se ambos os empregados, paradigma e paragonado, produzirem a mesma quantidade e resultado, observada a questão da perfeição técnica, será, novamente, necessária a equiparação de salarial.

É a capacidade de produzir com identidade qualitativa que deve ser avaliada conforme as exigências relativas à fabricação dos produtos ou execução do serviço.

Há ainda o requisito da **identidade de empregador**, entendendo-se, como tal, mesmo contratante, afastando-se a hipótese de trabalho prestado para grupo econômico.

Quanto à identidade de empregador, deverá ser observado o mesmo local de trabalho. Essa foi uma mudança importante trazida pela reforma trabalhista, Lei n. 13.467/2017, que alterou a redação do art. 461 da CLT, para fazer constar "mesmo estabelecimento" no dispositivo.

Ou seja, paradigma e paragonado devem prestar serviços para o mesmo empregador na mesma localidade, não sendo possível apurar equiparação salarial de empregados que trabalhem, por exemplo, em filiais diferentes, a despeito de mesmo empregador.

A nova redação trazida pela Lei n. 13.467/2017 considera mesmo estabelecimento empresarial para fins de equiparação, fazendo presumir que afastou anterior disposição que se referia à mesma localidade e que gerava grandes debates em torno do seu entendimento e região.

A legislação determina critério objetivo para verificação da equiparação, nos termos do § 1º, do art. 461 da CLT, que determina que entre o paradigma e o paragonado deverá ser observado **o tempo de serviço na empresa**. Novamente, serão apuradas as questões de equiparação salarial entre pessoas cuja diferença de tempo de serviço para o mesmo empregador não seja superior a quatro anos e a diferença de tempo **na função** não pode ser superior a dois anos. Em palavras outras, se entre paragonado e paradigma houver tempo de exercício na função superior a 2 anos, a diferença salarial não se justificaria.

O **tempo de serviço na empresa e tempo de serviço na função** poderiam também ser observados para a prática de salários desiguais. Assim, o tempo superior a quatro anos permitiria a desigualdade salarial mesmo que na função houvesse tempo inferior a dois anos. Ou seja, a reforma trabalhista de 2017 inovou com a modificação da redação anterior que apenas observava o tempo na função inferior a dois anos.

c. Fatores excludentes da equiparação

Há hipóteses em que a equiparação salarial não será observada, ainda que preenchidos os requisitos próprios correspondentes, são as cláusulas excludentes de equiparação salarial, as quais também estão dispostas na legislação, conforme parágrafos do art. 461 da CLT.

A primeira situação excludente da equiparação refere-se ao § 2º do art. 461 da CLT, determinando que o empregador que mantiver plano de cargos e salário, ou seja, pessoal organizado em quadro de carreira ou adotar plano por meio de norma interna da empresa ou de negociação coletiva poderá estabelecer diferenças salariais segundo o cargo fixado na organização, sempre assegurando a promoção de carreira por merecimento ou por antiguidade.

Também estão excluídos de figurarem como paradigmas os empregados readaptados em nova função por motivo de deficiência física ou mental, atestada por órgão competente da Previdência Social, conforme art. 461, § 4º da CLT.

Tal medida tem inestimável cunho social e visa a manutenção de políticas de readaptação dos que sofreram doença ou acidente nas empresas, ou seja, qualquer programa de readaptação de trabalhador portador de deficiência estaria comprometido caso obreiro readaptado passasse a se tornar parâmetro para equiparações salariais.

Também não geram direito à isonomia salarial, nos termos do § 5º do art. 461 da CLT, as vantagens de cunho personalíssimo, mesmo que decorrentes de sentença judicial, como por exemplo um adicional por tempo de serviço.

Questão importante introduzida pela reforma de 2017 é a exigência de que, para fins de equiparação salarial, o trabalho prestado entre paragonado e paradigma seja contemporâneo, isto é, tenham efetivamente trabalhado no mesmo cargo ou função na mesma época, art. 461, § 5º da CLT.

Nesse sentido, os casos em que ocorre a substituição de empregados afastados por motivo de férias, doenças ou outras situações, não geram direito à equiparação salarial ao empregado substituto.

A lei trabalhista também prevê que caso configurada a desigualdade salarial como fruto de "discriminação por motivo de sexo, raça, etnia, origem ou idade", poderá o empregado discriminado postular, além das diferenças salariais decorrentes da equiparação salarial, multa indenizatória de 50% do limite máximo dos benefícios do Regime Geral de Previdência Social.

O Tribunal Superior do Trabalho, no dia 30 de junho de 2025, em sua sessão do Pleno daquela Corte, aprovou proposta da Comissão de Jurisprudência e de Precedentes Normativos de cancelamento de 36 enunciados da jurisprudência que foram superados pela reforma trabalhista, Lei n. 13.467/2017, ou por decisões do Supremo Tribunal Federal. Desse modo, a Súmula 6, que trata de critérios para equiparação salarial, teve cancelados os itens I, II, VI, alínea *"b"* e item X,

Desse modo, a Súmula 6 manteve-se com o seguinte texto: considerando as divergências jurisprudenciais referentes à equiparação salarial, editou a Súmula 6, prevendo:

Equiparação salarial. Art. 461 da CLT.

I – *(item cancelado)*(108)

II – *(item cancelado)*(109)

III – A equiparação salarial só é possível se o empregado e o paradigma exercerem a mesma função, desempenhando as mesmas tarefas, não importando se os cargos têm, ou não, a mesma denominação.

IV – É desnecessário que, ao tempo da reclamação sobre equiparação salarial, reclamante e paradigma estejam a serviço do estabelecimento, desde que o pedido se relacione com situação pretérita.

V – A cessão de empregados não exclui a equiparação salarial, embora exercida a função em órgão governamental estranho à cedente, se esta responde pelos salários do paradigma e do reclamante.

VI – Presentes os pressupostos do art. 461 da CLT, é irrelevante a circunstância de que o desnível salarial tenha origem em decisão judicial que beneficiou o paradigma, exceto: a) se decorrente

(108) I – Para os fins previstos no § 2º do art. 461 da CLT, só é válido o quadro de pessoal organizado em carreira quando homologado pelo Ministério do Trabalho, excluindo-se, apenas, dessa exigência o quadro de carreira das entidades de direito público da administração direta, autárquica e fundacional aprovado por ato administrativo da autoridade competente.

(109) II – Para efeito de equiparação de salários em caso de trabalho igual, conta-se o tempo de serviço na função e não no emprego

de vantagem pessoal ou de tese jurídica superada pela jurisprudência de Corte Superior; b) na hipótese de equiparação salarial em cadeia, suscitada em defesa, se o empregador produzir prova do alegado fato modificativo, impeditivo ou extintivo do direito à equiparação salarial em relação ao paradigma remoto, considerada irrelevante, para esse efeito, a existência de diferença de tempo de serviço na função superior a dois anos entre o reclamante e os empregados paradigmas componentes da cadeia equiparatória, à exceção do paradigma imediato.

a) se decorrente de vantagem pessoal ou de tese jurídica superada pela jurisprudência de Corte Superior;

b) (item cancelado)(110)

VII – Desde que atendidos os requisitos do art. 461 da CLT, é possível a equiparação salarial de trabalho intelectual, que pode ser avaliado por sua perfeição técnica, cuja aferição terá critérios objetivos.

VIII – É do empregador o ônus da prova do fato impeditivo, modificativo ou extintivo da equiparação salarial.

IX – Na ação de equiparação salarial, a prescrição é parcial e só alcança as diferenças salariais vencidas no período de 5 (cinco) anos que precedeu o ajuizamento.

X – *(item cancelado)*(111)

No dia 3 de julho de 2024, foi sancionada a Lei n. 14.611, que dispõe sobre a igualdade salarial e de critérios remuneratórios entre homens e mulheres.

A nova lei trouxe alteração no art. 461 da CLT, inserindo os §§ 6º(112) e 7º(113) sendo, o primeiro, para assegurar o direito às diferenças salariais e, o segundo, para dispor sobre multa administrativa quando constatado hipótese de discriminação por motivo de sexo, raça, etnia, origem ou idade.

No contexto geral, a lei reforça e instrumentaliza, no campo das relações trabalhistas, previsão constitucional quanto aos objetivos fundamentais da república (art. 2º da Constituição Federal) no sentido da construção de uma sociedade livre, justa e solidária com a promoção do bem de todos, sem preconceitos de origem, raça, sexo, cor, idade e quaisquer outras formas de discriminação e, ainda, a proibição de diferenças de salários,

(110) *b)* na hipótese de equiparação salarial em cadeia, suscitada em defesa, se o empregador produzir prova do alegado fato modificativo, impeditivo ou extintivo do direito à equiparação salarial em relação ao paradigma remoto, considerada irrelevante, para esse efeito, a existência de diferença de tempo de serviço na função superior a dois anos entre o reclamante e os empregados paradigmas componentes da cadeia equiparatória, à exceção do paradigma imediato.

(111) X – O conceito de "mesma localidade" de que trata o art. 461 da CLT refere-se, em princípio, ao mesmo município, ou a municípios distintos que, comprovadamente, pertençam à mesma região metropolitana.

(112) Na hipótese de discriminação por motivo de sexo, raça, etnia, origem ou idade, o pagamento das diferenças salariais devidas ao empregado discriminado não afasta seu direito de ação de indenização por danos morais, consideradas as especificidades do caso concreto.

(113) Sem prejuízo do disposto no § 6º, no caso de infração ao previsto neste artigo, a multa de que trata o art. 510 desta Consolidação corresponderá a 10 (dez) vezes o valor do novo salário devido pelo empregador ao empregado discriminado, elevada ao dobro, no caso de reincidência, sem prejuízo das demais cominações legais."

de exercício de funções e de critério de admissão por motivo de sexo, idade, cor ou estado civil (art. 7º, XXX da Constituição Federal).

A lei evidencia que a previsão constitucional não foi, ao longo dos anos, suficiente para eliminar práticas abusivas nas relações de trabalho, justificando, dessa forma, a necessidade de que uma lei específica, para dar efetividade à norma constitucional, fosse dirigida à garantia dos direitos sociais no ambiente dos contratos de emprego.

Destaque, contudo, que a nova lei amplia o conceito de igualdade não se limitando apenas ao salário *stricto sensu*, incluindo a remuneração e vantagens contratadas direta ou indiretamente, exigindo transparência na política salarial adotada pelas empresas.

A lei instrumentaliza, em cinco aspectos fundamentais, ações a serem observadas, no âmbito das empresas, a fim de que seja garantida a igualdade salarial entre mulheres e homens:

1. Mecanismos de transparência salarial e de critérios remuneratórios;
2. Fiscalização contra discriminação salarial;
3. Disponibilização de canais para denúncias de discriminação;
4. Programas de capacitação e educação de gestores sobre equidade entre mulheres e homens no mercado de trabalho; e,
5. fomento à capacitação e formação de mulheres para o ingresso, a permanência e a ascensão no mercado de trabalho em igualdade de condições com os homens.

O Conselho da União Europeia também adotou regras rígidas para combater a discriminação salarial e para eliminar a diferença salarial entre homens e mulheres, acentuadamente, pela necessidade de priorizar a transparência dos critérios de remuneração adotados pelas empresas.

Nesse sentido, em 30 de março de 2023, o Parlamento Europeu aprovou diretiva sobre transparência salarial e estabeleceu a obrigação de informações pelas empresas com mais de 150 trabalhadores sobre a remuneração praticada. Consta, segundo estatística da Comissão Europeia, que, em 2020, as mulheres ganhavam em média 13% menos, por hora, do que os homens.

O modelo ora adotado, quanto ao conceito de remuneração, assemelha-se ao que dispõe o Código de Trabalho francês, no artigo L3221-2, que se refere à obrigação de igualdade de remuneração entre mulheres e homens e, inclui, no conceito de remuneração, o salário e todas as vantagens indiretas pagas em espécie ou em natura (L3221-3).

Em Portugal, a Lei n. 60 de 21 de agosto de 2018 trata da igualdade remuneratória entre mulheres e homens por trabalho igual ou de igual valor. No art. 4º estabelece as obrigações para os empregadores quanto à transparência remuneratória praticada relativamente aos respectivos empregados.

A Lei n. 14.611/2024 deverá contribuir de forma particular para combater a discriminação salarial entre mulheres e homens de forma programática, na medida em que as empresas, com mais de cem empregados, estão obrigadas a divulgar mecanismos de transparência quanto aos critérios objetivos de remuneração, mediante publicação semestral de relatórios anonimizados de transparência salarial.

Além das medidas programáticas, a efetividade da garantia da igualdade e de aplicação da lei contará com incremento da fiscalização contra a discriminação salarial e de critérios remuneratórios entre mulheres e homens.

Espera-se que as empresas possam, portanto, organizar planos de cargos/salários/remuneração, observando que os salários perderam o sigilo e o empregador tem obrigação de divulgar periodicamente as práticas salariais e os critérios remuneratórios da empresa.

Perfeitamente aplicável às práticas discriminatórias o quanto disposto pela Lei n. 9.029, de 13 de abril de 1995, relativa à proibição de práticas discriminatórias e limitativas para efeitos de acesso à relação de trabalho ou sua manutenção admissão de empregados ou no curso do contrato de trabalho por motivo de sexo, origem, raça, cor, estado civil, situação familiar, deficiência, reabilitação profissional, idade, entre outros, ressalvadas, nesse caso, as hipóteses de proteção à criança e ao adolescente previstas no inciso XXXIII, do art. 7º da Constituição Federal.

D. Participação dos trabalhadores nos lucros ou resultados das empresas

A Constituição Federal de 1988 eliminou a discussão travada anteriormente quanto à natureza jurídica da verba distribuída pelos empregadores a título de participação nos lucros e que tinha sido objeto de uniformização da jurisprudência pelo TST no Enunciado 251[(114)].

O inciso XI, do art. 7º, dispôs de maneira expressa que é assegurado aos trabalhadores, urbanos e rurais, a "*participação nos lucros, ou resultados, desvinculada da remuneração, e, excepcionalmente, participação na gestão da empresa, conforme definido em lei*".

A aplicação da norma expressa na Carta Maior demorou, contudo, a se tornar realidade porque, embora de clareza meridiana, muitos cuidaram de entender que dependia ainda de regulamentação.

Segundo a professora Maria Helena Diniz[(115)], as normas constitucionais programáticas têm eficácia jurídica porque, dentre outros fatores, impedem que o legislador comum edite normas em sentido oposto ao direito assegurado pelo constituinte, servem de diretrizes teleológicas para a interpretação e aplicação jurídica e estabelecem direitos subjetivos por impedirem comportamentos antagônicos a elas.

A discussão em torno da natureza jurídica da verba distribuída a título de participação nos lucros ou resultados, como se vê, é assunto recente e está diretamente relacionada com a transformação do contrato de trabalho e na possibilidade de integração do trabalhador no negócio do empregador e no desenvolvimento consistente da empresa.

(114) "A parcela participação nos lucros da empresa, habitualmente paga, tem natureza salarial para todos os efeitos legais".

(115) DINIZ, Maria Helena. *Norma constitucional e seus efeitos*. São Paulo: Saraiva, 1997. p. 114.

Historicamente a participação nos lucros foi introduzida na relação de trabalho por questões de ordem social e política.

Atribui-se como primeira iniciativa de implantação de sistema de participação a do francês, proprietário de uma fábrica de pinturas e vidro, Edmé-Jean Leclaire, em 1843 que, após encerrar o balanço, apurou os seus lucros, convocou os empregados, entregando-lhes parte dos lucros obtidos, representados por 12000 francos em ouro.

Paulo Sarasate[(116)] informa que Napoleão Bonaparte, antes mesmo que Leclaire, inaugurou a iniciativa oficial e legal sobre o tema em 15 de outubro de 1812, e regulou a participação dos atores da "Comédie Française" nos lucros líquidos das atividades do teatro francês, calculado no fim de ano. Os lucros eram divididos em 24 quotas, dessas, uma formaria um fundo de reserva, meia cota seria destinada a um fundo de embelezamento e restauração do teatro, outra meia quota destinada a um fundo de pensão e, as 22 restantes, divididas entre os atores associados.

O sistema disseminou-se em França e em outros países, mas sempre fruto da iniciativa patronal.

Em 1917 a participação nos lucros foi inserida na Constituição do México, onde se estabeleceu sua obrigatoriedade pelas empresas agrícolas industriais, comerciais e de mineração, estabelecendo no art. 123, VI, e IX, que, "*o salário mínimo, do qual deverá desfrutar o trabalhador será que se considerar suficiente, conforme as condições de cada região, para a satisfação das necessidades normais da vida do operário, a sua educação é o Descanso e lazer convenientes, considerando como pai de família. Em toda a empresa agrícola, comercial, manufatureira ou mineira, os trabalhadores terão direito a uma participação nos lucros, a qual será regulada como é indicado no § IX*". Este avanço mexicano não teve sequência na prática, pois o texto constitucional não foi regulado.

Anteriormente à Constituição Federal de 1946, Orlando Gomes Elson Gottschalk[(117)] indicam, com valor histórico, o projeto de lei encaminhado pelo Governo Provisório à Assembleia Nacional Constituinte, em 16 de fevereiro de 1933, dispondo sobre um fundo de reserva do trabalho para assegurar aos operários e empregados valor equivalente ao ordenado ou salário anual, caso viesse a empresa a desaparecer. Não se trata de participação nos lucros, mas de garantia de indenização ao trabalhador em caso de insolvência do empregador.

A Constituição Federal de 18 de setembro de 1946 trouxe a obrigatoriedade da participação nos lucros dispondo no art. 157 inciso IV:

> Art. 157. A legislação do trabalho e da previdência social obedecerão aos seguintes preceitos além de outros que visem a melhoria da condição social dos trabalhadores:

---

(116) SARASATE, Paulo. *Participação no Lucros e na Vida das Empresas*. Rio de Janeiro: Livraria Editora Freiras Bastos, s.d.p.

(117) GOMES, Orlando; GOTTSCHALK, Elson. *Curso de Direito do Trabalho*. 12. ed. Rio de Janeiro: Forense, 1991. p. 274.

[...]

IV – Participação obrigatória e direta do trabalhador nos lucros da empresa nos termos e pela forma que a lei determinar.

Portanto, pela primeira vez entre nós firmou-se o direito elevado a grau de norma constitucional, cabendo, então, ao legislador ordinário estabelecer de que modo a obrigação dos empregadores deveria ser conduzida.

O princípio de obrigatoriedade constitucional, ao estabelecer a participação direta dos trabalhadores nos lucros da empresa, trouxe problemas intransponíveis para o legislador ordinário porque não admitia a participação indireta, oriunda de resultados de equipe ou mista, combinadas com outras atividades da empresa e, ainda, só permitia a participação do universo de todos os trabalhadores da empresa, considerada esta na sua totalidade e não em unidades ou departamentos.

Vários projetos de lei foram encaminhados sendo o mais importante o do deputado Paulo Sarasate, que recebeu o número 1.038 que, após emendas, teve aprovado o substitutivo da Comissão Especial em 3 de novembro de 1952. Enviado ao Senado, lá permaneceu até a promulgação da Constituição Federal de 1967, sem que fosse submetido a votação. Todavia, reconhecidamente, dentre os projetos apresentados foi o mais famoso e consistente[(118)].

Quanto à natureza jurídica da importância a ser distribuída aos empregados, o Projeto, no art. 28, excluiu sua integração ao salário dispondo, expressamente, que "*não se compreende na remuneração do empregado, para todos os efeitos legais, inclusive de previdência social, as importâncias recebidas como participação nos lucros*"[(119)].

Justificou-se Paulo Sarasate na fundamentação do seu Projeto, referindo-se ao art. 28, em que os valores atribuídos a título de participação nos lucros não se confundem com a concepção habitual de salário, nem pretendem transformar o empregado em sócio da empresa porquanto não participam dos prejuízos, risco exclusivo do empregador.

Após a introdução do princípio pela Constituição Federal de 1946 e as frustradas tentativas de regulamentação, a Constituição Federal de 1967 assegurou a participação no art. 158, inciso V e ampliou o princípio para a gestão na empresa:

A Constituição assegura aos trabalhadores os seguintes direitos, além de outros que, nos termos da lei, visem a melhoria de sua condição social:

[...]

V – integração na vida e no desenvolvimento da empresa, com participação nos lucros e, excepcionalmente, na gestão, nos casos e condições que forem estabelecidos.

(118) SILVA, Floriano Vaz da. A participação nos lucros. *Revista de Direito do Trabalho*, n. 71, ano 13, jan./fev. 1988, p. 16.

(119) SARASATE, Paulo. *Op. cit.*, p. 275.

O art. 165, inciso V, da Emenda Constitucional n. 1, de 17 de outubro de 1969, repetiu a redação, acrescentando apenas que as condições serão aquelas que forem estabelecidas em lei.

A resposta do legislador à Carta de 1967 foi a criação por meio da Lei Complementar n. 7, de 7 de setembro de 1970, do Programa de Integração Social (PIS), para o setor privado e da Lei Complementar n. 8, de 3 de dezembro de 1970, que criou o Programa de Assistência ao Servidor Público, para o setor público, distanciado em muito dos princípios que envolvem um verdadeiro sistema de participação dos lucros da respectiva empresa.

Efetivamente, jamais se desenvolveu entre nós uma forma legal de integração do trabalhador na empresa tal como conhecemos hoje, instituída, inicialmente, pela Medida Provisória n. 794, de 29 de dezembro de de 1994, e após diversas medidas provisórias e finalmente consolidada na Lei n. 10.101 de 2000.

Segundo Almir Pazzianotto Pinto[(120)], as iniciativas de regulamentar o princípio constitucional, com a finalidade de atribuir aos trabalhadores a efetiva participação nos lucros, não conseguiram superar as dificuldades decorrentes da legislação trabalhista:

> [...] a primeira oposta pelo art. 443 da Consolidação das Leis do Trabalho, que define o contrato como "acordo tácito ou expresso correspondente à relação de emprego". Por força dessa proposição e da interpretação que lhe confere em doutrina e jurisprudência, as vantagens deferidas pelo empregador ao empregado, desde que revestidas de habitualidade, integram-se, definitivamente, à relação empregatícia, não podendo ser suprimidas, sob pena de atraírem a aplicação do art. 468 da mesma Consolidação. Destarte, à luz dos dispositivos constitucionais anteriores, seria no mínimo imprudente o empregador que distribui se periodicamente parcelas do lucro aos empregados. O segundo obstáculo adivinha da pretensão de se traduzir em certa percentagem a quota participativa, o que contribuiria para torna-la obrigatória e, portanto, fração componente da remuneração. Uma espécie, enfim, de 14º salário, como tal computável nos custos e repassável aos preços.

A Constituição Federal de 1988 incluiu a participação nos lucros ou resultados da empresa dentre os direitos assegurados aos trabalhadores urbanos e rurais, pelo art. 7º, inciso XI, dispondo da seguinte forma:

Art. 7º São direitos dos trabalhadores urbanos e rurais, além de outros que visem a melhoria de sua condição social:

[...]

(120) PINTO, Almir Pazzianotto. Participação dos lucros ou resultados. *Trabalho & Processo.* Revista Jurídica Trimestral n. 6, set. 1995, São Paulo, Saraiva, p 3.

> *XI – participação nos lucros ou resultados desvinculada da remuneração e, excepcionalmente, participação na gestão da empresa conforme definido em lei.*

O legislador ordinário, portanto, deveria cuidar da participação dos trabalhadores na gestão da empresa, deixando que as normas que instituíssem a participação dos trabalhadores nos lucros e resultados das empresas se adaptassem a cada realidade, dedicando-se, apenas, por razões de maior complexidade e, dada a excepcionalidade, a gestão da empresa.

Contrariamente, Sérgio Pinto Martins(121) considerou que a expressão utilizada pelo constituinte "conforme definido em lei" refere-se a ambos os assuntos dispostos no inciso XI, do art. 7º, e não apenas a uma parte, isto é, à gestão da empresa.

De acordo com o nosso entendimento(122)

> a referência apontada e relativa à definição por lei de garantia constitucional diz respeito à participação na gestão da empresa, dado tratamento de excepcionalidade trazido no texto, afirmando, após encerrar a frase relativa à participação dos lucros ou resultados, "excepcionalmente, participação na gestão da empresa, conforme definido em lei", justificando-se em razão da impossibilidade de se acolher a participação na gestão de empresas como regra, mas sim como exceção, motivando o seu tratamento por lei ordinária.

Efetivamente, a norma constitucional tomou forma com a Medida Provisória n. 794 de 29 de dezembro de 1994, cujo conteúdo básico se caracterizou pela reedição, a cada 30 dias, até o ano de 2000 quando então foi aprovada a Lei n. 10.101 de 19 de dezembro 2000.

Portanto, a verba paga pelos empregadores a título de participação nos lucros ou resultados foi instituída e regulamentada de modo a dar segurança de sua exclusão do salário de contribuição para fins previdenciários e, para tanto, deve observar um rito formal, de acordo com o que dispõe a lei.

Os sindicatos entenderam, desde a primeira Medida Provisória, que, por se tratar de negociação, deveriam, por força da Constituição Federal, art. 8º, inciso VI, ter participação obrigatória. As insistências foram tantas que as reedições das Medidas Provisórias contemplaram a possibilidade e não obrigatoriedade da participação sindical.

É um assunto mal compreendido pelas entidades sindicais que perdem grande oportunidade de avançar na transformação das relações trabalhistas. A negociação que

(121) MARTINS, Sergio Pinto. Participação nos lucros incidência da contribuição previdenciária. *Revista da Previdência Social*, n. 168, nov. 1994, p. 861.

(122) JOÃO, Paulo Sergio. *Participação nos Lucros ou Resultados das Empresas*. São Paulo: Dialética, 1998. p. 23.

envolve a participação nos lucros ou resultados deve ser fruto de uma harmonia e de um interesse recíproco, empregados e empregador e, ao final, finaliza em acordo, sob pena de não se realizar a conclusão da negociação. Por essa razão, entendemos que a negociação por meio de comissão dos trabalhadores é mais legítima e representativa do que aquela levada a efeito pelo sindicato, em meio a conflito de interesses, característica que deve ser afastada de plano da negociação e que não se confunde com a negociação de condições de trabalho, por ocasião da data-base.

De outro lado, ainda, a negociação, por meio de convenção coletiva, com cláusula inserida entre outras normas de natureza trabalhista, sempre fora inconveniente e deslocada da efetiva natureza jurídica.

Arion Sayão Romita[123] assegura que não se trata de negociação coletiva, pois

> a negociação da forma de participação dos trabalhadores nos lucros ou nos resultados da empresa não tem por fim estipular condições de trabalho aplicáveis, no âmbito da empresa acordante, às respectivas relações de trabalho. Não se trata na hipótese de condições de trabalho, e sim de regras claras e objetivas quanto à fixação dos direitos substantivos da participação e das regras adjetivas pertinentes à composição dos litígios que decorrem em caso de malogro da negociação final.

De outro lado, o reconhecimento do processo de negociação de participação nos lucros ou resultados, nas mesmas condições da negociação coletiva de trabalho, implicaria o reconhecimento da existência de conflito coletivo, cujo impasse tem recebido a intervenção imprópria do Poder Judiciário que, de forma contrária à lei, interfere para para dirimir os conflitos em dissídios coletivos absolutamente impróprio e descabido porquanto a própria lei fixa que, em caso de impasse, as partes poderão, de forma facultativa, decidir pela mediação ou arbitragem, jamais pela decisão judicial que sempre traz a ideia de perdedor e de vencedor, condição incompatível para o instituto da participação nos lucros ou resultados.

Desse modo, o instrumento que vai dar sustentação à natureza jurídica das importâncias distribuídas aos empregados a título de participação nos lucros ou resultados é a do acordo individual plúrimo de participação com as limitações próprias da sua destinação, quanto a pessoas, benefícios e efeitos e que não se confunde com a negociação coletiva de natureza trabalhista.

---

(123) ROMITA, Arion Sayão. A participação nos lucros a luz das medidas provisórias. Trabalho e Processo. *Revista Jurídica Trimestral*, n. 6, set. 1995, São Paulo, Saraiva, p 14.

Sobre o assunto, Arion Sayão Romita(124) diz que

> o processo convencional, no caso, não se caracteriza como negociação coletiva, precisamente porque não está em jogo a criação de normas abstratas, aplicáveis indistintamente a todos os trabalhadores interessados: a participação de cada um, considerado individualmente, deverá ser levada em conta. Poderão ser levados em conta critérios diversificados, relativamente aos diferentes grupos de trabalhadores que participarão dos lucros: dirigentes, oficiais, serventes, auxiliares, aprendizes, empregados do escritório, da fábrica, etc.

Portanto, o modelo jurídico da lei não é o de acordo coletivo setorial ou convenção coletiva no sentido emprestado pela legislação trabalhista, no art. 621, da CLT, dada a inviabilidade de, abstratamente, impor a toda a categoria econômica obrigação na espécie de distribuir aos seus empregados alguma verba, escolhida em valor único, a título de participação nos lucros.

Não se pode fixar participação nos lucros por meio de convenção coletiva, pois implica reconhecimento de instrumento equivocado quanto aos objetivos do instituto, dada sua inconveniência total, porquanto atingirá, desde uma grande empresa àquela que mal tem condições de pagar os salários de seus empregados; desde a grande empresa metalúrgica ou multinacional àquela oficina ou pequena empresa que luta com dificuldades, todos se submeterão à mesma regra.

Na ocorrência de convenção coletiva com previsão de pagamento de valor aleatório, as empresas que se recusarem ao pagamento terão razão na invocação da inadequação jurídica do instrumento normativo: primeiro, porque a condição da lei é de que a negociação se faça entre empresa e empregados; segundo, porque a convenção ou acordo coletivo não podem impor a obrigação de pagamento; e, terceiro, porque a lei exige que o procedimento tenha a concordância comum das partes, empresa e empregados, desautorizando, portanto, a decisão por assembleia da categoria econômica.

Outra questão que pode ser aventada na hipótese, é reveladora de natureza salarial da verba desse modo negociada, com risco de ordem trabalhista e de reflexos previdenciários.

A comissão de trabalhadores de que trata a lei, escolhida pelos trabalhadores, terá capacidade jurídica negocial a partir da escolha que deverá ser exercida com ampla liberdade e transparência, em assembleia dos interessados e que outorgará o poder de representação e de negociação. A responsabilidade da comissão está limitada ao conteúdo da negociação e pelo seu fiel exercício de representação.

(124) *Op. cit.*, p. 15

Contrariamente às negociações coletivas de trabalho, a comissão eleita não trata de direitos coletivos abstratos, mas de vantagens concretas a partir de um plano de metas que, se atingido, beneficiará a todos os empregados envolvidos diretamente.

A negociação será facultativa e efetuada de acordo com o art. 2º da lei, por meio de negociação com comissão paritária escolhida pelas partes e integrada por um representante indicado pelo sindicato. Não se trata de um dirigente sindical, mas de um dos integrantes da comissão poderá ser o representante do sindicato na negociação.

A dificuldade de indicação de um dirigente sindical está no próprio sistema de organização sindical em categorias pois, nem sempre, a comissão representará todos os trabalhadores que, eventualmente, integram outras categorias.

Também poderá se utilizar de acordo coletivo e, nesse caso, o sindicato participa necessariamente, por força do disposto no art. 8º, VI, da Constituição Federal.

Outra opção trazida pela lei e sem qualquer recomendação de que possa efetivamente representar uma integração do trabalhador na empresa é a negociação por meio de convenção coletiva de trabalho.

A lei impõe, quanto ao conteúdo da negociação, que sejam fixadas "*regras claras e objetivas dos direitos substantivos da participação e das regras adjetivas, inclusive mecanismos de aferição das informações pertinentes ao cumprimento do acordado, periodicidade de distribuição, período de vigência e prazos para revisão do acordo*" (art. 2º, § 1º). Dentre as regras claras e objetivas, exemplificativamente, cita a lei "*índices de produtividade, qualidade ou lucratividade da empresa e programas de metas, resultados e prazos, pactuados previamente*" (art. 2º, § 1º, I, II).

Os programas de participação nos lucros e resultados devem ser estabelecidos de modo claro e transparente, sem ficar restrito a análise por critérios subjetivos. A objetividade e transparência dará a sinalização da almejada parceria do programa.

A fim de que o salário não seja substituído pelo empregador pela participação nos lucros ou resultados, o legislador limitou a periodicidade de pagamento em duas vezes no mesmo ano civil e em periodicidade inferior a um trimestre civil.

Os programas de participação nos resultados podem ser implantados para abranger empregados de determinado setor da empresa ou estabelecimento. Caso a negociação contemple apenas setores de atividade empresarial, com regras substantivas e claras, os demais trabalhadores excluídos não poderão pleitear a extensão do benefício porquanto não se trata de verba de natureza salarial, não caracterizando, portanto, ato discriminatório do empregador e da comissão de negociação. Contrariamente, se o programa for de participação nos lucros todos os empregados serão contemplados.

A participação do empregado nos lucros ou resultados da empresa não transforma a relação de emprego em relação societária, pois o trabalhador não participa dos prejuízos nem terá seu salário básico ameaçado com o fracasso do empreendimento patronal. A participação se dá quanto a metas objetivamente determinadas e, caso não atingidas, deixa o empregado de ter a participação, sem que tal fato apresente consequências quanto à percepção de salários.

A comissão dos trabalhadores, investida dos poderes conferidos pela assembleia dos interessados, celebrará um acordo individual plúrimo porque identificados os beneficiários dos resultados. Referido acordo individual plúrimo será de participação na gestão empresarial, submetido ao resultado aleatório desejado e esperado por todos, cuja realização impõe à outra parte beneficiada, o empregador, obrigação de distribuir os valores segundo critério previamente determinado no contrato.

A típica participação nos lucros apresenta envolvimento do trabalhador, integrando-o no desenvolvimento do empreendimento e a forma de distribuição contempla a coletividade da empresa, quando se trata de lucros, ou grupo determinado, quando se trata de resultados, sempre baseada em critérios objetivos, desvinculada de comportamento disciplinar do empregado, individualmente considerado. Fora desses parâmetros, a distribuição estará sob suspeita de descumprimento da norma legal.

A participação nos lucros ou resultados, como política de desenvolvimento da relação entre capital e trabalho, exige seriedade quanto à forma de implantação sob pena de desmoralizar o modelo.

A participação dos trabalhadores nos lucros e resultados das empresas, tal como inserida na legislação brasileira, dado seu caráter facultativo, se apresenta mais como instrumento de gestão empresarial, caracterizado pela parceria com o trabalhador que usufrui dos lucros ou resultados propostos.

Trata-se de forma de gestão empresarial e de transformação da relação de trabalho por meio do envolvimento atuante do trabalhador, considerado um parceiro no plano de metas do empregador com tratamento diferenciado daquele comum e legal decorrente do contrato de trabalho.

Capítulo XII

Rescisão do Contrato de Trabalho

O princípio da continuidade do vínculo de emprego traz para o Direito do Trabalho significado especial porquanto o rompimento do contrato de trabalho é considerado ato de exceção, sendo regulamentado de forma criteriosa pelo legislador.

A doutrina tem o cuidado de fazer diferença entre as expressões rescisão, resilição, terminação do contrato de trabalho.

Antonio Lamarca(125) atribui o seguinte tratamento a cada denominação de acordo com a motivação e iniciativa de rompimento do contrato de trabalho: quando se tratar de motivação das partes, chama-se **resilição** o rompimento por acordo, por pedido de demissão ou despedida sem justa causa; **resolução** é expressão que se refere ao rompimento do contrato de empregado estável por via judicial, despedida com justa causa praticada pelo empregado ou empregador e chegada do termo final do contrato; quando a motivação não decorrer da vontade das partes, denomina o autor de **extinção**, abrangendo as hipóteses de força maior, *factum principis*, morte do empregador pessoa física, falência da empresa; e, finalmente, **rescisão** quando se tratar de nulidade do contrato de trabalho.

A legislação não faz essa distinção e se utiliza do termo genérico de rescisão do contrato de trabalho para identificar as diferentes modalidades. Assim, por exemplo, se utiliza do termo rescisão em casos de justa causa (arts. 482 e 483 da CLT); em caso de culpa recíproca (art. 484, da CLT). Já para a rescisão por acordo, refere-se o legislador à expressão extinção (art. 484-A da CLT).

O exercício do poder de rescindir o contrato de trabalho, de acordo com a nossa legislação ordinária, muito embora possa ser considerado um ato de exceção à regra da continuidade do vínculo de emprego, não encontra restrições a não ser em casos especiais em que o empregado ou empregada seja portador ou portadora de garantia de emprego.

De outro lado, para o empregado, igualmente, não há restrições para que manifeste seu pedido de demissão, limitando-se, apenas, à obrigação, quando for o caso, de cumprimento de aviso-prévio.

---

(125) LAMARCA, Antonio. *Contrato Individual de Trabalho*. São Paulo: Revista dos Tribunais,. 1969. p. 346.

A Constituição Federal de 1988, atendendo ao princípio da continuidade do vínculo de emprego, se refere à relação de emprego de modo especial, manifestando compromisso histórico de sua preservação, assim dizendo no art. 7º:

> Art. 7º São direitos dos trabalhadores urbanos e rurais, além de outros que visem à melhoria de sua condição social:
>
> I – relação de emprego protegida contra despedida arbitrária ou sem justa causa, nos termos de lei complementar, que preverá indenização compensatória, dentre outros direitos;

O texto constitucional reproduz uma preocupação latente na época de que o emprego não poderia ter tratamento e ser utilizado como algo descartável pelo empregador a qualquer tempo e, ainda, sem responsabilidade social. Some-se, ainda, o fato de que o constituinte eliminou a garantia de estabilidade prevista na Constituição anterior, limitando-se a assegurar aos trabalhadores o Fundo de Garantia do Tempo de Serviço. Não se fala mais, a partir de então, da convivência do regime da estabilidade com o do FGTS e, portanto, não se falará mais, a partir de então, de opção pelo regime do FGTS pois este é o único regime jurídico dos contratos de trabalho.

O constituinte de 1988 revela um paradoxo na elaboração do texto constitucional. Assim, no art. 6º, dentre os direitos sociais de compromisso do Estado, encontra-se o direito ao trabalho e, portanto, não parece compatível, sendo até mesmo dissonante, com a promessa ali inscrita, que insira no art. 7º, inciso I, a possibilidade de rescisão sem justa causa ou arbitrária, trazendo para a relação de emprego a inconstância da segurança de emprego, elemento de subsistência dos trabalhadores.

De outro lado, o constituinte inseriu no texto palavras e compromissos que ainda buscam uma identificação e um conceito social e juridicamente válido. Assim foi quanto às expressões "despedida arbitrária" e "sem justa causa" e a promessa de "lei complementar" cuja finalidade é a de esclarecer as hipóteses de despedida arbitrária e quando seria possível a dispensa sem justa causa com a consequente indenização legal.

Pedro Paulo Teixeira Manus[(126)] acentua que

> O legislador constitucional fez questão e distinguir a dispensa por justa causa, ou aquela motivada por outro fato, da dispensa que chama de arbitrária ou sem justa causa. Vale dizer que passam os trabalhadores a ter assegurado o direito a tratamento diverso quando a despedida tiver uma razão e quando não for motivada por qualquer fato considerável.

(126) MANUS, Pedro Paulo Teixeira. *Direito do Trabalho.* 11. ed. São Paulo: Atlas, 2007. p. 278-279.

E continua dizendo o autor:

> [...] em realidade passasse a fazer uma distinção até que inexistente quanto a motivação do desfazimento do contrato de trabalho. O legislador constitucional determina a proteção do contrato de trabalho contra a dispensa arbitrária ou sem justa causa, o que significa que dá sentido diverso ambas as hipóteses.

Mas a verdade é que desde a promulgação da nossa Constituição, em outubro de 1988, o legislador não definiu por lei complementar o que pretendeu efetivamente significar com os termos utilizados.

De qualquer forma, assimila-se na hipótese a previsão celetista, no art. 165, ao se referir aos membros titulares eleitos para integrar a CIPA, apontando o dispositivo para proibição de dispensa arbitrária, entendo como tal a dispensa que não se basear em motivo técnico, financeiro ou disciplinar (*Os titulares da representação dos empregados nas CIPA(s) não poderão sofrer despedida arbitrária, entendendo-se como tal a que não se fundar em motivo disciplinar, técnico, econômico ou financeiro*).

O Ato das Disposições Transitórias, considerando a hipótese de que haveria dificuldades para aprovação da lei complementar, cuidou de regulamentar, provisoriamente, o dispositivo no art. 10 e incisos para (i) quadruplicar a multa do FGTS a partir de então; (ii) assegurar a proteção quanto à despedida arbitrária ou sem justa causa do empregado eleito para cargo de direção de comissões internas de prevenção de acidentes, desde a candidatura até um ano após o mandato; e, também (iii) proteger a empregada gestante desde a confirmação da gravidez até cinco meses após o parto.

A. Fatores impeditivos da rescisão do contrato de trabalho sem justa causa

Existem ainda, de maneira subsistentes do ponto de vista legal ou por meio de negociação coletiva, algumas circunstâncias especiais em que o empregador fica impedido de rescindir o contrato de trabalho sem justa causa. São as chamadas estabilidades provisórias ou garantias provisórias de emprego, desafiadoras do poder potestativo do empregador.

a. Situações de garantia de manutenção do emprego

Ao tratar do tema da rescisão do contrato de trabalho e, ainda, considerando que se trata de tema extremamente caro aos trabalhadores, um dos aspectos mais relevantes diz respeito ao sistema de estabilidades adquiridas pelos empregados e as modalidades de garantia de emprego possíveis e que sinalizam para o empregador a possibilidade ou não de rompimento contratual, ainda que mediante pagamento de indenização.

a.1. estabilidade decenal

O regime da estabilidade decenal é aquele incorporado pela CLT e que se refere à Lei Eloy Chaves, lei previdenciária (Lei n. 4.682, de 24 de janeiro de 1923), que criou as Caixas de Aposentadorias e Pensões dos Ferroviários e que assegurava ao trabalhador ferroviário, após 10 anos de serviço, a estabilidade no emprego, ou seja, não poderia ser dispensado a não ser por justa causa, devidamente comprovada em inquérito judicial perante a Justiça do Trabalho.

A CLT incorporou o modelo no Capítulo VII, arts. 492 a 500, todos revogados pela Constituição Federal de 1988 que deixou de fazer referência à estabilidade.

No período anterior à Constituição de 1988 o regime da estabilidade decenal conviveu com o regime jurídico do FGTS, ficando ao empregado, no momento da admissão, supostamente o direito de opção entre o regime da CLT e o do FGTS. O regime do FGTS representava para as empresas custo menor e maior facilidade para a dispensa de empregados sem justa causa e, por esta razão, a "opção" do empregado ao regime jurídico da CLT foi abandonado.

a.2. As garantias provisórias de emprego

Conforme anteriormente observado, o art. 7º, inciso I, da Constituição Federal foi regulamentado provisoriamente pelo Ato das Disposições Constitucionais Transitórias, no art. 10, inciso II, alíneas *"a"* e *"b"*, referindo-se ao cipeiro e à gestante.

Além dessas garantias provisórias do ADCT, a Constituição Federal no art. 8º, inciso VII, também considerou a garantia provisória de emprego do empregado eleito para cargo de direção sindical.

Outras garantias provisórias ainda podem ser localizadas na lei, conforme será disposto em seguida.

a.2.1. Garantias provisórias asseguradas por lei

a.2.1.1. Gestante

A Constituição Federal, por meio do ADCT, art. 10, II, *"b"*, reconheceu às empregadas gestantes o direito à garantia de emprego desde a confirmação da gravidez e até cinco meses após o parto.

Discutiu-se muito em torno do momento em que se comprovaria a confirmação pois, em muitas ocasiões, ocorre a dispensa da empregada sem que ela própria e seu empregador tenham conhecimento do estado de gestação.

Portanto, o ato de confirmação de que trata a Constituição Federal teria ocorrido após a rescisão do contrato de trabalho e, desse modo, aplicado o dispositivo constitucional, a empregada estaria excluída da proteção da garantia de emprego.

A jurisprudência trabalhista se consolidou na Súmula 244, do TST, segundo a qual o desconhecimento do estado gravídico pelo empregador não obsta o direito à estabilidade.

Esse entendimento da proteção da gestante foi ampliado para admitir que a empregada possa se recusar à reintegração, caso o empregador ofereça o retorno ao emprego, e que o direito se restrinja ao pagamento dos salários do respectivo período.

E, por fim, a jurisprudência do TST, fixada na Súmula em referência, entendeu que a estabilidade provisória da gestante se aplica, igualmente, na hipótes de contrato de tempo determinado.

> **SUM-244 GESTANTE. ESTABILIDADE PROVISÓRIA (redação do item III alterada na sessão do Tribunal Pleno realizada em 14.09.2012) – Res. n. 185/2012 – DEJT divulgado em 25, 26 e 27.09.2012**
>
> I – O desconhecimento do estado gravídico pelo empregador não afasta o direito ao pagamento da indenização decorrente da estabilidade (art. 10, II, *"b"* do ADCT).
>
> II – A garantia de emprego à gestante só autoriza a reintegração se esta se der durante o período de estabilidade. Do contrário, a garantia restringe-se aos salários e demais direitos correspondentes ao período de estabilidade. III – A empregada gestante tem direito à estabilidade provisória prevista no art. 10, inciso II, alínea *"b"*, do Ato das Disposições Constitucionais Transitórias, mesmo na hipótese de admissão mediante contrato por tempo determinado.

Em nosso artigo da Coluna Reflexões Trabalhistas[(127)], do CONJUR, comentamos decisão do TST, pela sua 5ª Turma, em voto da lavra do ministro Breno Medeiros (RRAg-1001586-10.2018.5.02.0013) publicado nas suas notícias em 30.8.2024, em que, ao abordar cláusula de convenção coletiva que impunha à empregada a obrigação de comunicar o empregador sua gravidez, invocou, em seu fundamento, dois aspectos extremamente relevantes.

> As discussões giram em torno dos efeitos na reparação do período de garantia de emprego, frustrado com a dispensa imotivada e a recusa da empregada de retornar ao trabalho, quando ainda é tempo. Os sindicatos, por sua vez, chegam a convencionar normas coletivas impondo à gestante a obrigação de comunicar o empregador, com a finalidade de evitar litígios.
>
> A jurisprudência trabalhista se consolidou, ao que parece, no sentido de que a gravidez gera o direito do nascituro à garantia prevista em lei, impondo à gestante óbice cristalino de transigir quanto à garantia destinada ao nascituro.

(127) Disponível em: https://www.conjur.com.br/2024-set-20/protecao-trabalhista-indireta-gestante-e-nascituro/. Consultado em: 14 mar. 2025, às 15h20m.

O primeiro aspecto a que nos remete o acórdão refere-se ao direito do nascituro e sua proteção, afirmando que

> o direito à estabilidade da gestante, está direcionado também à proteção do nascituro (ou do menor adotado, a partir da inclusão do art. 391-A à CLT pela Lei n. 13.509/17, vigente desde 23.11.2017), e não exclusivamente à mulher grávida/puérpera (ou adotante), possui contornos de indisponibilidade absoluta, na medida em que o objeto da proteção constitucional é indivisível, pelo que a disposição de tal direito pela mãe não pode produzir prejuízo inafastável ao sujeito de direitos que é incapaz de manifestar de forma plena e válida o seu consentimento. Ou seja, em que pese seja válida a norma coletiva que limita ou restringe direito trabalhista que não fira de forma imediata um patamar civilizatório mínimo, no caso concreto há inconstitucionalidade do que foi avençado coletivamente, na medida em que se dispôs sobre direito de terceiro não sujeito à vontade da trabalhadora, tampouco do sindicato, que desbordar os limites de sua missão constitucional de legítimo representante de classe ou categoria. Como o direito constitucional em questão é direcionado primordialmente do nascituro, o qual, não pode ser representado pelo sindicato ao negociar contra os seus interesses, a norma coletiva não pode prevalecer...

Neste primeiro aspecto está o que chamamos de proteção social indireta, isto é, a empregada gestante transmite a titularidade do direito e respectiva garantia que, segundo o acórdão, é do nascituro que não se submete à vontade da trabalhadora gestante nem à negociação levada a efeito pelo sindicato, afirmando, o acórdão que "o direito constitucional em questão é direcionado primordialmente ao nascituro, o qual, não pode ser representado pelo sindicato ao negociar contra os seus interesses, a norma coletiva não pode prevalecer".

O segundo aspecto trazido pela decisão, de caráter normativo, diz respeito à validade da norma coletiva que, conforme o Tema 1.046, do STF, teria transigido com direito constitucional indisponível *("São constitucionais os acordos e as convenções coletivas que, ao considerarem a adequação setorial negociada, pactuam limitações ou afastamentos de direitos trabalhistas, independentemente da explicitação especificada de vantagens compensatórias, desde que respeitados os direitos absolutamente indisponíveis")*.

No caso, tratando-se de direito direcionado ao nascituro, não pode ele ser representado pelo sindicato porquanto se trata de direito de indisponibilidade absoluta, de natureza indivisível.

Se levada ao extremo a orientação do citado acórdão, o direito ao período de licença-maternidade seria pago em qualquer hipótese, inclusive na justa causa, tratando-se de direito de natureza indivisível, dirigido ao nascituro. Tal argumento estaria, também, a justificar o reconhecimento do direito em término de contrato de prazo.

Mutatis mutandis, a empregada gestante poderá agir como se titular do direito fosse, quando se tratar de pedido de demissão, ocasião em que deve ser assistida pelo sindicato de classe ou autoridade competente, nos termos do art. 500, da CLT, conforme tem decidido o Tribunal Superior do Trabalho, valendo a referência à decisão da 4ª Turma, processo 1000170-73.2121.5.02.0054, cuja relatora, ministra Maria Cristina Irigoyen Peduzzi, anulou pedido de demissão porque ausente a assistência sindical, tratando a estabilidade provisória como direito indisponível e, portanto, irrenunciável.

"II – RECURSO DE REVISTA INTERPOSTO SOB A VIGÊNCIA DA LEI N. 13.467/2017 – ESTABILIDADE PROVISÓRIA DE GESTANTE PEDIDO DE DEMISSÃO – TERMO DE RESCISÃO NÃO HOMOLOGADO PELO SINDICATO – INVALIDADE TRANSCENDÊNCIA POLÍTICA RECONHECIDA O entendimento pacificado nesta Corte Superior é no sentido de ser necessária a respectiva homologação pela entidade sindical ou autoridade competente, independentemente da duração do contrato de trabalho (se inferior ou superior a um ano). Para essa hipótese, o reconhecimento jurídico da demissão da empregada gestante só se completa com a assistência do sindicato profissional ou de autoridade competente (art. 500 da CLT). Ressalta-se que a estabilidade provisória é direito indisponível e, portanto, irrenunciável. No caso dos autos, verifica-se que, no período de estabilidade provisória da gestante, a Reclamante se demitiu e não teve assistência sindical para a rescisão de seu contrato de trabalho, contrariando a determinação do art. 500 da CLT. Recurso de Revista conhecido e provido."

Como se vê, os fundamentos do reconhecimento do direito à licença-gestante, salário-maternidade e os efeitos sobre a titularidade do nascituro no gozo desse direito nos remete à reflexão de que há, de forma inquestionável, uma contaminação recíproca na forma de proteção trabalhista.

Quando se trata de proteção à gestante e à maternidade, não se admite interpretação que prejudique a garantia de emprego ou indenização na hipótese de impossibilidade de retorno à atividade laboral.

Relativamente à garantia de emprego na hipótese de contrato de trabalho a tempo certo, ousamos divergir do entendimento jurisprudencial que, transfere ao empregador uma obrigação que, nos exatos termos da proteção pretendida, deveria ser ônus do Estado, por meio de algum benefício de proteção, reconhecendo à gestante, nesses casos, o direito ao benefício do salário-maternidade, sem prejuízo da rescisão do contrato de trabalho.

Todavia, o TST fixou o tema 163 segundo o qual "a garantia de emprego da gestante, prevista no art. 10, II, "*b*", do ADCT/CF, é cabível no contrato de experiência, modalidade de contrato por prazo determinado".

Justifica-se a rescisão porque o contrato contém data certa ou realização do evento para terminar, não se tratando o ato do empregador decorrente de comportamento ilícito, obstativo do direito à licença-gestante. Não haverá mais trabalho após o prazo vencido e, portanto, impor o ônus da indenização ou preservação do contrato não encontra qualquer argumento jurídico de sustentação.

a.2.1.2. Cipeiro

A CLT, no Capítulo V, cuida da Segurança e Medicina no Trabalho e, na Seção III, trata Dos Órgãos de Segurança e de Mediciona do Trabalho nas Empresas.

Dentre os órgãos obrigatórios está a Comissão Interna de Prevenção de Acidentes e de Assédio (CIPA) cuja composição e obrigatoriedade são definidas de acordo com o número de empregados da empresa e segundo o grau de risco das atividades, de acordo com instruções expedidas pelo Ministério do Trabalho e Emprego (art. 163).

A CIPA tem composição mista com representantes dos trabalhadores por eles eleitos e representantes de empregador, por este indicado.

O art. 165, da CLT, com a finalidade de proporcionar ao membro eleito liberdade na sua gestão, dispôs sobre a garantia de emprego, afirmando que *"Os titulares da representação dos empregados nas CIPA (s) não poderão sofrer despedida arbitrária, entendendo-se como tal a que não se fundar em motivo disciplinar, técnico, econômico ou financeiro"*.

A dispensa sem a prova da motivação disciplinar, técnica, econômica ou financeira implica a condenação à reintegração do empregado despedido.

A Constituição Federal, no ADCT, art. 10, II, *"a"*, reconheceu ao trabalhador eleito para integrar Comissão Interna de Prevenção de Acidentes e Assédio a garantia de emprego de desde o registo de sua candidatura até um ano após o final de seu mandato.

Posteriormente, a jurisprudência do TST, reconheceu na Súmula 339, a extensão da garantia de emprego ao membro suplente da CIPA.

SUPLENTE. GARANTIA DE EMPREGO. CF/1988

I – O suplente da CIPA goza da garantia de emprego prevista no art. 10, II, "a", do ADCT a partir da promulgação da Constituição Federal de 1988.

II – A estabilidade provisória do cipeiro não constitui vantagem pessoal, mas garantia para as atividades dos membros da CIPA, que somente tem razão de ser quando em atividade a empresa. Extinto o estabelecimento, não se verifica a despedida arbitrária, sendo impossível a reintegração e indevida a indenização do período estabilitário.

a.2.1.3. Dirigente sindical

O empregado eleito para cargo de direção sindical teve assegurada a garantia de emprego pelo art. 8º, inciso VIII, da Constituição Federal, *"desde o registro de sua candidatura a cargo de direção ou representação sindical e, se eleito, ainda que suplente, até um ano após o final do mandato".*

A CLT dispõe do reconhecimento da garantia de emprego do dirigente sindical no art. 543, § 3º, afirmando que

> *Fica vedada a dispensa do empregado sindicalizado ou associado, a partir do momento do registro de sua candidatura a cargo de direção ou representação de entidade sindical ou de associação profissional, até 1 (um) ano após o final do seu mandato, caso seja eleito inclusive como suplente, salvo se cometer falta grave devidamente apurada nos termos desta Consolidação.*

A preservação da garantia de emprego ao empregado eleito para cargo de direção sindical responde a garantias do exercício da liberdade sindical, de acordo com a Convenção n. 87, da OIT, ainda não ratificada pelo Brasil.

O dirigente sindical somente poderá ser dispensado em caso de justa causa, apurada em inquérito judicial, perante a Justiça do Trabalho, de acordo com a aplicação da Súmula 379, do TST cujo teor assim se manifesta:

> *O dirigente sindical somente poderá ser dispensado por falta grave mediante a apuração em inquérito judicial, inteligência dos arts. 494 e 543, § 3º, da CLT.*

O mandato do dirigente sindical que, anteriormente à Carta de 1988, era de 03 anos e definido pelo estatuto padrão do Ministério do Trabalho e Emprego, diante da proibição da intervenção do Estado na organização sindical, passou a ser definido pelos estatutos das próprias entidades sindicais, cujo tempo de mandato varia de sindicato a sindicato, cabendo ao interessado sobre o tema pesquisar os estatutos sociais da entidade.

Da mesma forma, quando ao número de dirigentes sindicais que devem usufruir da garantia de emprego, fixou-se o entendimento de que o art. 522 da CLT foi recepcionado pela Constituição e, dessa forma, são abrangidos pela garantia de emprego os sete membros no máximo e respectivos suplentes.

Tal posicionamento, no nosso sentir, viola a Constituição Federal porque se caracteriza como intervenção do Estado na organização sindical que deverá, no exercício da liberdade sindical, ter autonomia na gestão administrativa do sindicato, cabendo aos próprios interessados fixar o número de dirigentes sindicais para a gestão da entidade.

A posição da jurisprudência sobre o assunto foi decorrente do fato de que a doutrina e a magistratura não conseguiram lidar com a novidade, ainda que estreita, da liberdade sindical entre nós, inaugurada pela Constituição Federal. Assim, os sindicatos que se reorganizaram a partir de outubro de 1988, criaram nos seus estatutos diretoria com número de membros maior do que o previsto na lei ordinária, utilizando-se, assim, da liberdade e autonomia sindicais. Todavia, do confronto com a garantia de emprego de dirigentes sindicais, houve mesmo quem considerasse abusiva a definição de número de dirigentes superiores àquele disposto no art. 522 da CLT.

Consideramos que não se trata de limitar o número de dirigentes, mas de assegurar o livre exercício da liberdade sindical e, nesse sentido, não parece relevante o exercício de cargo, mas apenas o envolvimento em atividades sindicais deveria ser suficiente para que funcionasse o estado democrático de direito, com preservação de tratamento especial ao trabalhador que estivesse em atividade sindical, ainda que sem cargo definido. Aplica-se aqui a mesma orientação havida anteriormente à Constituição Federal que assegurava ao empregado eleito para associação profissional a mesma garantia de emprego do dirigente sindical, sob pena de se aniquilar a organização sindical no seu nascedouro.

Ainda temos muito que caminhar nesse sentido, em especial quando ocorrer no Brasil o reconhecimento da pluralidade sindical, com a ratificação da Convenção n. 87, da OIT.

a.2.1.4. Acidentado no trabalho

No caso do empregado acidentado no trabalho, a legislação previdenciária é que tratou do assunto. Assim, considerando a dificuldade de reabilitação do empregado vítima de acidente, quer quanto à sua recuperação total da capacidade laboral, quer quanto sua reabilitação para outra atividade profissional, estendeu no âmbito trabalhista a garantia de emprego.

Para tanto, estabeleceu no art. 118, da Lei n. 8.213/1991, que *"o segurado que sofreu acidente do trabalho tem garantida, pelo prazo mínimo de 12 meses, a manutenção do seu contrato de trabalho na empresa, após a cessação do auxílio-acidente acidentário, independentemente de percepção de auxílio-acidente"*.

O empregado deverá, portanto, ter percebido pela previdência social auxílio-acidente e ter se afastado por mais de 15 dias do emprego em razão do acidente. De outro lado, perceber de benefício auxílio-acidente, em razão de ter sofrido redução funcional, não exclui o direito à garantia de emprego de 12 meses.

O Tribunal Superior do Trabalho, fixou tese no Tema 125 no sentido de que é desnecessário o afastamento do emprego e percepção de auxílio-doença por período superior a quinze dias, desde que reconhecido, após a cessação do contrato de trabalho, o nexo causal ou concausal entre a doença ocupacional e as atividades desempenhadas no curso da relação de emprego:

> Para fins de garantia provisória de emprego prevista no art. 118 da Lei n. 8.213/1991, não é necessário o afastamento por período superior a 15 (quinze) dias ou a percepção de auxílio-doença acidentário, desde que reconhecido, após a cessação do contrato de trabalho, o nexo causal ou concausal entre a doença ocupacional e as atividades desempenhadas no curso da relação de emprego.

a.2.1.5. Greve

A greve é um direito assegurado pela Constituição Federal, no art. 9º, estabelecendo que *"É assegurado o direito de greve, competindo aos trabalhadores decidir sobre a oportunidade de exercê-lo e sobre os interesses que devam por meio dele defender."*

A greve é um direito individual que se manifesta por movimento de natureza coletiva, deflagrada por iniciativa dos trabalhadores em decisão de assembleia convocada para esta finalidade, exclusivamente, e atinge a todos os integrantes da categoria ou do setor de atividade da empresa.

Por se tratar de decisão coletiva, a greve suspende os contratos de trabalho (art. 7º, da Lei n. 7.883/1989) e fica vedado ao empregador, além de produzir qualquer movimento sobre o contrato de trabalho, a rescisão de contratos de trabalho durante o movimento paredista.

Portanto, não se trata de garantia de emprego em sentido estrito, mas de impossibilidade de o empregador se utilizar de seu poder disciplinar durante o período de greve, respeitando, desse modo, a garantia constitucional do direito de greve e permitindo, por via indireta, a livre manifestação dos trabalhadores.

Pode ocorrer que a greve termine por acordo ou por decisão judicial com fixação de período de garantia provisória de emprego, a fim de que não sejam praticados atos de caráter persecutórios pelos empregadores.

Encerrada a greve por acordo, decisão judicial ou assembleia dos interessados, os trabalhadores devem retornar ao serviço e, neste caso, a falta ao serviço poderá se caracterizar como abuso do direito de greve e a dispensa poderá ocorrer, neste caso, por justa causa.

a.2.1.6. Outras garantias de emprego

A lei contempla ainda outras formas de garantia de emprego aos trabalhadores.

Assim, os empregados que forem eleitos para integrar comissão de conciliação prévia usufruirão de garantia de emprego durante o mandato de um ano mais um ano após, de acordo com o art. 625-B, § 1º, da CLT.

A justificativa desta garantia de emprego decorre do fato de que o empregado atuante na comissão deve gozar de liberdade e autonomia na sua atividade, sem ameaça de perda de emprego pelo empregador.

Também a representação dos trabalhadores no Conselho Nacional de Previdência Social, com mandato de 2 anos e uma recondução, de acordo com o Decreto n. 3.048, de 06 de maio de 1999, confere aos empregados nesta situação a garantia de emprego.

A lei das cooperativas prevê a garantia de emprego para os empregados de empresas que sejam eleitos diretores de sociedades cooperativas pelos mesmos criadas, gozarão das garantias asseguradas aos dirigentes sindicais (art. 55 da Lei n. 5.764 de 16 de dezembro de 1971.

A Lei n. 13.189, de 19 de novembro de 2015, que instituiu o Programa de Proteção ao Emprego, estabelece a proibição da empresa que tenha aderido ao Programa de Seguro--Desemprego de despedir arbitrariamente ou sem justa causa empregados que tiverem sua jornada de trabalho temporariamente reduzida enquanto vigorar a adesão ao PSE e, após o seu término, durante o prazo equivalente a um terço do período de adesão (art. 6º).

A Lei n. 8.213, de 24 de julho de 1991, art. 93, § 1º, criou uma garantia de emprego a empregados reabilitados ou deficientes, no sentido de que a obrigação do cumprimento da quota de empregados somente admitirá a dispensa de empregados nos seguintes termos:

> A dispensa de pessoa com deficiência ou de beneficiário reabilitado da Previdência Social ao final de contrato por prazo determinado de mais de 90 (noventa) dias e a dispensa imotivada em contrato por prazo indeterminado somente poderão ocorrer após a contratação de outro trabalhador com deficiência ou beneficiário reabilitado da Previdência Social.

A Lei n. 11.340, de 7 de agosto de 2006, conhecida como Lei Maria da Penha, que criou mecanismos para coibir a violência doméstica e familiar contra mulher, no seu art. 9º, § 2º, dispõe que o juiz assegurará à mulher em situação de violência doméstica e familiar, com a finalidade de preservação se sua integridade física e psicológica, "*a manutenção do vínculo trabalhista, quando necessário o afastamento do local de trabalho, por até seis meses*".

a.2.2. Garantias provisórias asseguradas por acordo

As negociações coletivas, observadas as peculiaridades de cada setor de atividade profissional, também podem conter normas que assegurem garantias de emprego provisórias, atendendo a necessidades específicas do setor de atividade econômica ou situação pessoal de empregados.

Assim, exemplificativamente, empregados às vésperas de completar o período para aposentadoria por tempo de serviço, gozam de garantia de emprego; os professores gozam de garantia de emprego durante o período letivo; algumas convenções preveem a garantia de permanência no emprego nos 30 dias que se seguem ao retorno das férias; outras tratam da garantia de emprego após o retorno de afastamento por auxílio-doença.

As situações descritas, legais ou normativas, representam um óbice ao exercício do poder disciplinar do empregador, ao seu poder potestativo que, diante de tais circunstâncias, fica impedido de romper o contrato de trabalho, exceto se o empregado tiver praticado falta grave.

B. Aspectos relevantes para a rescisão contratual

a. Fundo de Garantia do Tempo de Serviço

O Fundo de Garantia do Tempo de Serviço (FGTS) foi introduzido no regime jurídico dos contratos de trabalho pela Lei n. 5.107 de 1966, com vigência a partir de janeiro de 1967. A Constituição Federal de 1988, no art. 7º, inciso III, inseriu o FGTS como um dos direitos assegurados aos trabalhadores. A Lei n. 8.036, de 11 de maio de 1990 e o Decreto n. 99.684, de 8 de novembro de 1990, dispõem sobre o regime do FGTS.

O FGTS corresponde a uma obrigação do empregador de recolher mensalmente em conta bancária da Caixa Econômica Federal, vinculada em nome do empregado, o valor correspondente a 8% da remuneração mensal recebida, formando, portando, a partir desse procedimento um pecúlio pertencente ao empregado, podendo dele fazer uso em situações expressamente previstas na lei e decreto.

O FGTS foi criado para concorrer com o regime da estabilidade anteriormente previsto pela CLT, art. 492 e seguintes, e aos poucos se tornou a única forma de regime jurídico de contratação de empregado.

A finalidade do regime do FGTS teve como essência a eliminação do regime da estabilidade que era extremamente oneroso para as empresas em caso de dispensa de empregado e, além disso, dificultava as dispensas de empregados e possibilitava que o empregado, após 10 anos de trabalho para o mesmo empregador, adquirisse a estabilidade no emprego. Nesse caso a dispensa somente poderia ocorrer por justa causa e mediante inquérito judicial apurado pela Justiça do Trabalho.

O regime do FGTS deixou a relação de emprego sem muita aderência transformando-a em descartável a qualquer tempo e sem os pesados ônus do regime anterior.

A gestão do FGTS é feita pelo Conselho Curador do FGTS, colegiado tripartite de 24 conselheiros, do qual participam entidades representantes dos empregados, dos empregadores e do Governo Federal, este último atuando como presidente do Conselho.

A Caixa Econômica Federal funciona como agente operador do FGTS.

O percentual de 8% é incidente sobre toda verba de natureza salarial que o empregado venha a receber durante o contrato de trabalho. Os valores acumulados são corrigidos mensalmente e com juros incidentes que o empregado poderá dele fazer uso na constância do contrato de trabalho para financiamento de casa própria, observadas as condições estabelecidas em lei e, ainda, em situações de doença grave, inclusive de seus dependentes.

O art. 20, da Lei n. 8.036/1990 fixa todas as hipóteses em que a conta vinculada poderá ser movimentada, quer durante o contrato de trabalho que nas hipóteses de sua rescisão ou término.

A prescrição para reclamar contra a ausência de depósitos do FGTS era de 30 anos. Todavia em 13 de novembro de 2014, o Supremo Tribunal Federal, julgou inconstitucional o art. 23, § 5º, da Lei n. 8.036/1990 e o art. 55 do Decreto n. 99.684/1990 e fixou o Tema 608, no processo ARE 709212, pelo qual se reconhece a prescrição do FGTS de cinco anos, dispondo que *"O prazo prescricional aplicável à cobrança de valores não depositados no Fundo de Garantia por Tempo de Serviço (FGTS) é quinquenal, nos termos do art. 7º, XXIX, da Constituição Federal"*.

Com isso, o Supremo Tribunal Federal reafirma a ausência da natureza jurídica indenizatória do tempo de serviço que inspirou a criação do FGTS e lhe atribui natureza salarial.

De fato, assim fazendo, o STF confirma a ausência de indenização de empregados despedidos sem justa causa de qualquer direito a receber no ato da rescisão indenização pelo ato do empregador.

b. Aviso-prévio

O aviso-prévio é um instituto de grande relevância para o exercício do poder potestativo do empregador e também para que o empregado possa dele se utilizar para manifestar seu interesse no rompimento da relação contratual

O aviso-prévio existe também nas relações contratuais de natureza civil, exemplificativamente nos arts. 599 (contrato de prestação de serviços) e 720 (contrato de agência e substituição) do Código Civil.

No contrato de trabalho o aviso-prévio adquire tratamento especial e sobre o tema tivemos ocasião de cuidar do verbete na Enciclopédia Jurídica da Pontifícia Universidade Católica de São Paulo[(128)] cujo texto reproduzimos com as devidas atualizações.

> **Conceito**
>
> O aviso-prévio é um ato jurídico unilateral que corresponde à necessidade de comunicação entre partes contratuais a fim de que não haja surpresa de rompimento do vínculo com frustração de expectativa de relação estável ajustada e que, consequentemente, poderia causar prejuízo à parte surpreendida.
>
> Também chamado de pré-aviso, é definido por Octávio Bueno Magano como "o prazo que deve preceder a rescisão unilateral do contrato de trabalho

(128) Disponível em: https://enciclopediajuridica.pucsp.br/verbete/353/edicao-1/aviso-previo.

de termo final indeterminado e cuja não concessão gera a obrigação de indenizar[(129)]".

A Organização Internacional do Trabalho, na Convenção 158, art. 11, disciplinou o término da relação de trabalho, quando por ato do empregador e sem justa causa, mediante direito a prazo de aviso-prévio ou indenização.

O aviso-prévio para os empregados tem garantia na Constituição Federal, art. 7º, inciso XXI, dispondo que:

Art. 7º São direitos dos trabalhadores urbanos e rurais, além de outros que visem à melhoria de sua condição social:

I – (...)

XXI – aviso-prévio proporcional ao tempo de serviço, sendo no mínimo de trinta dias, nos termos da lei.

A previsão constitucional de aviso-prévio proporcional ao tempo de serviço somente foi regulamentada pela Lei n. 12.506, de 11 de outubro de 2011.

Na legislação ordinária a previsão do aviso-prévio está contida no título do Capítulo VI, da Consolidação das Leis do Trabalho, nos arts. 487 a 491.

A legislação, talvez por emprestar do direito comum, não traz o conceito de aviso-prévio, mas as hipóteses em que ocorre a obrigação de comunicação, dizendo assim o art. 487:

"Não havendo prazo estipulado, a parte que, sem justo motivo, quiser rescindir o contrato deverá avisar a outra da sua resolução..."

Na relação de emprego há uma presunção de que prevalece a continuidade do vínculo cujo rompimento estaria a exigir motivo justificado como a prática de ato de indisciplina, fator econômico ou técnico (art. 165 da CLT).

Do enunciado da lei extraem-se duas condições básicas que deverão ser observadas pelas partes: sua ocorrência nos contratos sem prazo estipulado e a resolução sem justa causa.

Nos contratos com prazo, a exigência de comunicação é desnecessária porque no momento mesmo de sua celebração as partes já têm conhecimento da vigência do contrato e seu término. Todavia o Tribunal Superior do Trabalho uniformizou jurisprudência na Súmula 163 para as situações de rescisões antecipadas do contrato de experiência na forma do art. 481 da CLT[(130)].

---

(129) MAGANO, Octávio Bueno. *Manual de Direito do Trabalho*. São Paulo. 3. ed. São Paulo: LTr; Editora de Universidade de São Paulo, 1981-1982. p. 336.

(130) Cabe aviso-prévio nas rescisões antecipadas dos contratos de experiência, na forma do art. 481 da CLT.

O contrato sem prazo gera ao empregado expectativas de permanência no emprego e, neste sentido, o art. 7º, inciso I, da Constituição Federal dispõe sobre a proteção da relação de emprego contra despedida arbitrária ou sem justa causa, com previsão de indenização compensatória a ser regulamentada por norma complementar. Passados já 30 anos da promulgação da Constituição, ainda não tivemos a regulamentação e permanecemos na regra da multa do FGTS.

Nos contratos sem prazo é natural que incida a obrigação para aquele que pretenda colocar fim à relação contratual. A obrigação é recíproca porque tanto empregado como empregador podem apresentar necessidade de um período de acomodação seja para a busca de novo emprego, no caso de empregado dispensado, como para a contratação de empregado para ocupar o posto vacante, quando se tratar de pedido de demissão do empregado.

Além do contrato sem prazo estipulado, a motivação da concessão do aviso-prévio para rompimento deverá ocorrer sem justa causa e, uma vez comunicado, "a rescisão torna-se efetiva depois de expirado o respectivo prazo", podendo a parte notificante reconsiderar o ato, antes de seu termo, à outra parte que tem a faculdade de aceitar a reconsideração (art. 489 da CLT).

A comunicação de rompimento contratual poderá ocorrer de modo abrupto nos casos de justa causa praticada pelo empregado (art. 482 da CLT), hipótese em que não será devido o aviso-prévio, ou praticada pelo empregador (art. 483 da CLT), casos de rescisão indireta em que há reconhecimento do direito pelo empregado a título de indenização.

Nas dispensas sem justa causa pelo empregador, nos pedidos de dispensa pelo empregado a comunicação deverá ser feita por escrito, preferencialmente, embora se admita a comunicação verbal, mediante prova testemunhal do fato, se for necessário.

No caso de ato de indisciplina ou alguma das faltas dispostas no art. 482 da CLT, por se tratar de falta grave, também chamada de justa causa, do empregado, não há que se falar em obrigação de concessão de aviso-prévio.

O contrato se rompe imediatamente ao conhecimento do fato sob pena de se admitir o perdão tácito.

Quando se tratar de ato faltoso do empregador, considerado este no descumprimento de obrigações contratuais ou outra indicada no art. 483 da CLT, poderá ocorrer rescisão indireta por parte do empregado e, segundo o disposto no art. 487, § 4º da CLT, será devido o aviso-prévio.

Do ponto de vista do empregador, a obrigatoriedade de concessão de aviso-prévio pelo empregado tem um aspecto econômico, vinculado à própria dinâmica da empresa e a necessidade de produção, e de reposição de mão de obra, em especial quando o empregado ocupa cargo relevante e que não pode sofrer interrupção.

Portanto, de um lado o empregado e de outro o empregador, ambos não podem ser surpreendidos pelo rompimento abrupto da continuidade da prestação de serviços.

Desta feita, o aviso-prévio é um período de trabalho e está destinado a acomodar os interesses das partes: empregado, para a busca de nova colocação e, empregador, para contratar novo empregado para a função.

Neste sentido, quando se tratar de período trabalhado, os valores pagos têm natureza jurídica salarial, uma vez que correspondem à contraprestação de serviços.

A ausência de comunicação de aviso-prévio pelo empregador ou a dispensa de seu cumprimento, gera a obrigação de pagamento de indenização equivalente ao valor do salário do empregado, sem prejuízo da contagem do tempo do período respectivo (art. 487, § 1º).

Aviso-prévio quanto ao prazo

O prazo de comunicação de interesse no rompimento do contrato de trabalho, como se viu, tem garantia constitucional para os trabalhadores (art. 7º, XXI), prevendo a lei ordinária que deverá ser efetuado 30 dias (art. 487, II da CLT) antes da extinção do respectivo prazo.

O início da contagem deve observar a regra prevista no *caput* do art. 132 do Código Civil, excluindo-se o dia do começo e incluindo o do vencimento (Súmula 380 do TST[131]).

Desta forma, se o empregador deixa de conceder o aviso-prévio ao empregado, deverá pagar o período como indenização (art. 487, § 1º), sem prejuízo, repita-se, da contagem do seu tempo como de serviço e demais efeitos sobre o contrato de trabalho.

Embora a Constituição Federal se refira exclusivamente a direito dos trabalhadores, a Consolidação das Leis do Trabalho prevê a mesma obrigação de comunicação, em igual prazo, ao empregado demissionário que deixa de comunicar o empregador e, portanto, não cumpre o período de aviso-prévio,

(131) Súmula 380 – Aplica-se a regra prevista no *caput* do art. 132 do Código Civil de 2002 à contagem do prazo do aviso-prévio, excluindo-se o dia do começo e incluindo o do vencimento.

e que poderá sofrer desconto dos salários em valor correspondente ao respectivo prazo (art. 487, § 2º).

<u>Aviso-prévio proporcional ao tempo de serviço</u>

O aviso-prévio proporcional ao tempo de serviço foi objeto da Lei n. 12.506, de 11 de outubro de 2011 e regulamentou a previsão constitucional do art. 7º, inciso XXI.

Carlos Henrique Bezerra Leite considera que se trata

"de instituto trabalhista novo, com natureza jurídica de direito fundamental social, que se encontra em harmonia com os princípios de proteção ao trabalhador, mormente o princípio da relação empregatícia protegida contra a dispensa arbitrária ou sem justa causa (CF, art. 7º, *caput* e I), uma vez que a elevação dos custos econômicos para o empregador desestimula, pelo menos do ponto de vista financeiro, a dispensa do trabalhador."(132)

Trata-se de garantia de 30 dias ao empregado durante o primeiro ano de empresa, com acréscimo de 3 dias por ano de serviço prestado para a mesma empresa até o máximo de 60 dias.

Muito embora haja divergências quanto aos efeitos deste acréscimo, a *mens legis* caminhou em quatro sentidos: **o primeiro**, é de que o aviso-prévio proporcional para os empregados com menos de 1 ano de empresa é de 30 dias; **segundo**, é de que não se trata de obrigação do empregado quando demissionário, cujo pedido de demissão inclui renúncia ao acréscimo legal; **terceiro**, é o objetivo de valorizar a remuneração do período de 30 dias e estimular a permanência no emprego; e, **quarto**, é de que o aviso-prévio proporcional é <u>aquisição</u> pelo passado, razão pela qual não se deveria considerar como tempo de serviço.

Se o aviso-prévio para o primeiro ano de trabalho é de 30 dias, implica necessariamente dizer que este período não será computado para a aquisição do acréscimo da proporcionalidade de três dias. Vale dizer, somente após 24 meses é que o empregado acumularia 30 dias mais três dias para fins de rescisão injusta do contrato de trabalho.

A aquisição de três dias no tempo de serviço, considerando o princípio protetor de que se aplicaria a condição mais favorável ao empregado, não cuida de aquisição de direito do empregador de exigir a permanência do empregado pelo período acumulado. O pedido de demissão implica renúncia ao

(132) BEZERRA LEITE, Carlos Henrique. *Curso de Direito do Trabalho*. 5. ed. rev., ampl. e atual. São Paulo: Saraiva, 2014. p. 486.

pagamento de aviso-prévio acrescido de dias adquiridos. O direito à remuneração mais valorizada é exclusivo do empregado, não se transmitindo ao empregador direito algum quer quanto à permanência do empregado no cumprimento, quer na obrigação de indenizar o empregador quando o trabalhador é demissionário e não cumpre o período de aviso-prévio. Portanto, para o empregador, sempre o tempo e o valor serão equivalentes a 30 dias. Conclua-se com o texto da Carta Maior que, no art. 7º, *caput*, assegura os direitos dos trabalhadores urbanos e rurais e, dentre as garantias está o aviso-prévio proporcional ao tempo de serviço, sendo no mínimo de 30 dias.

A adoção do pensamento meramente econômico sobre a indenização adquirida conduz, de forma inevitável, à percepção de que o emprego e sua continuidade são privilegiados com a permanência e fidelidade recíprocas na relação contratual de trabalho.

A previsão do acréscimo no valor do período de aviso-prévio corresponde a direito que se adquire pelo passado e não se inclui no tempo de serviço como se o empregado a cada período de 24 meses adquirisse em relação ao emprego direito de permanência no emprego por três dias. Não se trata de garantia de emprego, mas de valorização adquirida e que reflete no pagamento de aviso-prévio, trabalhado ou não.

Na mesma linha de pensamento, quando o empregado é demissionário não é devido o período de acréscimo. Igualmente por não se tratar de direito do empregador, o empregado não se submeterá ao cumprimento do período que seria acrescido se dispensado fosse. Em palavras outras, é um direito que se exerce apenas do empregado em relação ao empregador e o período de cumprimento, quando for o caso, se limita aos 30 dias.

Mauricio Godinho Delgado, referindo-se à *mens legis* da Lei n. 12.506/2011 afirma que:

"A escolha jurídica feita pela Lei n. 12.506/2011, mantendo os trinta dias como módulo que abrange todos os aspectos do instituto, inclusive os desfavoráveis ao empregado, ao passo que a proporcionalidade favorece apenas ao trabalhador, é sensata, proporcional e razoável, caso considerada a lógica e o direcionamento jurídicos da Constituição e de todo o direito do Trabalho. Trata-se da única maneira de se evitar que o avanço normativo da proporcionalidade converta-se em uma contrafacção, como seria impor-se ao trabalhador com vários anos de serviço gravíssima restrição a seu direito de desvincular do contrato de emprego. Essa restrição nunca existiu no Direito do Trabalho e nem na Constituição, que jamais exigiram até mesmo do trabalhador estável ou com garantia de emprego (que tem — ou tinha — vantagem enorme em seu benefício) qualquer óbice ao exercício de seu pedido de demissão. Ora, o cumprimento de um aviso de 60, 80 ou de 90 dias ou o desconto salarial nessa mesma proporção fariam a ordem jurídica retornar a períodos selvagens da civilização ocidental, antes do advento do próprio Direito do Trabalho — situação normativa incompatível com o espírito da Constituição da República e do Direito do Trabalho brasileiros"(133).

Desse modo, considerando a analogia quanto à estabilidade e a garantia de emprego, parece adequado excluir a projeção do aviso proporcional no tempo de serviço do contrato rompido.

Aviso-prévio na forma de cumprimento

O aviso-prévio pode ser trabalhado ou não, sempre observando o período de 30 dias. O Tribunal Superior do Trabalho que havia se posicionado contra a prática de cumprimento de aviso-prévio em casa, muitas vezes utilizada para estender o prazo de liquidação das verbas rescisórias, cancelou a OJ--SDII-14 em sessão do Pleno daquela Corte em 30 de junho de 2025(134). Mantida a proibição ou de indenização ao empregado dos dias de redução de jornada de trabalho, consoante verbete da Súmula 230, do TST(135).

Para fins de contagem da prescrição bienal, o TST fixou no Tema 169 que "a prescrição bienal começa a fluir do término do aviso-prévio, ainda que indenizado.

Quanto aos efeitos do aviso-prévio indenizado para fins de pagamento da verba de participação nos lucros ou resultados, o TST fixou o Tema 193, afirmando que "a projeção do aviso-prévio indenizado deve ser considerada para fins de pagamento proporcional da participação nos lucros e resultados.

Quando for o caso de dispensa pelo empregador sem justa causa de empregado, este cumprirá o período de aviso-prévio, sem prejuízo de sua remuneração mensal integral, com redução de 2 (duas) horas diárias (art. 488 da CLT).

Justa causa durante o aviso período de aviso-prévio

Em tese, a comunicação de dispensa sinaliza o término da relação contratual de trabalho. Todavia, dada a projeção do aviso-prévio sobre o contrato de trabalho, a intercorrência de fatos durante o período sobre o qual se estende

---

(133) DELGADO, Mauricio Godinho. *Curso de Direito do Trabalho*. 12. ed. São Paulo: LTr, 2013. p. 1.220.

(134) OJ-SDI1-14. AVISO-PRÉVIO CUMPRIDO EM CASA. VERBAS RESCISÓRIAS. PRAZO PARA PAGAMENTO. Em caso de aviso-prévio cumprido em casa, o prazo para pagamento das verbas rescisórias é até o décimo dia da notificação de despedida. *(cancelada)*

(135) É ilegal substituir o período que se reduz da jornada de trabalho, no aviso-prévio, pelo pagamento das horas correspondentes.

a proteção do contrato de trabalho poderá produzir efeitos de alteração da modalidade de rescisão de injusta para justa causa, nulidade da dispensa ou suspensão do contrato de trabalho.

Com efeito, durante o prazo de cumprimento do aviso-prévio trabalhado ou não, se houver a prática de ato faltoso por qualquer uma das partes (arts. 490 e 491 da CLT[136]), a motivação de dispensa poderá se converter em falta grave, interrompendo-se imediatamente o contrato de trabalho, Súmula 73 do TST.[137]

Culpa recíproca

Em caso de culpa recíproca o aviso-prévio será devido pela metade conforme jurisprudência uniformizada pelo TST, na Súmula 14 "*Reconhecida a culpa recíproca na rescisão do contrato de trabalho (art. 484 da CLT), o empregado tem direito a 50% (cinquenta por cento) do valor do aviso-prévio, do décimo terceiro salário e das férias proporcionais*".

Gravidez ou adoção no curso do aviso-prévio

No caso de gravidez ocorrida no curso do aviso-prévio trabalhado ou indenizado a empregada gestante tem garantida a estabilidade provisória nos termos do art. 10, alínea *b*, do inciso II, do Ato das Disposições Constitucionais Transitórias, conforme art. 391-A, da CLT[138], incluído pela Lei n. 12.812/2013.

A Lei n. 13.509/2017 acrescentou parágrafo único no art. 391-A para estender a mesma garantia ao empregado adotante ao qual tenha sido concedida guarda provisória para fins de adoção.[139]

Auxílio-doença

Também o empregado acometido de doença no curso do aviso-prévio tem a rescisão contratual de iniciativa do empregador suspenso consumando-se

(136) Art. 490 – O empregador que, durante o prazo do aviso-prévio dado ao empregado, praticar ato que justifique a rescisão imediata do contrato, sujeita-se ao pagamento da remuneração correspondente ao prazo do referido aviso, sem prejuízo da indenização que for devida.

Art. 491 – O empregado que, durante o prazo do aviso-prévio, cometer qualquer das faltas consideradas pela lei como justas para a rescisão, perde o direito ao restante do respectivo prazo.

(137) A ocorrência de justa causa, salvo a de abandono de emprego, no decurso do prazo do aviso-prévio dado pelo empregador, retira do empregado qualquer direito às verbas rescisórias de natureza indenizatória.

(138) "A confirmação do estado de gravidez advindo no curso do contrato de trabalho, ainda que durante o prazo do aviso-prévio trabalhado ou indenizado, garante à empregada gestante a estabilidade provisória prevista na alínea *'b'* do inciso II do art. 10 do Ato das Disposições Constitucionais Transitórias."

(139) "O disposto no *caput* deste artigo aplica-se ao empregado adotante ao qual tenha sido concedida guarda provisória para fins de adoção."

seus efeitos depois de expirado o benefício previdenciário, conforme Súmula 371 do TST "A projeção do contrato de trabalho para o futuro, pela concessão do aviso-prévio indenizado, tem efeitos limitados às vantagens econômicas obtidas no período de pré-aviso, ou seja, salários, reflexos e verbas rescisórias. No caso de concessão de auxílio-doença no curso do aviso-prévio, todavia, só se concretizam os efeitos da dispensa depois de expirado o benefício previdenciário".

Estabilidade sindical

Relativamente à aquisição de estabilidade sindical durante o período de projeção do aviso-prévio indenizado a Súmula 369, V, do TST considera que "O registro da candidatura do empregado a cargo de dirigente sindical durante o período de aviso-prévio, ainda que indenizado, não lhe assegura a estabilidade, visto que inaplicável a regra do § 3º do art. 543 da Consolidação das Leis do Trabalho".

Reajustes normativos

A projeção do aviso-prévio para término do contrato de trabalho obriga o empregador aos reajustes salariais ocorridos por norma coletiva no respectivo período, bem como será considerado para fins de incidência da indenização adicional quando o término ocorrer no trintídio que antecede o reajuste da data-base, conforme Súmula 182 do TST[(140)].

Acúmulo com outros direitos

A comunicação de aviso-prévio pelo empregador poderá ocorrer a qualquer tempo e não se permite o acúmulo com benefício já assegurado ao empregado, como, por exemplo, férias ou períodos de estabilidade[(141)]. Neste sentido o TST, relativamente aos professores uniformizou jurisprudência na Súmula 10, no sentido de que "O direito aos salários do período de férias escolares assegurado aos professores (art. 322, *caput* e § 3º da CLT) não exclui o direito ao aviso-prévio, na hipótese de dispensa sem justa causa ao término do ano letivo ou no curso das férias escolares".

Greve

A Lei n. 7.883/1989, que dispõe sobre o exercício do direito de greve, no art. 7º, considera que a greve suspende os contratos de trabalho[(142)]. Trata-se

(140) "O tempo do aviso-prévio, mesmo indenizado, conta-se para efeito da indenização adicional prevista no art. 9º da Lei n. 6.708, de 30.10.1979."

(141) Súmula 348- TST – "É inválida a concessão do aviso-prévio na fluência da garantia de emprego, ante a incompatibilidade dos dois institutos".

(142) "Observadas as condições previstas nesta Lei, a participação em greve suspende o contrato de trabalho,

de previsão acertada a fim de que não se produzam efeitos jurídicos sobre os contratos de trabalho, tais como concessão de férias aos trabalhadores ou até mesmo rompimento dos contratos dos trabalhadores grevistas, privilegiando aqueles que não adiram à parede. É a suspensão que proíbe a prática de atos jurídicos pelo empregador, retirando-o do comando das relações trabalhistas.

Desta feita, os contratos de trabalho de trabalhadores grevistas ou não são contaminados pelo efeito jurídico da suspensão e assim o empregador não poderá praticar qualquer ato na relação individual do trabalho, inclusive os períodos de aviso-prévio em curso ficam paralisados e as relações obrigacionais retornam com a cessação do movimento por qualquer uma de suas modalidades: acordo, convenção, laudo arbitral ou decisão da Justiça do Trabalho, cuja eventual declaração de abusividade em nada afetará os efeitos da suspensão.

Vale dizer também que, em eventual reconhecimento de garantia de emprego aos trabalhadores, por acordo, convenção coletiva, laudo arbitral ou decisão da Justiça do Trabalho, os empregados que tinham aviso-prévio em curso, indenizado ou não, serão beneficiados com a garantia de emprego em todos os seus efeitos.

Assim, do que expôs sobre o aviso-prévio evidencia-se que:

se trata de um direito especialmente destinado à prevenção de risco abrupto da perda de emprego ou da ausência intempestiva do empregado no posto de trabalho;

(i) consiste na obrigação das partes na relação jurídica de trabalho, nos contratos sem prazo e na rescisão sem justa causa;

(ii) com efeitos jurídicos relevantes sobre o contrato de trabalho cujo término, ressalvadas as hipóteses de suspensão ou mesmo de sua nulidade, ocorre após transcorrido o respectivo prazo de trinta dias;

(iii) o aviso-prévio proporcional ao tempo de serviço é direito do empregado adquirido em relação ao empregador e que, no nosso entendimento,

---

devendo as relações obrigacionais, durante o período, ser regidas pelo acordo, convenção, laudo arbitral ou decisão da Justiça do Trabalho."

> se destina a valorizar a remuneração dos trinta dias e não se projeta pelo tempo de serviço.

Sobre o aviso-prévio proporcional ao tempo de serviço, assegurado pela Constituição Federal, em seu art. 7º, inciso XXI, tivemos oportunidade de comentar decisão do Tribunal Superior do Trabalho[(143)] o seguinte:

No período anterior à lei, as negociações coletivas de diversas categorias, antecipando-se ao legislador, negociavam a inclusão de dias de acréscimo no período de aviso sem que fossem considerados como tempo de serviço

> [...] mas de uma sobrecarga ao empregador e um benefício ao empregado despedido de tal forma que onerava a dispensa injusta mediante uma indenização representada por dias calculados pelo número de anos que o empregado tinha de emprego na empresa.
>
> Os dias acrescentados a título de indenização não tinham o condão de somar para fins de contagem de tempo de serviço, respeitando-se a previsão que estava na lei apenas para o período de 30 dias, asseverando o art. 489 que "Dado o aviso-prévio, a rescisão torna-se efetiva depois de expirado o respectivo prazo...".
>
> O prazo de que trata a lei, ao que parece, é o tempo de cumprimento do período de 30 dias, ficando a opção para o empregador de exigir ou não o trabalho e, caso opte por liberar a prestação de serviços, obriga-se à indenização do respectivo período.
>
> Com a aprovação da Lei n. 12.501/2011 logo se cogitou de ampliar o período do aviso-prévio somando os dias de acréscimo para fins de efetivar a rescisão do contrato e, consequentemente, impor tais dias na contagem do tempo do contrato de trabalho para efeitos do tempo de serviço para fins de 13º salário, férias e demais verbas de natureza trabalhista.
>
> [...] a lei não ampliou o tempo de serviço, mas apenas criou uma indenização proporcional ao tempo de serviço. Não se referiu, de modo expresso, que o contrato se extinguiria quando expirado o prazo, incluindo os dias de aviso-prévio proporcional, cabendo a máxima de que onde a lei não distingue não cabe ao intérprete distinguir.

(143) JOÃO, Paulo Sergio. *Dez anos de reflexões trabalhistas*. 1. ed. Campinas/SP: Lacier Editora, 2024, p. 405-406.

Chama a atenção publicação de 14.2.2024, do *site* do TST, cuja notícia traz a seguinte manchete: "Dias de aviso-prévio a mais aumentam prazo para trabalhador apresentar ação judicial".

> Tratou-se de decisão da 2ª Turma do Tribunal Superior do Trabalho, em voto da ministra Maria Helena Mallmann (processo RRAg-10873-49.2017.5.03.0036) e que considerou que os dias acrescidos ao aviso-prévio devem ser observados como tempo de serviço para fins de contagem da prescrição do prazo de dois anos para o ajuizamento da ação (CF, art. 7º, XXIX), invocando precedentes de 1997 (OJ 81 e 82) e que consideravam que, ainda que indenizado o aviso-prévio, a data de baixa na CTPS deve ser aquela da data de expiração dos 30 dias, porquanto considerada como tempo de serviço.
>
> Independentemente do conteúdo de mérito, se houve ou não erro da empresa na contagem do período acrescido de seis dias, o aspecto nodal da decisão diz respeito à natureza jurídica dos dias de acréscimo previstos na Lei n. 12.501/2011, cuja natureza é indenizatória e apenas objetivou dar ao trabalhador o direito a uma indenização especial na rescisão sem justa causa pelo empregador.
>
> A decisão do TST, com todo respeito, traz uma interpretação desvantajosa para os trabalhadores. Neste sentido, leva à suposição de que o empregador poderia exigir do empregado dispensado a permanência em trabalho durante o período de 30 dias acrescido dos demais dias, fato este que seria inusitado e em flagrante prejuízo para o empregado dispensado se se imaginar que ao empregador seria dado o direito de exigir o cumprimento de aviso-prévio pelos dias equivalentes aos acréscimos dos 30 dias.
>
> Nesta toada, um empregado com dez anos de trabalho na empresa, dispensado sem justa causa, teria direito aos 30 dias regulares de aviso-prévio mais 30 dias correspondentes ao acréscimo de três dias por ano de serviço.
>
> Se exigido o cumprimento de aviso-prévio, de acordo com o que sugere a decisão, *data venia*, o empregado permaneceria em trabalho 60 dias. Deste modo, o tempo de serviço na empresa seria um castigo para o empregado que, a cada 12 meses, estaria se acorrentando à permanência de mais três dias em serviço.
>
> Ora, se a regra não vale para exigir o trabalho, também não poderia valer para a projeção para fins de ajuizamento de ação.

Como se vê, ainda a jurisprudência terá seu relevante papel sobre o equacionamento daquilo que o legislador não consegue atingir na elaboração das leis.

c. Modalidades de extinção do contrato de trabalho

A despeito de existir na doutrina diversas expressões para manifestar o rompimento do contrato de trabalho, vamos utilizar a expressão extinção, considerando que englobaria as diversas modalidades dispostas pela legislação. Evaristo de Moraes Filho(144) se utiliza da expressão "cessação" considerando "o mais consentâneo para significar o desaparecimento do contrato de modo geral, em qualquer de suas modalidades".

O padrão desejável para a contratação de empregado é o contrato de trabalho sem prazo, admitindo-se, conforme assinalado anteriormente, o contrato a termo em condições restritivas.

De acordo com a modalidade de extinção do contrato de trabalho o empregador e empregado devem cumprir prestações consequentes para colocar fim à relação jurídica.

c.1. Sem justa causa

Costuma-se dividir as modalidades de rescisão do contrato de trabalho em dois grupos principais: da extinção sem justa causa, que envolve o pedido de demissão do empregado ou a dispensa pelo empregador.

A rescisão sem justa causa implica o reconhecimento de que a parte notificada não deu motivo para o rompimento contratual e que o notificante da extinção decidiu assumir o ônus de eventuais obrigações decorrentes de seu ato. Assim, por exemplo, se é o empregado que toma a iniciativa, ele deve comunicar o empregador mediante aviso-prévio de 30 dias a fim de que o empregador possa repor outro empregado para o posto de trabalho que será desocupado.

O empregado, se não for dispensado pelo cumprimento do período de aviso-prévio pelo empregador, deverá permanecer em atividade até a expiração dos 30 dias, após o que estará liberado e o contrato poderá ser extinto, mediante pagamento de verbas rescisórias em Termo de Rescisão co Contrato de Trabalho (TRCT).

Na hipótese de a comunicação de dispensa ter sido efetuada pelo empregador, este poderá ou não exigir o cumprimento do aviso-prévio pelo empregado pelo prazo de 30 dias, com redução de trabalho em 2 horas diárias ou dispensa de trabalho em 7 dias corridos no mês.

Em caso de dispensa pelo empregador do cumprimento de aviso-prévio, o empregado receberá aviso-prévio indenizado, cujo período será considerado como tempo de serviço para todos os efeitos legais, projetando-se o prazo de extinção do contrato para

(144) MORAES FILHO, Evaristo de. *A justa causa ma rescisão do contrato de trabalho*. 3. ed. São Paulo: LTr, 1996. p. 13.

os 30 dias, observando-se, nesse caso, a interpretação de que os 3 dias de acréscimo, por ano de trabalho, também se somariam na projeção do período de aviso-prévio.

O contrato de trabalho somente será considerado extinto ao término do cumprimento do período de aviso, mediante pagamento de verbas rescisórias devidas em termo de rescisão do contrato de trabalho.

c.2. Com justa causa

Poderá ocorrer que o contrato seja rescindido em razão de justa causa, isto é, a prática de ato faltoso e que torna insustentável a continuidade do vínculo. São as hipóteses taxativas dos arts. 482 e 483 da CLT, segundo a falta grave tenha sido praticada pelo empregado ou pelo empregador.

Para Evaristo de Moraes Filho[(145)]

> justa causa é todo ato doloso ou culposamente grave, que faça desaparecer a confiança e a boa-fé que devem existir entre empregado e empregador, tornando assim impossível o prosseguimento da relação.

A parte ofendida deverá comunicar a outra do ato considerado grave imediatamente e cessar a relação contratual, observando-se o pincípio da imediatidade, sob pena de a comunicação tardia ser desconsiderada em presunção de perdão tácito.

As penalidades disciplinares, advertências ou suspensões, que o empregador pode aplicar ao empregado, se satisfazem como punição, não se admitindo a dupla punição pelo mesmo ato.

No caso de suspensão disciplinar pelo empregador, o prazo máximo admitido em lei é de 30 dias, sob pena de se considerar rescindido o contrato sem justa causa (art. 474 da CLT).

A propósito, Evaristo de Moraes Filho[(146)] observa que, para se caracterizar, o fato da punição há de satisfazer os seguintes pressupostos:

a) ser atual;

b) guardar proporcionalidade com a pena que enseja;

c) não ter acarretado já outra punição (*non bis in idem*);

d) ser determinativa da rescisão.

---

(145) *Op. cit.*, p. 105.

(146) Op. cit., p. 109.

c.3. Justas causas pelo empregado

O art. 482 da CLT e respectivas alíneas, de forma taxativa, enumera as hipóteses de justa causa praticadas pelo empregado e que dariam ensejo ao rompimento imediato do contratode trabalho, sem que o empregado, nesses casos, tenha acesso aos valores depositados do FGTS nem receba a multa de 40%, reservada às situações de rescisão sem justa causa.

O art. 482 cita as seguintes hipóteses de falta grave imputadas ao empregado:

a) ato de improbidade;

b) incontinência de conduta ou mau procedimento;

c) negociação habitual por conta própria ou alheia sem permissão do empregador, e quando constituir ato de concorrência à empresa para a qual trabalha o empregado, ou for prejudicial ao serviço;

d) condenação criminal do empregado, passada em julgado, caso não tenha havido suspensão da execução da pena;

e) desídia no desempenho das respectivas funções;

f) embriaguez habitual ou em serviço;

g) violação de segredo da empresa;

h) ato de indisciplina ou de insubordinação;

i) abandono de emprego;

j) ato lesivo da honra ou da boa fama praticado no serviço contra qualquer pessoa, ou ofensas físicas, nas mesmas condições, salvo em caso de legítima defesa, própria ou de outrem;

k) ato lesivo da honra ou da boa fama ou ofensas físicas praticadas contra o empregador e superiores hierárquicos, salvo em caso de legítima defesa, própria ou de outrem;

l) prática constante de jogos de azar.

m) perda da habilitação ou dos requisitos estabelecidos em lei para o exercício da profissão, em decorrência de conduta dolosa do empregado.

c.4. Justas causas pelo empregador

O empregador, no exercício dos seus poderes de direção e disciplinar, também se sujeita à prática de atos abusivos durante o contrato em relação ao empregado e que poderão dar ensejo ao rompimento do contrato de trabalho pelo trabalhador.

É a chamada rescisão indireta do contrato de trabalho por meio da qual o empregado ofendido pleiteia a rescisão do contrato de trabalho, judicialmente, por ato praticado pelo empregador, com pagamento de verbas rescisórias que serão pagas pelos mesmos critérios da rescisão sem justa causa, inclusive aviso-prévio.

O art. 483 da CLT relaciona as hipóteses de falta grave imputadas ao empregador quando:

a) forem exigidos serviços superiores às suas forças, defesos por lei, contrários aos bons costumes, ou alheios ao contrato;

b) for tratado pelo empregador ou por seus superiores hierárquicos com rigor excessivo;

c) correr perigo manifesto de mal considerável;

d) não cumprir o empregador as obrigações do contrato;

e) praticar o empregador ou seus prepostos, contra ele ou pessoas de sua família, ato lesivo da honra e boa fama;

f) o empregador ou seus prepostos ofenderem-no fisicamente, salvo em caso de legítima defesa, própria ou de outrem;

g) o empregador reduzir o seu trabalho, sendo este por peça ou tarefa, de forma a afetar sensivelmente a importância dos salários.

Na ocorrência de falta grave do empregador, o empregado suspenderá imediatamente suas atividades, especialmente quando, segundo a lei "*tiver de desempenhar obrigações legais, incompatíveis com a continuação do serviço*" (art. 483, § 1º).

Em algumas circunstâncias, descumprimento de obrigação contratual e redução de trabalho por peça ou tarefa afetando sensivelmente o ganho do empregado, este poderá ajuizar ação e aguardar o reconhecimento da falta grave alegada pela decisão judicial, permanecendo em serviço até decisão final do processo, conforme dispõe a lei (art. 483, § 3º, da CLT).

c.5. Culpa recíproca

O art. 484 da CLT prevê a hipótese de culpa recíproca para a rescisão do contrato de trabalho, considerada como tal aquela em que ambas as partes, empregado e empregador, cometem ato de tamanha gravidade que a continuidade do vínculo se torna impossível. Exemplo de situação que pode ensejar a culpa recíproca é aquela em que, diante do atraso de pagamento de salários, o empregado agride fisicamente o empregador. Nesse caso, a lei refere-se a que a indenização devida ao empregado será reduzida pela metade.

O TST uniformizou jurisprudência na Súmula 14, para esclarecer que em caso de culpa recíproca na rescisão do contrato de trabalho (art. 484, da CLT), o empregado tem direito a 50% do valor do aviso-prévio, do 13º salário e das férias proporcionais. A multa do FGTS nesse caso também será paga pela metade (20%), conforme dispõe o § 2º, do art. 18, da Lei n. 8.036, de 11 de maio de 1990.

c.6. Morte do empregado

Em caso de morte do empregado, considerando que o contrato de trabalho é *intuitus personae* em relação ao empregado, o contrato se extingue e com ele as obrigações dele decorrentes. Não há indenização a serem pagas aos dependentes ou herdeiros que se habilitarão perante o empregador.

c.7. Morte do empregador

Quando ocorre a morte do empregador o contrato não se dissolve, pois a relação jurídica contratual se passa com a pessoa jurídica e não com a pessoa física do sócio ou dos sócios da empresa, aplicando-se ao caso a regra geral do art. 10 da CLT, dispondo que "*qualquer alteração na estrutura jurídica da empresa não afetará os direitos adquiridos por seus empregados*".

Admite-se, contudo, a extinção do contrato de trabalho quando o empregador é constituído em pessoa física, tal como ocorre na relação de trabalho doméstico.

c.8. Aposentadoria por invalidez

A aposentadoria por invalidez, nos termos do disposto pelo art. 475 da CLT, suspende o contrato de trabalho durante o prazo previsto pelas leis da previdência social para a efetivação do benefício. A previsão legal significa dizer que o empregado afastado poderá retornar à atividade a qualquer tempo, mediante recuperação da sua capacidade laboral para a mesma atividade ou outra compatível com sua condição física. Em ocorrendo o retorno ao trabalho cessa o benefício previdenciário.

c.9. Aposentadoria por tempo de serviço

A aposentadoria por tempo de serviço como forma de extinção do contrato de trabalho tem referência expressa no art. 453 da CLT ao cuidar do tempo de serviço do empregado na empresa, excluindo da contagem o período que tivesse trabalhado anteriormente à aposentadoria.

Inferia-se do dispositivo que se tratava, portanto, de forma de extinção do contrato de trabalho.

Sempre defendemos a tese de que o empregado mantém relação jurídica como segurado com a previdência social que não se confunde com o contrato de trabalho, sendo, portanto, situações independentes e a aposentadoria por tempo de serviço não implica, diretamente, a extinção do contrato de trabalho, sem direito a qualquer tipo de indenização, em especial a multa de 40% do FGTS.

Não há impedimento para o empregado que pleiteia aposentadoria por tempo de serviço e que pretenda permanecer em serviço, conforme expressamente nos informa o art. 49, I, *"b"*, da Lei n. 8.213/91, ao afirmar que o benefício da aposentadoria por idade será devido "*da data do requerimento, quando não houver desligamento do emprego* [...]".

Portanto, a aposentadoria por tempo de serviço não é forma de extinção do contrato de trabalho, não autoriza o empregador a proceder a extinção do contrato, sendo permitido ao empregado a permanência no emprego.

c.10. Extinção por acordo

A reforma trabalhista, Lei n. 13.467/2017, introduziu na CLT o art. 484-A, pelo qual reconhece a extinção do contrato de trabalho por acordo entre empregado e empregador, com o recebimento pelo empregado pela metade de aviso-prévio, metade da indenização do saldo do FGTS e, de forma integral as demais verbas trabalhistas. A conta do FGTS será movimentada pelo empregado em 80% e o empregado ficará excluído do Programa de Seguro-Desemprego.

c.11. *"Factum principis"*

O "*factum principis*", como modalidade de extinção do contrato de trabalho, corresponde a ato de autoridade pública, municipal, estadual ou federal que implica a paralisação definitiva da atividade econômica da empresa, art. 486, da CLT, inviabilizando a continuidade do contrato de trabalho.

Neste caso, as verbas rescisórias serão liquidadas pelo poder público responsável pelo ato.

c.12. Menor de idade

O responsável pelo empregado menor de idade poderá pleitear a extinção do contrato de trabalho, nos termos do disposto pelo art. 408 da CLT, desde que o serviço possa acarretar para ele prejuízos de ordem física ou moral.

C. Dispensa coletiva

A reforma trabalhista trouxe a previsão de dispensa coletiva no bojo da CLT, arts. 477-A e 477-B, inaugurando tratamento pioneiro entre nós, com algumas características que contrariaram a jurisprudência dos tribunais trabalhistas que determinavam a necessidade de negociação coletiva por meio do sindicato dos trabalhadores atingidos.

O novo dispositivo equiparou as dispensas individuais, plúrimas e coletivas, a elas se referindo da seguinte forma:

> Art. 477-A. As dispensas imotivadas individuais, plúrimas ou coletivas equiparam-se para todos os fins, não havendo necessidade de autorização prévia de entidade sindical ou de celebração de convenção coletiva ou acordo coletivo de trabalho para sua efetivação.

Essa disposição mereceu crítica porquanto em se tratando de dispensa coletiva, embora se trate de direito individual, de interesse exclusivo do empregador despedido, tem reflexos na coletividade dos trabalhadores e na comunidade em que vivem.

Pedro Paulo Teixeira Manus escreveu que

> A dispensa individual ou plúrima visa um ou alguns empregados, enquanto que a dispensa caracteriza-se como coletiva quando atinge determinado grupo e não pessoas determinadas. Assim ocorre quando a empresa encerra um setor, um departamento, ou um estabelecimento, o que à evidência, causa repercussões sérias na vida daquela comunidade.
>
> A doutrina retrata a preocupação das legislações dos diversos países com as dispensas coletivas, dedicando especial atenção ao fato, com previsão de procedimento administrativo necessário para sua validação, a fim de organizar o procedimento a ser adotado pela empresa e critérios a observar nos desligamentos dos empregados, de modo a amenizar os efeitos nocivos do desligamento de um grupo de empregados.
>
> No mesmo sentido de conceituar e limitar a ação empresarial nas hipóteses de dispensas coletivas, decide a Seção de Dissídios Coletivos do Tribunal Superior do Trabalho, como se vê do acórdão a seguir:
>
> "RECURSO ORDINÁRIO EM DISSÍDIO COLETIVO. DISPENSAS TRABALHISTAS COLETIVAS. MATÉRIA DE DIREITO COLETIVO. IMPERATIVA INTERVENIÊNCIA SINDICAL. RESTRIÇÕES JURÍDICAS ÀS DISPENSAS COLETIVAS. ORDEM CONSTITUCIONAL E INFRACONSTITUCIONAL DEMOCRÁTICA EXISTENTE DESDE 1988. A sociedade produzida pelo sistema capitalista é, essencialmente, uma sociedade de massas. A lógica de funcionamento do sistema econômico-social induz a concentração e centralização não apenas de riquezas, mas também de comunidades, dinâmicas socioeconômicas e de problemas destas resultantes. A massificação das dinâmicas e dos problemas das pessoas e grupos sociais nas comunidades humanas, hoje, impacta de modo frontal a estrutura e o funcionamento operacional do próprio Direito. Parte significativa dos danos mais relevantes na presente sociedade e das correspondentes pretensões jurídicas têm natureza massiva. O caráter massivo de tais danos e pretensões obriga o Direito a se adequar, deslocando-se da matriz individualista de enfoque, compreensão e enfrentamento dos problemas

a que tradicionalmente perfilou-se. A construção de uma matriz jurídica adequada à massividade dos danos e pretensões característicos de uma sociedade contemporânea — sem prejuízo da preservação da matriz individualista, apta a tratar os danos e pretensões de natureza estritamente atomizada — é, talvez, o desafio mais moderno proposto ao universo jurídico, e é sob esse aspecto que a questão aqui proposta será analisada. As dispensas coletivas realizadas de maneira maciça e avassaladora, somente seriam juridicamente possíveis em um campo normativo hiperindividualista, sem qualquer regulamentação social, instigador da existência de mercado hobbesiano na vida econômica, inclusive entre empresas e trabalhadores, tal como, por exemplo, respaldado por Carta Constitucional como a de 1891, já há mais um século superada no país. Na vigência da Constituição de 1988, das convenções internacionais da OIT ratificadas pelo Brasil relativas a direitos humanos e, por conseqüência, direitos trabalhistas, e em face da leitura atualizada da legislação infraconstitucional do país, é inevitável concluir-se pela presença de um Estado Democrático de Direito no Brasil, de um regime de império da norma jurídica (e não do poder incontrastável privado), de uma sociedade civilizada, de uma cultura de bem-estar social e respeito à dignidade dos seres humanos, tudo repelindo, imperativamente, dispensas massivas de pessoas, abalando empresa, cidade e toda uma importante região. Em conseqüência, fica fixada, por interpretação da ordem jurídica, a premissa de que 'a negociação coletiva é imprescindível para a dispensa em massa de trabalhadores'. DISPENSAS COLETIVAS TRABALHISTAS. EFEITOS JURÍDICOS. A ordem constitucional e infraconstitucional democrática brasileira, desde a Constituição de 1988 e diplomas internacionais ratificados (Convenções OIT ns. 11, 87, 98, 135, 141 e 151, ilustrativamente), não permite o manejo meramente unilateral e potestativista das dispensas trabalhistas coletivas, por de tratar de ato/fato coletivo, inerente ao Direito Coletivo do Trabalho, e não Direito Individual, exigindo, por conseqüência, a participação do(s) respectivo(s) sindicato(s) profissional(is) obreiro(s). Regras e princípios constitucionais que determinam o respeito à dignidade da pessoa humana (art. 1º, III, CF), a valorização do trabalho e especialmente do emprego (arts. 1º, IV, 6º e 170, VIII, CF), a subordinação da propriedade à sua função socioambiental (arts. 5º, XXIII e 170, III, CF) e a intervenção sindical nas questões coletivas trabalhistas (art. 8º, III e VI, CF), tudo impõe que se reconheça distinção normativa entre as dispensas meramente tópicas e individuais e as dispensas massivas, coletivas, as quais são social, econômica, familiar e comunitariamente impactantes. Nesta linha, seria inválida a dispensa coletiva enquanto não negociada com o sindicato de trabalhadores, espontaneamente ou no plano do processo judicial coletivo. A d. Maioria, contudo, decidiu apenas fixar a premissa, para casos futuros, de que 'a negociação coletiva é imprescindível para a dispensa em massa de trabalhadores', observados os fundamentos supra. Recurso ordinário a que se dá provimento parcial." (Proc.: EDRODC-30900-12.2009.5.15.0000, Data de Julgamento: 10.08.2009, rel. Min; Mauricio Godinho Delgado, SDC, Publicação 04.09.2009)

Em uníssono com a doutrina a nossa jurisprudência afirma ser nula a dispensa coletiva que não for precedida da indispensável negociação coletiva prévia, exigindo, portanto, a participação necessária do sindicato profissional no processo que há de preceder a dispensa massiva, ou a federação correspondente na ausência justificada do sindicato.

> Para nós perdeu a reforma trabalhista uma boa oportunidade para regular o procedimento necessários das dispensas coletivas, incumbindo o Ministério do Trabalho e Emprego a intermediar as negociações com os sindicatos profissionais na melhor condução para solução deste grave problema no âmbito do Direito do Trabalho brasileiro.

Portanto, seguimos com a dispensa coletiva sem participação de sindicato e, ainda, com poucos esclarecimentos de qual será o número de empregados despedidos para configurar a dispensa coletiva.

Igualmente, não há parâmetro a observar quanto à dispensa, por exemplo, se o encerramento de determinado setor da empresa, de número pequeno de trabalhadores em relação ao porte da empresa, pode ser considerado coletivo ou não. Percebe-se que como a lei equiparou as dispensas, eliminou a discussão quanto ao conceito de coletivo.

D. Plano de demissão voluntária

O Plano de Demissão Voluntária foi disciplinado pela reforma trabalhista que inseriu o art. 477-B, fazendo-o nos seguintes termos:

> Plano de Demissão Voluntária ou Incentivada, para dispensa individual, plúrima ou coletiva, previsto em convenção coletiva ou acordo coletivo de trabalho, enseja quitação plena e irrevogável dos direitos decorrentes da relação empregatícia, salvo disposição em contrário estipulada entre as partes.

São elementos relevantes para a criação de um Plano de Demissão Incentivada pelas empresas:

1. Possuir natureza coletiva

2. Ter previsão em acordo coletivo ou convenção coletiva

3. Ser resultado de negociação entre empregador e sindicato representante dos trabalhadores afetados

4. Ensejar a quitação plena e irrevogável dos direitos decorrentes da relação de emprego.

Portanto, uma vez adotado o PDV, os trabalhadores a ele aderentes não poderão pleitear direitos trabalhistas em reclamações individuais, exceto se demonstrado ilícito praticado nas negociações.

E. Prazo para pagamento de verbas rescisórias

Uma vez rescindido o contrato de trabalho, por qualquer uma das formas apresentadas, caberá ao empregador elaborar o Termo de Rescisão do Contrato de Trabalho (TRCT), dar baixa do contrato na CTPS do ex-empregado e efetuar o pagamento das verbas rescisórias devidas e entrega de documentos aos órgãos competentes no prazo de dez dias, contados a partir do término do contrato (art. 477, parágrafo 6º da CLT).

O TST fixou o Tema 186 sobre o atraso na homologação da rescisão contratual, afirmando que "o atraso na homologação da rescisão contratual, quando o pagamento das verbas rescisórias é efetuado dentro do prazo legal, não enseja, por si só, a incidência da multa do art. 477, § 8º, da CLT.

O TST fixou também o Tema 164 em relação ao pagamento da multa quando o empregador não satisfaz integralmente as verbas rescisórias afirmando que "o pagamento parcial ou a menor das verbas rescisórias, no prazo legal, em razão do reconhecimento de diferenças em juízo, por si só, não enseja o pagamento da multa prevista no art. 477, § 8º, da CLT".

Em caso de descumprimento pelo empregador, este ficará obrigado ao pagamento de uma multa equivalente ao valor de um salário do empregado prejudicado (art. 477, § 8º da CLT).

Capítulo XIII

Prescrição e Decadência

As relações jurídicas se estabelecem ao longo do tempo, podem durar anos, meses, dias, um momento mesmo e são suficientes e potencialmente capazes de gerar direitos e obrigações. Imagine-se que se não houvesse um limite de tempo para reclamar eventuais ofensas a direitos, a insegurança jurídica seria desastrosa.

Segundo José Luiz Ferreira Prunes[147] assevera que

> A prescrição, quer fazendo desaparecer o direito em virtude de seu não exercício, quer fazendo com que este surja pelo decurso do tempo, justifica-se basicamente como forma de pacificação das relações sociais. Desatendido um direito, o prejudicado deverá lutar — se tiver interesse — em tê-lo reconhecido, reparado direta e imediatamente pelo violador ou a ele restituído pelo judiciário a quem recorreu. Mas o titular do direito não tem todo o calendário a seu dispor. Não pode descurar da reivindicação e esta não pode esperar uma hibérnia indefinida.

Trata-se da preservação da segurança da ordem jurídica e do interesse coletivo de uma solução, que seja final e defintiva, a fim de que não permaneçam pendentes para todo e sempre.

Arnor Serafim Júnior[148] observa que

> [...] não se está diante de uma circunstância que, abruptamente e sem maiores cautelas, despoja o titular de seu direito, tornando letra morta o que o ordenamento jurídico assegurou, ou retirando a eficácia de um direito arduamente conquistado.

A prescrição e a decadência são institutos do direito que têm como finalidade estabelecer a regra de que com o decurso do tempo o direito de reparação ou de ação se esvaem, restabelecendo-se a segurança jurídica entre os cidadãos. Desse modo, o direito

(147) PRUNES, José Luiz Ferreira. *A prescrição no Direito do Trabalho*. 2. ed. São Paulo: LTr, 1992. p. 21.

(148) SERAFIM JUNIOR, Arnor. *A prescrição na execução trabalhista*. São Paulo: LTr, 2006. p. 55.

fixa um tempo para que seja dada a iniciativa para propositura de ação a fim de ver reparado eventual prejuízo sofrido.

Amauri Mascaro Nascimento(149) refere-se à prescrição da seguinte forma:

> Como a prescrição deve ser arguida na defesa apresentada pelo demandado, portanto depois de iniciado o processo e exercitado o direito de ação pelo demandante, há um outro conceito segundo o qual a prescrição não afeta o direito de ação, já que seu reconhecimento se dá depois de seu exercício.
>
> Afeta, isso sim, a exigibilidade do direito perante o órgão judicial. Nesse caso, prescrição é forma de extinção de um direito, mas não do direito de ação, e sim da exibilidade da pretensão deduzida em juízo, conceito que parece explicar melhor a sua exata concepção.

A prescrição corresponde à perda de exigibilidade do direito em razão da inércia do titular durante certo lapso de tempo.

Maria Helena Diniz(150) ensina que

> O que caracteriza a prescrição é que ela visa a extinguir uma ação, mas não o direito propriamente dito. Clóvis esclarece que não é a falta de exercício do direito que lhe tira vigor, pois o direito pode conservar-se inativo por longo tempo, sem perder eficácia.
>
> O não-uso da ação é que lhe atrofia a capacidade de reagir. Assim, havendo prescrição, há desoneração do devedor ante a negligência do credor em não propor ação de cobrança de dívida dentro do prazo establecido em lei, reclamando seu direito: porém tal fato não anula a obrigação do devedor, já que será válido o pagamento voluntário de dívida prescrita, cuja restituição não poderá ser reclamada.

Segundo Arion Sayão Romita(151)

> No Direito do Trabalho a prescrição tem contra si o fato de beneficiar a parte mais forte na relação jurídica de trabalho. Entretanto, cabe lembrar que, de acordo com o disposto no art. 8º da CLT, nenhum interesse de classe ou particular deve prevalecer sobre o interesse público. E o interesse público repudia ações imprescritíveis no campo das relações de trabalho.

---

(149) NASCIMENTO, Amauri Mascaro. *Curso de Direito Processual do Trabalho*. 20. ed. São Paulo: Saraiva. p. 276.

(150) DINIZ, Maria Helena. *Curso de Direito Civil*. Vol. I. São Paulo: Saraiva, 1996. p. 246.

(151) ROMITA, Arion Sayão. *Os direitos sociais na Constituição e outros estudos*. São Paulo: LTr, 1991. p. 151.

Não há realmente quem pugne pela imprescritibilidade das ações trabalhistas. Mas há quem sustente que o prazo deve ser contado do término do contrato de trabalho.

José Luiz Ferreira Prunes(152) afirma que

> A subordinação do empregado em relação ao empregador pode revelar uma situação em que haja a possibilidade de não se iniciar o prazo prescricional enquanto aquela perdurar; vale dizer, não corre o prazo fatal sobre direitos desatendidos enquanto houver a relação de emprego. Isto, contudo não se pode afirmar para todo e qualquer pacto laboral, estando na atualidade enunciado apenas para os rurícolas.

E, ainda, mais adiante, após tecer comentários sobre a condição de subordinado do empregado em relação ao empregador, considera que

> Este conjunto de fatos que levam a se afirmar a subordinação, fazem com que se possa entender que era de tal porte a intensidade que o assalariado não tem liberdade de bater às portas do Judiciário em procura de justiça e de seus direitos, pois estaria em posição inferior ao empregador; também até o temor de represálias poderia se agregar a não poucas situações concretas.(153)

Homero Batista Mateus da Silva(154) observa em relação à prescrição trabalhista que

> Dada a natureza dos interesses tutelados, lida-se com valores considerados relevantes para toda a coletividade e não meramente para o tabalhador titular.
>
> A condição de inferioridade vivida pelo trabalhador em confronto com o empregador, simultaneamente, com a necessidade de se realizar em tempo relativamente curto a certeza sobre as normas e condições de trabalho, reclamam que o instituto da prescrição tenha um tratamento próprio neste campo, capaz de atender simultaneamente as duas exigências (proteção ao trabalhador e segurança à sociedade). No equilíbrio desses dois valores, residem os maiores desafios.

---

(152) PRUNES, José Luiz Ferreira. *A prescrição no Direito do Trabalho*. 2. ed. São Paulo: LTr, 1992. p. 222.

(153) *Op. cit.*, p. 224.

(154) MATEUS DA SILVA, Homero Batista. *Estudo crítico da prescrição trabalhista*. São Paulo: LTr, 2004. p. 83.

A Constituição Federal de 1988, anteriormente à Emenda Constitucional n. 28, de 25 de maio de 2000, dava ao trabalhador rural tratamento diferenciado quanto ao prazo de prescrição comparativamente ao trabalhador urbano pois estabelecia o prazo para ajuizamento da ação, após a rescisão contratual, de dois anos e reconhecimento de direitos por todo o período trabalhado. Justificava-se a atenção especial do constituinte ao trabalhador rural que muitas vezes permanece em lugares distantes do meio urbano e com pouco acesso à Justiça do Trabalho.

A prescrição trabalhista está prevista na Constituição Federal, art. 7º, inciso XXIX, com a seguinte redação:

> Ação, quanto aos créditos resultantes das relações de trabalho, com prazo prescricional de cinco anos para os trabalhadores urbanos e rurais, até o limite de dois anos após a extinção do contrato de trabalho.

Na CLT a prescrição está disposta na regra geral do art. 11, nos seguintes termos:

> A pretensão quanto a créditos resultantes das relações de trabalho prescreve em cinco anos para os trabalhadores urbanos e rurais, até o limite de dois anos após a extinção do contrato de trabalho.

A reforma trabalhista da Lei n. 13.467 acrescentou o § 2º no art. 11, transformando em lei jurisprudência do Tribunal Superior do Trabalho[155] no que se refere ao pedido de prestações sucessivas.

> Tratando-se de pretensão que envolva pedido de prestações sucessivas decorrente de alteração ou descumprimento do pactuado, a prescrição é total, exceto quando o direito à parcela esteja também assegurado por preceito de lei.

Também disciplinou, no § 3º, os casos de interrupção da prescrição nos seguintes termos:

> A interrupção da prescrição somente ocorrerá pelo ajuizamento de reclamação trabalhista, mesmo que em juízo incompetente, ainda que venha a ser extinta sem resolução do mérito, produzindo efeitos apenas em relação aos pedidos idênticos.

E, ainda, contrariando jurisprudência do Tribunal Superior do Trabalho, que rejeitava a prescrição intercorrente, incluiu a possibilidade da prescrição intercorrente no prazo de dois anos, nos processos de execução quando o exequente deixa de cumprir determinação judicial, inclusive com a possibilidade de que seja declarada de ofício em qualquer grau de jurisdição.

---

(155) Súmula 294, cancelada em 30 de junho de 2025.

A CLT ainda faz referência ao prazo de prescrição para os menores de idade, afirmando no art. 440 que "*Contra os menores de 18 anos não corre nenhum prazo de prescrição*"; quanto à fluição do prazo para reclamar concessão de férias, art. 149, assinalando que "*A prescrição do direito de reclamar a concessão das férias ou o pagamento da respectiva remuneração é contada do término do prazo mencionado no art. 134 ou, se for o caso, da cessação do contrato de trabalho*".

A decadência corresponde à perda do direito pela inércia do seu titular. Trata-se da extinção de direitos potestativos, isto é, o prazo para ajuizamento de ação constitutiva pelo interessado se escoou, acarretando a carência da ação ou a ineficácia do ato que se pretendeu anular os seus efeitos.

Capítulo XIV

Participação dos Trabalhadores nas Empresas

A participação dos trabalhadores nas empresas, além de revelar a ambiguidade da expressão, envolve questionamentos em vários aspectos das relações de trabalho e, certamente, o primeiro seria de justificar a necessidade da participação e, depois, o de identificar a forma de participação, de tal modo que tudo se passe no mais profundo respeito ao direito de propriedade do empregador, isto é, sem que o modelo político seja abalado.

Para Antônio Álvares da Silva[156], o termo "participação" refere-se à situação em que se admite a interferência ou influência em determinada decisão por aqueles que são interessados em seus efeitos, apontando como exemplo, no sentido político, a participação democrática, partidária. Da mesma forma, no sentido chamado grupal, com pessoas de interesses diferentes, com atuação para o mesmo fim, tal como ocorre numa universidade ou na empresa. Afirma o autor que quando se trata de participação na empresa, "envolvendo a vontade de empregado ou do empregador, através de representação apropriada, recebe a participação o nome de co-gestão".

Quando se faz referência a formas de participação dos trabalhadores na empresa deve-se entender como a preocupação de propiciar aos empregados os meios necessários à sua livre manifestação no local de trabalho, objetivando a melhoria das relações de trabalho.

A representação dos trabalhadores é de natureza subjetiva, isto é, trata-se de representação de vontades ou, segundo alguns, representação de interesses. Como representação de interesses é mais consistente pois raramente é a vontade que desencadeia a representação.

Também é de se indagar se a representação refere-se a interesses individuais ou de interesses coletivos. Segundo alguns é de interesses coletivos pois uma vez eleito o representante (ou representantes) ao assinar o contrato de trabalho o empregado aceita fazer parte da organização da empresa.

---

(156) SILVA, Antônio Álvares da. *Co-gestão no estabelecimento e na empresa.*São Paulo: LTr, 1991. p. 27.

Para Walküre Lopes Ribeiro da Silva(157)

> A representação de interesses mostra-se adequada para explicar a natureza jurídica da representação dos trabalhadores na empresa porque vincula-se ao pluralismo jurídico, que pressupõe a organização dos interesses presentes na sociedade, com a consequente coexistência de diferentes centros de poder.

Outro aspecto relevante é de saber se a representação de que pretendemos tratar é, pelas suas diversas formas, uma técnica auxiliar do empresário.

Existem vários aspectos para análise do assunto, cujo interesse, especialmente na atualidade, oferece grande relevância em razão das transformações das relações de trabalho.

Cada dia mais a gestão empresarial se convence de que os poderes e responsabilidades devem ser diluídos entre os trabalhadores, envolvendo-os no objetivo comum que caracteriza a necessidade de manutenção da empresa e os interesses dos empregados.

O fenômeno da participação baseia-se em dois fundamentos básicos: o econômico e o jurídico.

O fundamento econômico pode ser resumido no interesse da empresa em melhorar a produtividade da mão de obra, oferecendo-lhe fatores que incrementam o nível de interesse pelo trabalho, não só pelo aspecto primário da produção, como no aperfeiçoamento de métodos e processos.

Para Elson Gottschalk(158)

> Para uma empresa produzir mais, é preciso, com efeito dentre outras coisas, que todos os seus membros estejam convencidos da necessidade de um acréscimo de produção. Por outras palavras, torna-se necessário que o pessoal seja convidado a estudar, a sugerir, a propor os métodos mediante os quais a empresa pode produzir mais.

O fundamento jurídico, como em todos os aspectos de estudo do Direito do Trabalho, é uma decorrência do econômico, mas ganha contornos próprios e associa-se a outros componentes como o social e o político, fortemente induzidos pelo fortalecimento da consciência coletiva dos trabalhadores e pelas pressões do movimento sindical.

Arion Sayão Romita refere-se a quatro níveis de participação: **na informação** pelo qual obriga o empregador à transparência de informações relativas ao andamento da

(157) SILVA, Walküre Lopes Ribeiro da. *Representação e participação dos trabalhadores na gestão da empresa.* São Paulo: LTr, 1988. p. 29.

(158) GOTTSCHALK, Elson. *A participação do empregado na gestão da empresa.* Ed. Fac-similada. São Paulo: LTr, 1996. p. 76.

empresa, bem como de atuar com boa-fé; **na colaboração**, consiste dar aos trabalhadores a oportunidade de opinarem sobre a marcha do negócio sem que o empregador esteja vinculado ao respeito da opinião; **no controle** que consiste na fiscalização e vigilância dos atos do empregador, incluindo o regulamento interno; e, **cogestão ou participação na direção**, pelo qual os representantes dos trabalhadores participam da administração da empresa ladeados com o empregador.

Para alguns somente a cogestão configuraria verdadeira participação, enquanto que os demais aspectos envolveriam a representação.

Já a autogestão está excluída do campo da participação pois significa o controle total dos trabalhadores na empresa.

A democratização das relações de trabalho levou à discussão da problemática do exercício da cidadania do trabalhador na empresa, dando origem à sua valorização de sua integração no processo econômico. São conhecidas as técnicas de administração participativa, qualidade total, cultura organizacional, vinculadas à ideia de motivação e de envolvimento do empregado na vida e nas decisões empresariais.

Walküre Lopes Ribeiro da Cruz[159] observa, em relação à introdução do tema na Constituição Federal que

> Apesar da política repressiva do Estado, a Constituição de 1967, outorgada pelo governo militar, previu pela primeira vez a participação dos trabalhadores nas decisões da empresa ao determinar no art. 158, V, "a integração do trabalhador na vida e no desenvolvimento da empresa com a participação nos lucros e, excepcionalmente, na gestão, nos casos e condições que forem estabelecidos".

Nesse sentido, do ponto de vista constitucional, a Carta Magna de 1988 foi pródiga no reconhecimento do direito dos trabalhadores na participação das empresas e nos órgãos de discussão de seus interesses que segue na linha dos princípios fundamentais que dão conteúdo humano à constituição no que diz respeito à dignidade humana, os valores sociais do trabalho, da livre-iniciativa e o pluralismo político (art. 1º da CF), complementado com a proposta de construir uma sociedade libre, justa e solidária, além de erradicar a pobreza e marginalização e reduzir as desigualdades sociais e regionais (art. 3º da CF), garantindo-se a igualdade de todos perante a lei, sem distinção de qualquer natureza e assegurando que a propriedade deverá atender sua função social (art. 5º, XXIII, da CF) .

Após esse longo período de existência da constituição cidadã, ainda há muito a ser feito para que sejam atendidos os ideais propugnados.

(159) *Op. cit.*, p. 166.

Os arts. 7º, XI, 10 e 11 da Constituição Federal, reproduzem o anseio do momento ao estabelecer que:

> *Art. 7º São direitos dos trabalhadores urbanos e rurais, além de outros que visem à melhoria de sua condição social:*
>
> *I – (...)*
>
> *XI – participação nos lucros, ou resultados, desvinculada da remuneração, e, excepcionalmente, participação na gestão da empresa, conforme definido em lei;*
>
> *Art. 10. É assegurada a participação dos trabalhadores e empregadores nos colegiados dos órgãos públicos em que seus interesses profissionais ou previdenciários sejam objeto de discussão e deliberação.*
>
> *Art. 11. Nas empresas de mais de duzentos empregados, é assegurada a eleição de um representante destes com a finalidade exclusiva de promover-lhes o entendimento direto com os empregadores.*

Destaca-se, nesses casos, o direito de participação no seu sentido amplo, enquanto cidadão, assinalando para a necessária transformação do conceito de propriedade para que atenda sua função social de integração do trabalhador e, no seu sentido estrito, para fazer inserir a transformação no conceito de relações do trabalho.

Concordamos com Arion Sayão Romita[(160)] quando afirma que a previsão constitucional, em nenhum dos seus aspectos, tem previsão de caráter sindical valorizando-se, especialmente, o ser humano em todas suas dimensões no ambiente de trabalho

Em sentido estrito, considerando a prática entre nós adotada, o direito de participação dos trabalhadores na empresa subdivide-se em participação nos lucros ou resultados; participação na gestão da empresa; participação nas empresas com mais de duzentos empregados, mediante processo eletivo de um representante destes, com a finalidade exclusiva de promover-lhes o entendimento direto com o empregador; e, participação em comissões internas de prevenção de acidentes (CIPA).

a. Direito à participação nos lucros ou resultados

Sobre a participação dos trabalhadores nos lucros ou resultados das empresas, já foi abordado o tema no capítulo de remuneração, ao qual remetemos o leitor.

b. Direito de participação na gestão da empresa

O art. 7º, inciso XI, além de se referir à garantia de participação nos lucros ou resultados, assegurou aos trabalhadores, de forma excepcional, a participação na gestão das empresas, remetendo-se à regulamentação por lei ordinária.

Trata-se de previsão antiga desde a Emenda Constitucional de 1967.

(160) ROMITA, Arion Sayão. *Os direitos sociais na Constituição e outros estudos*. São Paulo: LTr, 1991. p. 205-206.

O princípio constitucional revela interesse em que as relações de trabalho se transformem, dando aos trabalhadores o direito de participar da gestão empresarial do ponto de vista administrativo.

O princípio constitucional não é autoaplicável e sua instituição depende de lei ordinária.

O modelo de participação na gestão de empresas de que se tem notícia e que funciona de modo mais aperfeiçoado é o alemão, onde encontramos diversas formas combinadas, com a participação dos conselhos de administração ou nas comissões de representação dos trabalhadores nas empresas, com poderes de administração e de gestão no local de trabalho.

c. Representação dos trabalhadores nas empresas

Existem dois modelos: aquele cujo representante é indicado pelos sindicatos mais representativos no local de trabalho dentre os trabalhadores sindicalizados da empresa e aquele em que a eleição se faz sem a participação sindical e o trabalhador eleito, também chamado delegado de pessoal, exerce suas funções como porta-voz dos trabalhadores da empresa.

A Constituição Federal previu a hipótese de representantes de pessoal, desvinculado de representação sindical, nas empresas com mais de 200 empregados, sempre com a finalidade precípua de promover o entendimento entre trabalhadores e empregador. Embora consideramos que o dispositivo seja de eficácia plena, criou-se em torno de sua aplicação uma celeuma jurídica tendente a não dar cumprimento ao mandamento constitucional.

Discutiu-se, assim, durante muito tempo se haveria a necessidade de uma lei ordinária regulamentando o assunto ou se o dispositivo constitucional é de aplicação imediata.

Para alguns, o dispositivo constitucional é de eficácia contida, dependente, pois, de regulamentação por lei ordinária.

Para outros trata-se de dispositivo que depende de lei ordinária, utilizando-se do fundamento de que não há no texto constitucional qualquer exigência de lei posterior para tornar aplicável o direito conferido aos trabalhadores.

De acordo com o texto constitucional, a obrigatoriedade para a empresa com mais de 200 empregados deixou dúvidas no sentido de se indagar se o número de trabalhadores é por empresa ou por estabelecimento empresarial. Para a Amauri Mascaro Nascimento, a hipótese envolve as duas situações: (i) se a empresa conta com mais de 200 empregados, somados diversos estabelecimentos, o dispositivo será cumprido pela eleição de um representante do conjunto de trabalhadores. Ao contrário, (ii) se o estabelecimento contar com mais de 200 empregados, considera recomendável a eleição de um representante.

Admitidas as hipóteses de que não há obrigatoriedade de lei ordinária e de que o número de empregados é da empresa e não do estabelecimento, novos problemas surgiriam voltados ao tempo de mandato e a garantia de emprego durante o seu exercício. São criações e ilações de um país acostumado a ter lei para não cumprir. É inquestionável que o empregador e trabalhadores poderiam, sem risco de dúvidas, organizar um regulamento de gestão pelo qual se definissem as atribuições e responsabilidades de empregado eleito com atribuições de representar os trabalhadores individualmente.

A atribuição do representante de pessoal ficou delimitada na Constituição Federal no sentido de promover o entendimento direto com os empregadores, tratando-se do representante de pessoal, em outras legislações denominado delegado de pessoal, despojado de atribuições de natureza sindical, estas reservadas entre nós exclusivamente ao sindicato de classe.

A Organização Internacional do Trabalho aprovou a Convenção n. 135 em 1971 e a Recomendação n. 143 que dispõem sobre a proteção dos membros da representação dos empregados, no sentido de recomendar que cada Estado-membro deve adotar, no seu ordenamento jurídico interno, um sistema de ação eficaz de proteção dos representantes contra todo ato que possa prejudicar as suas atividades, compreendendo a dispensa motivada por sua condição, a filiação sindical ou a sua participação em atividades sindicais.

A Recomendação n. 143 indica como garantias efetivas, dentre outras:

— Prioridade na conservação do emprego dos representantes em caso de redução de pessoal;

— necessidade de indicação dos motivos da dispensa, mediante consulta ao um organismo independente, possível de recurso por parte do empregado representante ponte;

— reintegração no caso de dispensa ser considerada injusta;

— concessão de tempo livre necessário ao desempenho das atividades de representação, sem perda do salário ou outra vantagem.

A reforma trabalhista da Lei n. 13.467 de 2017, incluiu o Título IV-A, na CLT e inseriu nos arts. 510-A a 510-D os procedimentos para a implantação de comissão de representantes na empresa.

Assim, reproduzindo o dispositivo constitucional acima citado, assegura no art. 510 a eleição de comissão para representar os trabalhadores a fim de promover o entendimento direto com os empregadores e, assim, deixa claro que se trata de assuntos de natureza individual e não coletiva.

Quanto à composição, o § 1º estabelece uma escala de acordo com o número de empregados da empresa, da seguinte forma:

I – nas empresas com mais de duzentos e até três mil empregados, por três membros;

> II – nas empresas com mais de três mil e até cinco mil empregados, por cinco membros;
>
> III – nas empresas com mais de cinco mil empregados, por sete membros.

No § 2º elimina a dúvida quanto à garantia de representação dos trabalhadores quando a empresa desenvolve atividade em vários Estados da Federação e no Distrito Federal, assegurando a eleição de comissão por Estado ou no Distrito Federal.

A comissão deverá organizar sua forma de atuação de modo independente, com decisões colegiadas, com as seguintes atribuições a que faz referência o art. 510-B:

> I – representar os empregados perante a administração da empresa;
>
> II – aprimorar o relacionamento entre a empresa e seus empregados com base nos princípios da boa-fé e do respeito mútuo;
>
> III – promover o diálogo e o entendimento no ambiente de trabalho com o fim de prevenir conflitos;
>
> IV – buscar soluções para os conflitos decorrentes da relação de trabalho, de forma rápida e eficaz, visando à efetiva aplicação das normas legais e contratuais;
>
> V – assegurar tratamento justo e imparcial aos empregados, impedindo qualquer forma de discriminação por motivo de sexo, idade, religião, opinião política ou atuação sindical;
>
> VI – encaminhar reivindicações específicas dos empregados de seu âmbito de representação;
>
> VII – acompanhar o cumprimento das leis trabalhistas, previdenciárias e das convenções coletivas e acordos coletivos de trabalho.
>
> As eleições serão convocadas pelo empregador, com antecedência mínima de trinta dias, contados do término do mandato anterior, por meio de edital, fixado nas dependências da empresa e com ampla publicidade, para inscrição de candidatura (art. 510-C).

Poderão se candidatar os empregados, exceto os com contratos de prazo determinado, contrato suspenso ou que estejam em período de aviso-prévio. A eleição será por voto secreto e serão eleitos os empregados mais votados, com posse no primeiro dia útil seguinte à eleição ou do término do mandato anterior, com mandato de um ano, vedada a reeleição subsequente.

Os empregados eleitos não terão o contrato de trabalho suspenso ou interrompido, permanecendo no exercício de suas funções.

O processo de eleição se dará de forma independente, por comissão eleitoral de cinco empregados, vedada a interferência da empresa e do sindicato.

Dois aspectos que fogem ao rito legal e formal, o número de integrantes da comissão poderá ser inferior caso não se apresentem candidatos suficientes para completar a previsão legal e, ainda, caso não compareçam interessados, as eleições serão adiadas por um na, mediante elaboração de ata do ocorrido.

O empregado membro da comissão, desde o registro da candidatura até um ano após o fim do mandato, não poderá sofrer despedida arbitrária, entendendo-se como tal a que não se fundar em motivo disciplinar, técnico, econômico ou financeiro.

O empregador deverá documentar todos os atos relativos à formação da comissão, processo eleitoral e tudo mais que seja interessante considerar e manter a guarda desses documentos durante cinco anos.

Convém sinalizar, finalmente, que a comissão de representantes dos trabalhadores mantém atribuições exclusivamente de interesses de natureza individual dos trabalhadores da empresa.

d. Comissão Interna de Prevenção de Acidentes e de Assédio (CIPA)

A CIPA recebeu em 2022, pela Portaria MTP n. 4.219, de 20 de dezembro, mais responsabilidades no âmbito de sua representação na empresa e tem como objetivo a prevenção de acidentes e doenças relacionadas ao trabalho e promoção da saúde do trabalhador e passou a incluir, desde então, temas referentes à prevenção e ao combate ao assédio sexual e a outras formas de violência no trabalho nas suas atividades práticas.

Os trabalhadores eleitos para a representação na Comissão Interna de Prevenção de Acidentes e Assédio receberam tratamento constitucional com a garantia de emprego de que gozam para o exercício do cargo de direção, desde a candidatura até um ano após o mandato, conforme já tivemos ocasião de tratar quando nos referimos às estabilidades provisórias.

Podia-se questionar se a CIPA é um órgão de administração da empresa ou de um direito reconhecido aos trabalhadores para defesa do direito ambiental do trabalho. De uma forma ou de outra, uma vez obrigatória a organização da CIPA, os trabalhadores terão direito de participar, mediante eleição de representante dos trabalhadores da empresa e, uma vez eleitos, gozarão de garantia de emprego conforme dispõe a Constituição Federal.

Uma vez constituída a CIPA, forçoso é o reconhecimento de que desenvolve atividade de administração quanto aos riscos inerentes no ambiente de trabalho, orientando os empregados quanto às normas de segurança em medicina do trabalho; exigência do empregador quanto ao respeito às respectivas normas de proteção; promoção de campanhas educativas; a CIPA deve também apurar as causas dos acidentes do trabalho; fiscalizar o fornecimento obrigatório e gratuito, pelo empregador, dos equipamentos de proteção individual. Deve também velar para que os empregados façam uso adequado e correto do equipamento de proteção individual do trabalho. Deve inclusive, a CIPA, tratar de temas que envolvam assédio moral ou sexual no ambiente da empresa.

A Norma Regulamentadora n. 5 do Ministério do Trabalho e Emprego, alterada pela Portaria n. 4.219, de 20 de dezembro de 2022 dispõe sobre os procedimentos de organização, instalação e obrigações da CIPA.

e. Comissões mistas de consulta e colaboração

Prevê o art. 621 da CLT(161) que os acordos e as convenções coletivas poderão incluir entre suas cláusulas determinação no sentido da Constituição é funcionamento de comissões mistas de consulta e colaboração e mencionou a forma de Constituição o modo de funcionamento e as atribuições das comissões.

Com base neste dispositivo, nos anos setenta, surgiram comissões de fábrica, reconhecidas juridicamente somente a partir de 1982, mediante de acordos coletivos com as empresas da região do ABC, especialmente no setor metalúrgico.

Muito embora o tema diga respeito aos relacionamentos internos e a participação dos trabalhadores nas empresas e, portanto, voltada, fundamentalmente, para representação no local de trabalho, em geral, essa comissão é desvinculada dos sindicatos, apesar de serem por eles influenciada.

Quando se pretende a representação sindical no ambiente de trabalho, os trabalhadores e sindicatos promovem a eleição do delegado sindical, com poderes próprios de desenvolver atividade voltada à política sindical. Essa representação dos sindicatos na empresas surgiu, em especial na Europa, após a Segunda Grande Guerra Mundial, por imposição dos sindicatos de trabalhadores.

f. Comitês de empresa ou conselho de empresa

Elson Gottshalk(162), analisando o fundamento jurídico da participação dos empregados na empresa observa que:

> O estudo do fundamento jurídico do fenômeno da representação do pessoal é problema que deve ser abordado com o máximo cuidado, a fim de que o analista não acabe tomando a nuvem por Juno.

A questão essencial que se coloca é de saber se há um "direito natural" de representação de pessoal ou se há um direito de associação do pessoal integrante da comunidade da empresa.

Há autores, jusnaturalistas, que consideram a representação como um direito do homem, partindo da Declaração dos Direitos do Homem e do Cidadão.

---

(161) Art. 621. As Convenções e os Acordos poderão incluir entre suas cláusulas disposição sobre a constituição e funcionamento de comissões mistas de consulta e colaboração, no plano da empresa e sobre participação, nos lucros. Estas disposições mencionarão a forma de constituição, o modo de funcionamento e as atribuições das comissões, assim como o plano de participação, quando for o caso.

(162) GOTTSCHALK, Elson. *A participação do empregado na gestão da empresa*. Ed. fac-similada. São Paulo: LTr, 1996. p. 77.

De outro lado, os institucionalistas, consideram que a representação de pessoal é um direito do trabalhador análogo ao direito de direção do empregador[163].

Inegável que o modelo de gestão empresarial sofreu transformações relevantes ao longo dos últimos anos e, a empresa democratizou-se de tal forma de que as tarefas, que antes eram de responsabilidade exclusiva do empregador, se inserem no conjunto das atividades do negócio e os empregados possuem papel e atuação relevante.

A fim de delimitar o tema, sem buscar o detalhamento de funcionamento dos comitês de empresa, parece-nos importante verificar, primeiro, qual a finalidade do comitê de empresa, isto é, se se trata de um órgão de cooperação e de concertação ou uma instituição representativa do pessoal, exprimindo os interesses dos trabalhadores ou se se trata de uma representação de controle económico.

Entre nós, poderíamos dizer que a representação de trabalhadores, acima tratada, incorporada pela reforma trabalhista, ainda não responde à integração dos trabalhadores na empresa como órgãos de gestão ou de cooperação na direção do negócio empresarial.

Quando se refere a comitê de empresa, ou comissão de empresa no âmbito interno da administração, integradas por trabalhadores eleitos, pretende-se que os trabalhadores tenham voz no ambiente de trabalho e que possam efetivamente se transformar, de modo responsável, em agentes de colaboração para os melhores resultados para a empresa e trabalhadores.

Também é importante identificar de que modo se dá a participação dos trabalhadores, ou seja, se integram o conselho de modo autônomo ou se o procedimento adotado se faz por meio de entidade sindical.

Não há padronização de procedimentos. Alguns países consideram que o conselho de empresa deve ser representado por empregados eleitos pelos trabalhadores da empresa, sem a participação do sindicato. Exemplificativamente, na Bélgica, a lei reconhece ao conselho de empresa o direito de informação detalhada sobre os negócios da empresa inclusive custo de produção de planos de investimentos futuros.

(163) *Op. cit.*, p. 80.

Capítulo XV

Os Direitos da Personalidade e de Imagem no Contrato de Trabalho

O direito geral da personalidade corresponde ao direito de cada homem ao respeito e à promoção das suas dimensões humanas, as expressões de sua potencialidade humana e de seu poder de autodeterminação. A tal direito se contrapõe a obrigação por parte dos demais indivíduos de se absterem de praticar ou de deixar de praticar atos que possam ofender ou ameaçar tais bens jurídicos da personalidade alheia.

É um direito subjetivo com pleno poder de exigir de outras pessoas um comportamento positivo ou negativo, com direito a reparação pelo ofendido perante os Tribunais.

São direitos da personalidade aqueles previstos no Código Civil, Capítulo II, do arts. 11 ao 21, e que são assegurados igualmente pela Constituição Federal no art. 5º, inciso X, que destaca a inviolabilidade da intimidade, da vida privada, da honra e da imagem das pessoas, ficando assegurado o direito a indenização pelo dano material ou moral decorrente da violação.

Os direitos da personalidade envolvem, portanto, a integridade física, considerando-se neste aspecto o corpo e todos os aspectos físicos da pessoa; integridade psíquica e que diz respeito ao campo do exercício da liberdade e da privacidade da pessoa; e, os direitos relativos à integridade moral, ou seja, a honra e a intimidade.

Quando se trata da vida em sociedade em que as pessoas se relacionam umas com as outras de forma livre e independente, os direitos da personalidade podem ser ofendidos, dentre outras situações, por um ato de discriminação pública ou ofensa à honra da pessoa. Todavia, na relação de dependência econômica, isto é, em que o prestador de serviços se vincula ao tomador por razões contratuais e econômicas, a depender das condições em que o trabalho for exigido, a violação dos direitos da personalidade, no campo trabalhista, fica mais sensível.

Os direitos da personalidade são direitos privados, inatos e que se confundem com a própria pessoa à qual se vincula de modo natural e integra a intimidade de sua existência. São direitos da pessoa e não permitem sua disponibilidade para terceiros e, dado que se vincula de forma própria à pessoa, cabe ao Estado a responsabilidade de reconhecê-los, atribuindo-lhes uma forma adequada de proteção.

À consideração jusnaturalista, de que os direitos da personalidade são inatos às pessoas como atributos físicos e morais de caráter individual, se contrapõem aqueles que, adotando concepção positivista, sugerem que deveriam ser considerados apenas os direitos que fossem reconhecidos pelo Estado. Negam, portanto, tais autores, a existência de direitos inatos no ordenamento jurídico.

Entretanto, prevalece a tese que sustenta que os direitos da personalidade são inerentes à condição humana e foram objeto de Declarações Internacionais, tais como a Declaração dos Direitos do Homem de 1789, da Declaração Universal dos Direitos do Homem de 1948 e da Convenção Europeia em 1950.

Os direitos da personalidade podem ser classificados como direito a integridade física, intelectual e moral e dentre eles, o direito à imagem se coloca no direito à integridade moral, bem como outros aspectos da vida íntima da pessoa física ou jurídica (segredo, boa fama, intimidade, privacidade, liberdade civil, política e religiosa).

O direito geral de personalidade foi construído ao longo dos séculos e, em face à multiplicidade de fatos da vida real, tem ganhado terreno para se ajustar às novas circunstâncias e à complexidade do comportamento humano e, neste momento, com a evolução tecnológica e dos meios de informação, merece atenção especial.

A proteção da personalidade se coloca como garantia de todo ser humano na sua relação em sociedade e que envolve todos os direitos concernentes ao indivíduo e que inclui seu corpo, sua imagem, seu nome e todos os demais atributos que possam caracterizar sua identidade. O direito da personalidade envolve direitos inatos, fundamentais e subjetivos oponíveis a todos e ao Estado.

Transportados estes aspectos para o campo das relações trabalhistas, como já se viu, o contrato de trabalho é de relação jurídica complexa, especialíssimo, porque submete o trabalhador, na condição de empregado, às ordens e à disponibilidade do empregador, ingressando no ambiente de trabalho de maneira integral e carregando consigo todas as questões que envolvem os dilemas pessoais e sociais.

É impossível separar a atividade laboral da pessoa humana, estando a personalidade do trabalhador envolvida integralmente com o contrato celebrado. O ambiente de trabalho é o local em que o empregado se dedica como aprendizado para seu crescimento pessoal e profissional, além de proporcionar-lhe, de forma significativa, parte de sua realização como pessoa humana, cujos direitos da personalidade merecem respeito no limite da dignidade da pessoa humana.

Todavia, a introdução de novas tecnologias na relação de trabalho, trouxe para o ambiente laboral, facilidades e dificuldades de controle que podem gerar conflitos de natureza trabalhista por violação do direito de personalidade.

Assim, por exemplo, seria a distância na prestação de serviços um agente que compromete a proteção da personalidade do trabalhador? Ou, dito de outra forma, quais os instrumentos adequados, no trabalho a distância, para que o empregador demonstre a efetividade do respeito aos direitos da personalidade do trabalhador?

A evolução tecnológica rompeu as esferas pessoais e profissionais que, usualmente, estavam isoladas em si mesmas e impôs certa permeabilidade entre estas duas esferas que estão a cada dia mais envolvidas, revelando uma interferência inevitável do empregador na vida pessoal do trabalhador e que pode implicar atos de abuso do empregador.

Transportados todos estes aspectos para o regime de trabalho na modalidade de teletrabalho, o prestador de serviços nessas condições, empregado ou não, poderia, eventualmente, sofrer todos os efeitos físicos ou psíquicos ao daquele que presta serviços de forma presencial. O trabalho à distância não excluiu a possibilidade de uma intervenção mais agressiva do tomador de serviços passível de afetar de modo crítico a condição física ou psíquica do trabalhador.

Dessa feita, aplicam-se ao trabalhador, no contrato de teletrabalho, as mesmas normas de proteção que devem ser observadas no trabalho presencial porquanto o objeto tutelado é o direito geral de personalidade e que envolve a compreensão de uma cláusula geral, isto é, a personalidade humana, que permite, consoante afirma Rabindranath Valentino Aleixo Capelo de Souza(164) "maleabilidade e versatilidade de aplicação a situações novas e complexas".

A reforma trabalhista da Lei n. 13.467/2017, inseriu o Título II-A na CLT, para tratar de dano extrapatrimonial e trouxe, no art. 223-C, como bens juridicamente tutelados inerentes à pessoa física a honra, a imagem, a intimidade, a liberdade de ação, a autoestima, a sexualidade, a saúde, o lazer e a integridade física.

São, portanto, atributos e direitos da pessoa e, dessa feita, poderá um ato praticado pelo tomador de serviços no trabalho à distância, atingir o prestador em diferentes aspectos, ou seja, na comunicação escrita ofensiva à honra ou à intimidade do trabalhador; nas imposições de cumprimento de tarefas e entregas em tempo que possa restringir sua liberdade; nas manifestações de discriminação quanto ao gênero; na exigência de trabalho sem qualquer restrição de tempo impedindo o trabalhador do exercício do direito de desconexão, cerceando o direito ao lazer do trabalhador; e, no campo da integridade física nela compreendidas as agressões psicológicas, com tratamento desumano e degradante.

---

(164) SOUZA, Rabindranath Valentino Aleixo de. *Direito geral da personalidade.* Coimbra: Coimbra Editora, 1995. p. 93.

Portanto, no cenário brasileiro, a legislação fixa, de modo claro, regras de proteção do direito de personalidade que devem ser observadas, tanto para o trabalhador que atua de forma presencial como para aquele que atua à distância.

A proteção da personalidade deve seguir regras gerais de proteção da pessoa nos seus aspectos essenciais da vida em sociedade e, o teletrabalho, deve ser considerado como uma forma de organização do trabalho pela qual a atividade, que poderia ser executada nas dependências do empregador, é realizada fora do ambiente da empresa, utilizando as tecnologias da informação e da comunicação, podendo ser realizada em qualquer local e não necessariamente no domicílio do empregado.

Todavia, o fato de o local de trabalho funcionar como extensão do ambiente da empresa, não exclui a proteção do domicílio do empregado, pois não retira o caráter privado do domicílio e o empregador não pode nele penetrar sem prévia concordância do trabalhador, sob pena de sanções civis e penais.

Por outro lado, o empregador deve ser responsável pelas obrigações relativas à proteção da saúde e da segurança do trabalhador.

Igualmente, o fato de a vida profissional e vida pessoal estarem envolvidas, não exclui o empregador da obrigação de respeitar as regras que protegem a vida privada dos trabalhadores. Ou seja, o exercício do poder de direção do empregador, que permite o controle da atividade do empregado, encontra limites e deve observar, de modo justificado e proporcional, o respeito da vida privada do empregado.

Assim, por exemplo, proíbe-se a instalação de câmera ativada ou de chamadas repetidas e permanentes. Tais atos permitiriam que o empregado contra eles se rebelasse por considerar tal fiscalização excessiva ou desproporcional. Assim, nesse contexto do teletrabalho, seria recomendável a elaboração de normas adaptadas e específicas de acordo com os interesse de cada empresa.

Sobre o direito à saúde, há, de forma inconteste, a obrigação de o empregador prevenir os riscos profissionais em relação aos seus empregados e tomar as medidas necessárias para garantir a segurança no trabalho e a integridade física e mental, considerando, em especial, o isolamento e a perda de convívio social decorrente do teletrabalho.

O exemplo do direito estrangeiro pode servir de parâmetro para destaque da importância do teletrabalho e a forma de tratamento.

Na Bélgica, por exemplo, que não admite o teletrabalho ocasional, a ocupação de trabalhadores em teletrabalho está organizada de modo regular pela Convenção Coletiva de Trabalho n. 85 do "Conseil National du Travail" e pela lei de 3 de julho de 1978 e que se refere ao trabalho em domicílio.

Alguns cuidados são recomendados para a contratação de trabalho por meio de teletrabalho. Assim, por exemplo, a informação da frequência e, eventualmente, os dias e horas durante os quais o trabalho é executado ou os dias e horas de presença na empresa, quando for o caso; períodos e locais onde o trabalhador deve ser localizado e a forma de fazer o contato; custos decorrentes dos equipamentos necessários à execução do trabalho; situações em que o trabalhador possa chamar suporte técnico; o local ou os locais em que o trabalhador escolheu para a execução do trabalho.

Como se vê, a distância física da prestação de serviços não exclui a obrigação de regras claras de forma a privilegiar a proteção do direito da personalidade do empregado, permitindo que o trabalho não seja fator de exclusão social, cabendo ao empregador agir de forma a incluir o trabalhador nessas condições, para que ele se socialize com os demais empregados internos, com capacidade de exercer a cidadania pelo exercício do trabalho.

Um dos aspectos mais relevantes da proteção do direito da personalidade é o que diz respeito ao direito de imagem que nem sempre recebeu a atenção do legislador muito embora os dois, imagem e contrato de trabalho, tenham mantido uma relação simbiótica ao longo dos anos, acentuando-se com a revolução tecnológica a partir da segunda metade do século passado.

Com a evolução dos meios de comunicação e ainda com a possibilidade crescente de exposição dos indivíduos nas relações humanas, revelou-se necessária proteção legal mais objetiva.

A proteção da imagem se mistura com os direitos da personalidade e dessa forma deve ser considerada. O direito de imagem recebeu disposição constitucional expressa em especial na proteção dos direitos individuais. Quando observado na relação contratual de trabalho poderia trazer uma contaminação indesejável da subordinação própria a que se coloca o empregado e gerar efeitos de modo a macular sua integridade moral.

A proteção do direito de imagem não se coloca exaustivamente nas relações contratuais de emprego, mas podem atingir qualquer situação de exposição da pessoa e que se identifique como capaz de atingir de forma prejudicial sua intimidade.

São características comuns entre o direito de imagem e os direitos da personalidade o fato de serem direitos inatos (originários), absolutos, extrapatrimoniais, intransmissíveis, imprescritíveis, vitalícios, necessários e oponíveis *erga omnes*. A diferença entre eles está na possibilidade de o indivíduo poder transigir quanto ao uso da imagem, bem patrimonial passível de ser objeto de contrato.

O direito de imagem, portanto, é uma espécie do gênero direitos da personalidade e,em razão da evolução da tecnologia e do respeito à intimidade da pessoa, ocupa interesse especial na sociedade e, especificamente, no contrato de trabalho em razão das peculiaridades próprias que envolvem empregado e empregador, que identificam deveres e obrigações recíprocos e que serão objeto de análise.

A Constituição Federal de 1988 colocou o direito da imagem em seu título II, que trata dos Direitos e das Garantias Fundamentais, nos incisos V, X e XXVII, a, do art. 5(165). Entretanto, no art. 60 a Constituição Federal considera intangível o direito da imagem, referindo-se expressamente no § 4º, IV, da Constituição Federal, no sentido de que os direitos e garantias individuais não podem ser objeto de emendas. Em palavras outras, trata-se de cláusula pétrea.

A garantia constitucional espelhou-se também no Código Civil que dispôs em seu art. 20 que:

> Salvo se autorizadas, ou se necessárias à administração da justiça ou à manutenção da ordem pública, a divulgação de escritos, a transmissão da palavra, ou a publicação, a exposição ou a utilização da imagem de uma pessoa poderão ser proibidas, a seu requerimento e sem prejuízo da indenização que couber, se lhe atingirem a honra, a boa fama ou a respeitabilidade, ou se se destinarem a fins comerciais.

A doutrina encontra em Carlos Alberto Bittar(166) lições importantes quanto ao direito da imagem e considera que essa consiste no direito que a pessoa tem sobre a sua forma plástica e respectivos componentes, distintos (rosto, olhos, perfil, busto) que a individualizam no seio da coletividade. Incide, pois, sobre a conformação física da pessoa, compreendendo esse direito um conjunto de caracteres que a identifica no meio social. Por outras palavras, é o vínculo que une uma pessoa à sua expressão externa, tomada no conjunto, ou em parte significativa (como boca, os olhos, as pernas, enquanto individualizadores da pessoa).

Maria Helena Diniz observa que a proteção do direito à imagem realiza-se pela garantia da pessoa de "não ver sua efigie exposta em público ou mercantilizada sem seu consenso e o de não ter sua personalidade alterada material ou intelectualmente, causando danos à reputação".(167)

Uma das definições que melhor assistem a compreender as implicações do direito à imagem nas relações de trabalho seria a de Pablo Stolze Gagliano e Rodolfo Pamplona

---

(165) Art. 5º Todos são iguais perante a lei, sem distinção de qualquer natureza, garantindo-se aos brasileiros e estrangeiros residentes no país a inviolabilidade do direito à vida, à liberdade, à igualdade, à segurança e à propriedade nos seguintes termos:

[...] V – é assegurado o direito de resposta, proporcional ao agravo, além da indenização por dano material, moral ou à imagem; [...] X – são invioláveis a intimidade, a vida privada, a honra e a imagem das pessoas, assegurado o direito à indenização pelo dano material ou moral; [...] XXVIII – são assegurados nos termos da lei:

a) A proteção às participações individuais em obras coletivas e à reprodução da imagem e voz humanas, inclusive nas atividades desportivas.

(166) BITTAR, Carlos Alberto. *Os direitos da personalidade.* Revisada e atualizada por Eduardo Carlos Bianca Bittar. 3. ed. Rio de Janeiro: Editora Forense Universitária. p. 97.

(167) BARROS, Alice Monteiro de. *Curso de Direito Civil Brasileiro:* teoria geral do direito civil. 18. ed. São Paulo: Saraiva, 2002.

Filho, que o definem como "aqueles que têm por objeto os atributos físicos, psíquicos e morais da pessoa em si e em suas projeções sociais"(168).

Essa definição é particularmente precisa pois ela revela que os direitos à imagem não tutelam apenas as características definitivas de uma pessoa, mas também e, considerando as novas mídias informatizadas, as projeções sociais do indivíduo. Esse conceito será explorado mais adiante.

Alice Monteiro de Barros divide a honra, em dois elementos: o subjetivo e o objetivo, sendo este um sinônimo à imagem, em sua projeção social:

> Distingue-se, claramente, nesse conceito, o aspecto objetivo e subjetivo da honra. O primeiro consiste na valoração de nossa personalidade feita pelos membros da sociedade; é a boa reputação que compreende a estima política, profissional, artística, comercial, literária, e de outros âmbitos de respeitabilidade. Traduz respeito e apreço concedidos por terceiro à personalidade de um sujeito.
>
> O segundo aspecto (honra subjetiva) é o sentimento de dignidade pela própria pessoa. É a autoestima. A honra subjetiva se identifica, portanto, com o sentimento que a pessoa tem de sua própria dignidade. Esta última compreende o conjunto de valores morais, como retidão, probidade e lealdade, comuns às pessoas, em geral, e que o indivíduo atribui a si mesmo.(169)

O direito à imagem se destaca dos demais direitos da personalidade, pois o sujeito titular poderá, observadas certas condições, dispor sobre ela, permitindo que extraia proveito econômico do uso de sua imagem, mediante contratos de imagem, firmados com os interessados.

A doutrina se utiliza de dois modelos de imagem para estabelecer distinção na forma de proteção: (i) imagem retrato, considerada como representação do corpo da pessoa ou qualquer parte que a identifique (o rosto, a mão, a voz); e (ii) a imagem atributo refere-se ao conjunto de elementos que se agregam à pessoa ao longo da vida.

A Lei n. 13.467/2017 inovou ao inserir no bojo da CLT o título II-A, que se refere ao dano extrapatrimonial, dando tratamento especial aos elementos imateriais presentes nas relações de trabalho.

Dentro do tema do direito à imagem, o art. 223-C e o 223-D são os mais relevantes, pois tornam a imagem um bem jurídico tutelado nas relações de trabalho, seja

---

(168) GAGLIANO, Pablo Stolze; PAMPLONA FILHO, Rodolfo. *Novo Curso de Direito Civil.* São Paulo: Saraiva, 2004. V. I, p. 154.

(169) BARROS, Alice Monteiro de. Direitos da personalidade. In: *Curso de Direito do Trabalho.* 10. ed. Atualizada por Jessé Cláudio Franco de Alencar. São Paulo: LTr, 2016. p. 420.

para pessoas físicas ou jurídicas, muito embora já assim era considerado pela doutrina e jurisprudência e pelo respeito ao princípio constitucional da dignidade da pessoa humana. Leia-se:

> Art. 223-C. A honra, a imagem, a intimidade, a Liberdade de ação, a autoestima, a sexualidade, a saúde, o lazer e a integridade física são os bens juridicamente tutelados inerentes à pessoa física.
>
> Art. 223-D. A imagem, a marca, o nome, o segredo empresarial e o sigilo da correspondência são bens juridicamente tutelados inerentes à pessoa jurídica.

Essa nova disposição legal e que para empregado em empregador no dever recíproco de manter a imagem da outra parte no contrato.

A jurisprudência anterior à reforma demonstrou maneiras diversas pelas quais ambas as partes no contrato de trabalho podem ferir a imagem da outra.

Uma delas seria o abuso por parte do empregador de seu poder de comando sobre o empregado e forçá-lo a expor em frente aos seus colegas, como no caso abaixo, julgado pela 1ª Turma do TST, Ministro relator Caputo Bastos, em que o trabalhador tinha de realizar suas tarefas fantasiado, em dias festivos, e dançar na frente dos demais colegas.

> **AGRAVO DE INSTRUMENTO. INDENIZAÇÃO POR DANO MORAL, DESPROVIMENTO.** O que se espera em nossos dias é que o trabalhador seja um profissional receptivo, honesto, leal, atento, sincero, humanitário, correto e desejoso de que as coisas sejam bem-feitas. Em contrapartida, o que se esperar do empregador senão todas essas qualidades morais acrescidas do dever de retribuir com justiça o seu prestador de serviço pagando-lhe salário em dia, oferecendo-lhe um ambiente de trabalho confortável e humanizado e reconhecendo-lhe o merecimento de crescer na empresa sem protecionismo ou interesses escusos. O trabalho passa a ser, desta forma, não só um direito, um dever e um sinal de honra, mas uma função individual e um instrumento de inserção na sociedade humana. O trabalhador não é uma mercadoria, algo descartável, um artigo de comércio, pois o seu esforço físico e mental produto de sua vontade consciente materializa-se em fatos e obras visíveis; é a atividade criadora e impulsora do progresso e crescimento das organizações empresariais e o desenvolvimento da civilização, como o é da cultura dos povos. O mundo e suas constantes bem feitorias constituem uma prova irrefutável do valor do trabalho do homem aliado ao empreendimento do capital focado na constante preocupação com a dignidade das pessoas! O trabalho é anterior à empresa. Esta surgiu, muito tempo depois, com o aproveitamento das atividades que o homem teve que realizar para satisfazer suas necessidades primárias e as de sua família. A empresa nasceu como fruto desse trabalho já organizado e técnico. Não pôde ser considerado um colaborador do desenvolvimento e um construtor do seu país quem acha que pagando em dia seus empregados e colaboradores, quite com os tributos devidos e prestigiado no mundo exterior ao da sua empresa, trata mal os que o ajudam a obter o lucro nos negócios, quebrando-lhes, de forma violenta e odiosa, a autoestima, expondo-lhes ao ridículo perante a comunidade de companheiros e ferindo a sua dignidade da maneira mais cruel possível. Não há bilateralidade em contrato algum que consinta nessa prática que deve ser definitivamente varrida da vida empresarial. ***In casu.*** **É patente o dano moral causado ao trabalhador quando a empresa, valendo-se de sua superioridade econômica, expõe o trabalhador ao ridículo, humilhando o publicamente e ferindo seus sentimentos mais profundos de amor próprio e de dignidade, abalando a sua**

imagem-atributo, obrigando-o ao pagamento de prendas, tais como trabalhar fantasiado em Datas festivas, dançar músicas populares ("dança da garrafa", do "piri, piri", "tapinha não dói", dentre outras), proibição de ir ao banheiro ou levantar para pegar água, além de xingamentos de baixo calão. Agravo de instrumento a que se nega provimento. (TST, autos n. 0454340-89.2005.5.12.0001, 1ª Turma, rel: Guilherme Bastos (convidado), publicado em 10.08.2007. Grifou-se)

O que é interessante nessa decisão é a correlação clara entre o abuso de poder do empregador e o abalo sofrido pelo empregado em sua "imagem-atributo", como denominada pelo julgador, fatos não afastados pela nova previsão da CLT.

Como o ato de se trabalhar fantasiado e dançar músicas populares acontece às vistas de seus colegas de trabalho, a projeção social do empregado é ferida.

A jurisprudência também tem encontrado casos em que empregados ferem a imagem de seus empregadores, ensejando assim a justa causa por quebra de fidúcia, sendo uma das principais ferramentas para tanto as redes sociais. Leiam-se os casos abaixo:

COMENTÁRIOS ULTRAJANTES NA INTERNET. REDE SOCIAL. MANUTENÇÃO DA DESPEDIDA POR JUSTA CAUSA. É imprescindível à despedida por justa causa a prova inequívoca do cometimento de falta grave. Nos termos do inciso II, art. 333 do CPC (art. 373 do N.CPC), esse ônus incumbe ao empregador, por tratar-se de fato impeditivo do direito vindicado. No presente caso, a reclamada se desincumbiu desse ônus a contento. **Ao comentar na rede social que a empresa deve ser alvo do Ministério público para "prender a quadrilha", o funcionário extrapolou seu direito à Liberdade de expressão.** Recurso não provido. (TRT 1ª Região, autos n. 0010683-66.2015.5.01.0051, 3ª Turma, rel.: Antônio César Daiha, publicado em 06.10.2016. Grifou-se)

Publicação de ofensas contra empregador nas redes sociais caracteriza ato lesivo à honra e boa fama do empregador sendo passível de dispensa por justa causa. (TRT 2ª região, autos n. 0000790-91.2014.5.02.0040, 6ª Turma, rel.: Antero Arantes Martins, publicado em 11.02.2015. Grifou-se)

A publicação de ofensas em redes sociais é particularmente gravosa para empresas devido ao seu alcance. Um usuário médio do *Facebook*, por exemplo, possui um alcance de algumas centenas de pessoas. Caso a publicação "viralize", não há limites para o alcance da ofensa.

Outro aspecto da relação de emprego amplamente discutido no Judiciário e regulado pela Reforma foi a violação ao direito de imagem do empregado por uso de uniforme contendo logomarca de produto comercializado no estabelecimento em que trabalha.

O argumento utilizado era de que se tratava do uso do corpo do trabalhador como espaço de publicidade sem que se considere o seu consentimento ou lhe seja concedido abono pecuniário correspondente ao seu serviço.

Não só isso, mas também sempre havia a possibilidade de se causar constrangimento decorrente da natureza do produto anunciado, um abstêmio pode-se sentir desconfortável ao portar publicidade de bebidas alcoólicas, por exemplo.

Nesse sentido, o Tribunal Superior do Trabalho decidiu:

> RECURSO DE REVISTA. PROCESSO ELETRÔNICO – DANO MORAL. DIREITO DE IMAGEM. UNIFORME COM LOGOMARCAS DE PRODUTOS COMERCIALIZADOS. CONFIGURAÇÃO. **A decisão regional está em consonância com a atual, iterativa e notória jurisprudência desta Corte, a qual se firmou no sentido de que a utilização de uniforme com logomarcas de produtos comercializados pela empresa, sem autorização expressa do empregado ou compensação pecuniária, caracteriza o uso indevido da imagem do trabalhador e fere seu direito de imagem**, o que gera direito à indenização reparatória. Incidência da Súmula 333 do TST e do art. 896, § 7º, da CLT. Recurso de Revista não conhecido. (TST, autos n. 0000803-28.2010.5. 01.0018, 8ª Turma, rel.: Márcio Eurico Vitral Amaro, publicado em 24.04.2015. Grifou-se)

> RECURSO DE REVISTA. DANO MORAL. DIREITO DE IMAGEM. UNIFORME COM LOGOMARCAS DOS PRODUTOS COMERCIALIZADOS. **Não está o empregador autorizado, na conta da subordinação, a usar o corpo ou a projeção social do empregado — se o faz, expõe-se ao dever de reparação civil.** Em princípio, o dano moral resultante do uso indevido da imagem não é daqueles que invariavelmente se verificam *in re ipsa*, dado que a apresentação do corpo humano ou de suas possíveis manifestações no mundo sensível, a sua aparição em público ou mesmo midiática nem sempre se sujeitam a absoluto controle de quem circunstancialmente promove essa divulgação. A utilização, porém, de indumentária com apelo ou fins comerciais imposta pelo empregador ao empregado implica vulneração do direito de personalidade, podendo dar causa à tutela inibitória e mesmo reparatória. Há precedentes da SBDI -1 e desta Sexta Turma. Recurso de revista conhecido e provido. (TST, autos n. 0144 200-32. 2012. 5. 13. 0022, 6ª Turma, rel.: Augusto César Leite de Carvalho, publicado em 22.08.2014. Grifou-se)

A despeito dessa construção jurisprudencial, ou em oposição a ela, a Reforma Trabalhista adicionou à CLT o art. 456-A, atribuindo ao empregador o controle e supostamente liberdade de exigir o uso de uniforme com logomarcas dispondo que:

> Cabe ao empregador definir o padrão de vestimenta no meio ambiente laboral, sendo lícita a inclusão no uniforme de logomarcas da própria empresa ou de empresas parceiras e de outros itens de identificação relacionados à atividade desempenhada.

Assim fazendo, a reforma trabalhista tanto restringiu quanto estendeu a proteção legal ao direito de imagem das partes. Caberá à jurisprudência a interpretação dos limites do poder diretivo do empregador e, de novo, a casuística servirá como ajuste natural da aplicação da lei.

O contrato de trabalho, pelas suas características históricas de extrema dependência econômica, trouxe para a relação de emprego certa confusão que, considerando a subordinação e a plena disposição da força de trabalho, não estabelecia distinção na forma de tratamento dispensado entre obrigação/dever contratual e o respeito à dignidade da pessoa do trabalhador.

A evolução dos direitos humanos e a salvaguarda das liberdades públicas tiveram forte influência na transformação do conteúdo da prestação de trabalho sob o vínculo de emprego. Ser cidadão passou a ocupar não só o espaço público, mas também o local de trabalho não permitindo mais a confusão entre contrato de trabalho e uso da pessoa do empregado sem limites.

Entre nós, a Constituição Federal de 1988 elevou os direitos da personalidade ao seu grau máximo, entre eles o direito a imagem obrigando o empregador a envidar esforços para a democratização do ambiente de trabalho a fim de que o empregado possa lá encontrar uma forma de realização pessoal e profissional.

Dentre os efeitos trazidos pela nova onda de humanização das relações trabalhistas, está o limite imposto ao exercício dos poderes diretivo e disciplinar do empregador.

A evolução da tecnologia da informação e dos meios de comunicação revolucionou o comportamento humano em geral e não seria diferente no local de trabalho. Os empregadores, de seu lado, perceberam o uso da tecnologia como forma de controle e logo instalaram câmeras para fiscalizar seus empregados, causando, num primeiro momento, constrangimento pessoal dos trabalhadores que passaram a ter sua imagem divulgada, ainda que em ambiente interno da empresa. Então, ao mesmo tempo em que as informações são produzidas com efeito relâmpago, essa dinâmica não pode permitir que a intimidade humana seja fragilizada e exposta a condições de vulnerabilidade.

A apropriação pelas empresas dos meios de comunicação ao mesmo tempo em que apresenta notável relevância a transparência do sistema de produção, permitindo que se tornem públicos os meios de produção ou o ambiente de trabalho, requer adequação a fim de que não se transforme em um constrangimento na transmissão de imagens das pessoas.

Em algumas situações a reprodução de imagens tem por finalidade à segurança pública, situação em que não encontra óbice porque cabe ao estado proporcionar aos cidadãos a segurança dos espaços frequentados.

Contudo, mesmo ao oferecer segurança, o empregador não deve se exceder no uso de seu poder de controle. Um exemplo disso são os locais onde câmeras podem ser colocadas, apontado por Sandra Lia Simón. Em síntese, a altura pontua que a empresa deve ter clara a sua intenção ao colocar as câmeras.

Se as câmeras se prestam a vigiar a execução do trabalho, elas devem ser colocadas apenas nos locais onde a atividade é efetivamente executada, excluindo-se, por exemplo, a sala onde os trabalhadores descansam.

No mesmo sentido, observa Sandra Lia Simon, caso a intenção seja a proteção de determinados bens, os equipamentos de gravação só devem ser colocados em locais onde ocorra o acesso de pessoas estranhas ao uso dos bens a que se pretende proteger[170].

(170) SIMON, Sandra Lia. *A proteção constitucional da intimidade e da vida do empregado*. São Paulo: LTr, 2000. p. 152.

No cumprimento do contrato de trabalho, embora pareça irrelevante, cabe a distinção entre os empregados cujo objeto contratual se resume na exposição física do contratado, tal como modelos, artistas e mesmo atletas. Nesses casos a imagem é o próprio objeto do contrato, sendo possível a afirmação de que a reprodução da imagem não teria caráter invasivo da intimidade do prestador do serviço. Ao contrário, poderia ser objeto de violação contratual e ofensa ao direito de imagem caso ocorresse a omissão do contratante na divulgação na forma contratual. Seria como se fosse a negação do direito assegurado pelo contrato à divulgação da imagem.

O direito à imagem do desportista foi um exemplo desta situação. Conforme Alice Monteiro de Barros:

> Em consequência, a exploração econômica das imagens do esporte modificou sobremaneira as relações entre os protagonistas do espetáculo desportista e os meios audiovisuais. O "desportista profissional" é o ator do espetáculo e sua imagem é essencial e inevitável. Surge em função dessa atuação o direito do desportista participar do preço, da autorização, da fixação, transmissão ou retransmissão do espetáculo esportivo público com entrada paga, ao qual se denomina direito de arena.[171]

Para os empregados cujo contrato de trabalho e não se vincula à divulgação de imagem, parece não existirem dúvidas de que a reprodução de imagens, qualquer que seja a forma, deve receber autorização expressa, sob pena de ofensa aos direitos da personalidade e da imagem do trabalhador. Não se está aqui a tratar da segurança no ambiente de trabalho, onde o empregador insere sinalizações de que o ambiente está sendo filmado. Nesse caso, a hipótese se encontra no poder diretivo de fiscalização do empregador. Todavia, o empregado, no momento da admissão, deve ter conhecimento da prática adotada pela empresa e do sistema de controle adotado.

Como o contrato de trabalho caminha por vias duplas, ou seja, cria obrigações e deveres recíprocos, a empresa também pode emprestar ao empregado uma qualificação de natureza profissional que o identifique, por meio da imagem da marca, há uma referência de sucesso. Nesse sentido, muito embora a proteção constitucional seja dirigida especialmente à pessoa natural cabe, no sentido inverso, a reparação por dano moral relativo à imagem da pessoa jurídica, agora com previsão legal expressa, na condição de empregadora na hipótese de o empregado praticar qualquer ato que atinja a imagem da empregadora de forma a lhe causar ofensa à imagem construída ao longo dos anos.

Isto significa dizer que a integração do empregado com os propósitos e objetivos empresariais se vinculam numa relação de interdependência. Essa é a dinâmica das novas

(171) BARROS, Alice Monteiro de. *Curso de Direito do Trabalho*. 10. ed. São Paulo: LTr, 2014. p. 415.

condições de trabalho em que os valores éticos da empresa são transferidos para o empregado cuja aderência à marca do empregador o qualifica de forma diferenciada na sociedade. Não é raro andarmos pela cidade e encontrarmos veículos que estampam a frase "estou dirigindo bem?" Como forma de preservação da imagem da empresa perante a sociedade.

A conduta das partes é um compromisso que afeta todos os movimentos do empregado e do empregador: antes da celebração do contrato, durante a execução e após o término do contrato de trabalho. A proteção à imagem está associada ao dever de boa-fé nas relações trabalhistas.

Destas considerações, fundamentado na Constituição Federal e no Código Civil, decorre a possibilidade de se reconhecer também a extensão do direito da imagem às pessoas jurídicas e sua reparação, conforme já havia sido cristalizado em jurisprudência do Supremo Tribunal Federal na Súmula 227, no sentido de que se aplicam "às pessoas jurídicas, no que couber, a proteção dos direitos da personalidade".

Deste modo, não é sem razão que se firma no contrato de trabalho obrigações de fidelidade e confidencialidade quanto às informações obtidas pelo empregado no cumprimento do contrato de trabalho que, efetivamente, durante seu exercício, carrega sempre a troca do dever de fidúcia incomum aos demais contratos de natureza civil. Cito, exemplificativamente, a relação jurídica de trabalho doméstico, em que a intimidade do lar é dividida com os empregados.

A confidencialidade e a fidelidade permitem que o empregador estabeleça normas de conduta, fiscalize as mensagens eletrônicas recebidas por meio da utilização de instrumentos de trabalho fornecidos pela empresa, instale câmeras de controle e exija, enfim, que o empregado mantenha de modo sigiloso todo o conhecimento adquirido no local de trabalho. Merece assim, outra menção a Paulo Eduardo Vieira de Oliveira:

> Toda via, quando se estuda a figura do ato faltoso da revelação de segredo por parte do empregado, pode-se dizer que houve a violação de uma certa "intimidade" conhecida como a "alma do negócio". Entende-se por segredo, "todo fato, ato, ou coisa, que, de uso ou conhecimento exclusivo da empresa, não possa ou não deva ser tornado público, sob pena de causar um prejuízo, remoto, imediato ou provável, àquela.[172]

No dizer de Mauricio Godinho Delgado, o "dano à imagem é todo prejuízo ao conceito, valoração e juízos genéricos que se tem ou se pode ter em certa comunidade. No tocante à presente noção, não há dúvida de que abrange também as pessoas jurídicas".[173]

---

(172) OLIVEIRA, Paulo Eduardo Vieira de. Direitos da personalidade no âmbito trabalhista. In: SANTOS, Lorival Ferreiro dos; GIORDANI, Francisco Alberto da Motta Peixoto; TOLEDO FILHO, Manoel Carlos (Coords.). *O direito do trabalho e o processo do trabalho no século XXI*. São Paulo: LTr, 2016, p.95.

(173) DELGADO, Mauricio Godinho. *Curso de Direito do Trabalho*. 12. ed. São Paulo: LTr, 2013. p. 623.

A imagem, relativamente aos direitos da personalidade, já se disse, é direito fundamental constitucionalmente protegido. Sua utilização, a qualquer título ou interesse deve ser fundada em contrato expresso de consentimento sob pena de violar a dignidade do trabalhador.

No caso do direito da imagem, a Consolidação das Leis do Trabalho não contemplava até a reforma trabalhista a sua proteção, exceto quando trata nos arts. 482 e 483 dos fatos imputados como lesivos à honra do trabalhador e do empregador, tanto o que é que se fez necessária a reforma trabalhista para trazer a plena proteção aos direitos imateriais das partes envolvidas na relação de emprego.

O direito da imagem pode ser objeto de cessão e exploração comercial no caso de haver autorização prévia e expressa, pois, sem autorização não é possível utilizar a imagem de uma pessoa. Reitera-se a já mencionada polêmica acerca do uso de uniformes contendo logomarcas de produtos comercializados pelo empregador. A prática em si não era vista como ilegal pelo judiciário, mas sim a ausência de consentimento do trabalhador e indenização pelo uso de sua imagem.

Poderá ocorrer, entretanto, a permissão ou concessão do uso da imagem, condicionada à vontade do titular, estipuladas em contrato próprio de tal forma que, neste caso, não tratará da transferência do direito em si, mas apenas na faculdade do seu uso.

O contrato adequado é o de licença, concessão ou autorização de uso, devendo ser especificadas todas as condições no instrumento pactuado entre as partes, a fim de não surgirem possíveis dúvidas quanto ao direito objetivado, prazo, finalidade, remuneração, meios de divulgação, possibilidade de renovação contratual, local de utilização e outras.

Sendo um trabalhador comum, que não exerce atividade artística ou desportiva, ou que a utilização da sua imagem não faça parte do desenvolvimento das suas funções laborais, entende-se que, caso queira dispor de sua imagem, o trabalhador, deve inserir em seu contrato de trabalho uma cláusula que trate especificamente de sua imagem, limitando a sua imagem a um uso que não macule a sua reputação ou honra.

A ausência de autorização expressa no contrato de trabalho, tratando de imagem do trabalhador, dá ao empregado, caso se sinta prejudicado, a prerrogativa de mover uma reclamação trabalhista, pleiteando a rescisão indireta do contrato, com base no art. 483, *"a"*, da Consolidação das Leis do Trabalho, alegando que o uso da imagem-atributo é alheio ao contrato. Pois sua imagem-atributo é, antes de tudo, um direito de personalidade, não podendo ser utilizado pelo empregador, somente, devido ao seu poder hierárquico.

Um exemplo de caso corriqueiro é o fato de o empregador utilizar a imagem dos seus empregados executando o labor diário em propaganda comercial, fotos em *outdoor*, sítios de internet etc. Tal fato aparentemente pode até não denegrir a imagem de nenhum trabalhador, pelo contrário, pode demonstrar que os empregados estão empenhados a executar os serviços que a empresa propõe, sendo até valorizados no mercado de trabalho. No entanto, não vem ao caso para a despedida indireta se a imagem-retrato transmitida passa uma boa aparência ou não, mas é analisado se essa imagem foi autorizada previamente e expressamente em seu contrato de trabalho pelo empregado. Não é necessário que ocorra dano à pessoa que teve sua imagem utilizada, bastando sua efetiva exposição como elementos suficiente para que ocorra a violação do direito e, consequentemente, ocasione a respectiva reparação.

Outro ponto do art. 483 da CLT, que interage com o direito à imagem do empregado, é a alínea *"e"*, que diz: *"praticar o empregador ou seus prepostos, contra ele ou pessoa de sua família, ato lesivo da honra e boa fama"*.

O inciso "e" indica que o empregador ou preposto, seja ele gerente ou outro empregado de um cargo superior hierarquicamente, não pode de forma alguma praticar um ato contra os seus direitos de personalidade do empregado, transcrito como "honra e boa fama". Tal inciso também não se limita à figura do empregado, mas abrange pessoas de sua família.

Desse modo, o inciso supracitado faz menção à imagem-atributo, que deixa de ser simplesmente a visualização física e passa a tratar da imagem que a pessoa exterioriza nas suas relações sociais, a sua projeção social, como a honra, a boa fama, caráter, honestidade etc.; revelando-se como reputação que goza em seu meio social, de trabalho, familiar etc.

Um exemplo clássico que pode ocorrer com o trabalhador é a forma pela qual o empregador o trata diante dos demais empregados, ou até pessoas externas da relação de emprego, o que é comum acontecer quando se tem um superior hierárquico.

Tem-se também, como exemplo, o superior hierárquico que pratica ofensas verbais que caracterizam uma lesão à honra e à imagem. Tais ofensas, de cunho moral, podem transparecer que o empregador, não tem o mínimo respeito pelos direitos de personalidade do empregado.

Nos exemplos citados acima, percebe-se a distinção entre a honra subjetiva e objetiva do trabalhador, conforme pontuado por Alice Monteiro de Barros[174]. Um tratamento depreciativo na frente dos demais fere a sua projeção social, ou seja, sua honra objetiva.

Receber ofensas verbais, mesmo que sem a presença de outras pessoas, fere a autoestima do trabalhador, a sua honra subjetiva.

O ato de entregador ou de seus prepostos que venha a macular a honra e imagem do empregado pode configurar motivo de rescisão indireta. Além do mais, se caracterizada a violação à imagem, podendo tal fato ser motivo de indenização.

---

(174) BARROS, Alice Monteiro de. Direitos da personalidade. In: ______. *Curso de Direito do trabalho*. 10. ed. Atualizada por Jessé Claudio Franco de Alencar. São Paulo: LTr, 2016. p. 420.

O direito da imagem, portanto, insere-se no campo dos direitos da personalidade, sendo inerente a todos os indivíduos. Tem caráter personalíssimo, admitindo sua disponibilidade de acordo com o objeto do contrato de trabalho e para o exercício de algumas profissões, merecendo nos demais casos o cuidado do empregador na preservação da imagem do empregado.

De outro lado, o empregado, em razão da peculiaridade do contrato de trabalho e da agregação dos atributos da empresa, também guarda em relação ao empregador o compromisso de preservar sua imagem, sob pena da perda do emprego por justa causa.

A reforma trabalhista ampliou, no art. 456-A, a capacidade de negociação contratual para o uso de vestimenta com logomarcas do empregador ou de parceiras, restringindo, portanto, que este ato possa ser imputado como agressor à imagem do empregado.

O Judiciário Trabalhista terá atuação relevante para modular e acomodar a norma em comento ajustando os limites do poder diretivo do empregador.

Em 13 de abril de 1995 entrou em vigor a Lei n. 9.029, relativa à proibição de práticas discriminatórias e limitativas para efeitos de acesso à relação de trabalho ou sua manutenção admissão de empregados ou no curso do contrato de trabalho por motivo de sexo, origem, raça, cor, estado civil, situação familiar, deficiência, reabilitação profissional, idade, entre outros, ressalvadas, nesse caso, as hipóteses de proteção à criança e ao adolescente previstas no inciso XXXIII, do art. 7º da Constituição Federal.

Citada lei indica como práticas discriminatórias, no art. 2º:

I – a exigência de teste, exame, perícia, laudo, atestado, declaração ou qualquer outro procedimento relativo à esterilização ou a estado de gravidez;

II – a adoção de quaisquer medidas, de iniciativa do empregador, que configurem;

a) indução ou instigamento à esterilização genética;

b) promoção do controle de natalidade, assim não considerado o oferecimento de serviços e de aconselhamento ou planejamento familiar, realizados através de instituições públicas ou privadas, submetidas às normas do Sistema Único de Saúde (SUS).

Pena: detenção de um a dois anos e multa.

Parágrafo único. São sujeitos ativos dos crimes a que se refere este artigo:

I – a pessoa física empregadora;

II – o representante legal do empregador, como definido na legislação trabalhista;

III – o dirigente, direto ou por delegação, de órgãos públicos e entidades das administrações públicas direta, indireta e fundacional de qualquer dos Poderes da União, dos Estados, do Distrito Federal e dos Municípios.

As penas cominadas são de multa administrativa de dez vezes o valor do maior salário pago pelo empregador elevado a cinquenta por cento em caso de reincidência, além da proibição de obter empréstimo ou financiamentojunto a instituições oficiais (art. 3º, incisos I e II da lei).

Em caso de rompimento do contrato por ato discriminatório, o empregado poderá optar, sem prejuízo da reparação pelo dano moral, à readmissão ou reintegração com ressarcimento integral do período de afastamento ou percepção, em dobro,da remuneração do período de afastamento, com juros e correção monetária (art. 4º incisos I e II da lei).

Capítulo XVI

Direito do Trabalho Inacabado: Transformações Contemporâneas nas Relações de Trabalho

Quaisquer que sejam as transformações atuais e vindouras, o Direito do Trabalho cuidará sempre do trabalho humano e deverá se posicionar na defesa do respeito à dignidade da pessoa humana, conforme princípio fundamental inscrito na Constituição Federal, art. 1º, inciso III.

O Direito do Trabalho nasceu para controlar a crise gerada pelo desenvolvimento de indústrias e seus efeitos nas vidas humanas, seguindo até hoje na missão de se ajustar às condições sociais. Mais recentemente, enfrentamos a pandemia, situação inusitada para o mundo inteiro e, ainda assim, sobrevivemos de modo criativo e transformador, preservando o novo normal com naturalidade.

Foi desde a Primeira Revolução Industrial, entre 1760 e 1840, que o Direito do Trabalho forjou suas primeiras formas de proteção do proletariado e, desde então, estamos tentando equilibrar as relações trabalhistas em novos ensaios na constante luta de forças com o sistema capitalista de produção, procurando seguir as mudanças estruturais relevantes pelas quais passa a sociedade.

A Segunda Revolução Industrial, teve início no final do século XIX e atravessou o século XX, com o advento da eletricidade e da linha de montagem, com a produção em massa. Esse período foi marcado por grandes movimentos trabalhistas na luta por melhores condições de trabalho.

A Terceira Revolução Industrial teve início na década de 1960 e tem sido chamada como revolução digital, "impulsionada pelo desenvolvimento dos semicondutores, da comutação e, *mainframe* (década de 1960), da computação pessoal (década de 1970 e 1980) e da internet (década de 1990)"(175).

(175) SCHWAB, Klaus. *A quarta revolução industrial*. Tradução de Daniel Moreira Miranda, São Paulo: Edipro, 2016. p. 16.

A Quarta Revolução Industrial teve início na virada do século e se caracteriza por uma "internet mais ubíqua e móvel, por sensores menores e mais poderosos que se tornaram mais baratos e pela inteligência artificial e aprendizagem automática (ou aprendizado de máquina)[(176)]".

Todos esses fatos afetaram profundamente as relações de trabalho, transformando--as em virtuais, permitindo uma conexão a distância entre trabalhadores e empresa, isto é, os meios de comunicação passam pela intranet da empresa ou pela rede de internet, multiplicando-se as mensagens instantâneas, não pressupondo mais a presença física daqueles que estão prestando serviços, fazendo emergir novos meios de relação de trabalho.

Alain Supiot[(177)]afirma que as novas tecnologias podem servir como instrumento de liberação do Homem pois lhe permitem de concentrar as forças de seu espírito sobre o lado criativo do seu trabalho, todavia a utilização pelas empresas pode conduzir a formas de desumanização do trabalho.

A disputa atual, consequência da evolução dos meios de comunicação e das novas formas de prestação de serviços, está entre o reconhecimento da liberdade total da autonomia da vontade e a tradição protecionista dos trabalhadores, na sua dignidade enquanto pessoa humana.

É inquestionável que, nos dias atuais, o Direito do Trabalho está em crise em todos os seus aspectos: no individual, em decorrência do avanço da prestação de serviços autônomos ou por meio de pessoa jurídica, excluindo o caráter compulsório da aplicação da legislação trabalhista; e, no coletivo, com visível desinteresse dos trabalhadores na representação. o sindical, entre nós sem representatividade legítima e enfraquecidos.

A Organização Internacional do Trabalho, criada no final da Primeira Guerra Mundial, no Tratado de Versalhes, igualmente preocupada com a ampliação e respeito aos direitos em nível internacional e na busca de equilíbrio de tratamento de direitos trabalhistas entre os países, passou a emitir, com aprovação dos países que a ela estão vinculados, convenções e recomendações internacionais, cujos efeitos são, reconhecidamente, relevantes porque balizam o mínimo indispensável para o respeito à dignidade humana para aqueles trabalhadores submetidos à condição de empregado.

Os destinos do trabalho e da exploração muitas vezes desumanizadas da mão de obra tem ocupado a preocupação constante da OIT que, fundada na recuperação dos direitos fundamentais lançou projeto intitulado "Projeto Direitos Fundamentais — Consolidação do Programa de Cooperação Sul-Sul Brasil-OIT para a Promoção dos

(176) *Op. cit.*, p. 16

(177) SUPIOT, Alain. *La gouvernance par les nombres, cours au Collège de France* (2012-2014), Fayard, coll. Pluriel, Paris, 2020. p. 256 e 257. *Apud* GABROY, Fanny. *La protection du travaillher numérique pas les droits fondamentaux*. Bibliothèque des Thèses. Ed. Mare & Martin, 2024. p. 40.

Direitos e Princípios Fundamentais do Trabalho" a fim de contribuir para a realização das metas dos seguintes Objetivos de Desenvolvimento Sustentável (ODS): ODS 8 – Trabalho Decente e Crescimento Econômico, ODS 5 – Igualdade de Gênero e ODS 17 – Parceria Global[(178)].

Dentre os compromissos o Projeto em questão afirma as obrigações e compromissos inerentes à adesão à OIT, nomeadamente:

- liberdade de associação e o reconhecimento efetivo do direito à negociação coletiva;
- a eliminação de todas as formas de trabalho forçado ou obrigatório;
- a abolição efetiva do trabalho infantil;
- a eliminação da discriminação em matéria de emprego e ocupação; e
- um ambiente de trabalho com saúde e segurança.

Citado projeto, ainda nos traz a seguinte informação sobre o cenário mundial em relação aos 5 princípios e Direitos Fundamentais no Trabalho e que são reveladores de quanto ainda o Direito do Trabalho na sua missão transformadora ainda tem a caminhar:

— 160 milhões de crianças — sendo 63 milhões de meninas e 97 milhões de meninos — são vítimas de trabalho infantil, representando quase 1 em cada 10 de todas as crianças em todo o mundo; 79 milhões de crianças, quase metade de todas as crianças em situação de trabalho infantil, realizam trabalhos perigosos que colocam em risco diretamente sua saúde, segurança e desenvolvimento moral.

— 50 milhões de pessoas estão em escravidão moderna, incluindo 28 milhões em trabalho forçado e 22 milhões em casamento forçado. 1 em cada 4 vítimas da escravidão moderna são crianças.

— Em média, as mulheres recebem 23% menos do que os homens. Centenas de milhões de pessoas sofrem discriminação no mundo do trabalho por causa da cor de sua pele, etnia ou origem social, religião ou convicções políticas, idade, gênero, identidade ou orientação sexual, deficiência ou por causa de sua condição soropositiva.

— Mais de 40% da população mundial vive em países que não ratificaram nenhuma das convenções de liberdade de associação e de negociação coletiva.

— Estimativas sobre a exposição a 19 fatores de risco ocupacionais específicos mostraram que tais fatores levaram a quase 2 milhões de mortes em todo o mundo

(178) Disponível em: https://www.ilo.org/pt-pt/projects-and-partnerships/projects/projeto-direitos-fundamentais-consolidacao-do-programa-de-cooperacao-sul. Consulta em: 06 maio 2025, 10h00.

entre 2010 e 2016, 82% das quais devido a doenças ocupacionais, sendo a principal causa de mortes as doenças cardiovasculares. Para as empresas, isso pode ter impactos na produtividade, incluindo perdas por invalidez permanente e custos de rotatividade de pessoal. Além disso, estima-se que acidentes e doenças ocupacionais levam à perda de 5,4% do produto interno bruto global anual, impactando o progresso econômico.

Percebe-se que o esforço para estabelecer garantias mínimas em todos os campos das relações de trabalho, tanto no âmbito individual dos direitos básicos como salário mínimo, jornada de trabalho, férias, trabalho do menor e da mulher, assistência médica, generalização dos seguros sociais, para atingir a seguridade social, com amparo do trabalhador na incapacidade laboral por doença ou na velhice, ainda esbarram em enormes dificuldades no reconhecimento da necessidade de sua implantação nos direitos internos pelos respectivos países.

No plano coletivo, o reconhecimento do sindicato como portador da vontade dos representados não foi aceito com tranquilidade e até hoje se discute, observadas certas diferenças, o direito à liberdade sindical ou mesmo a legitimidade de o sindicato interferir na manifestação individual dos trabalhadores.

Então, pode-se, em síntese, considerar que o século XXI recebeu o direito do trabalho estruturado em dois pontos básicos: o primeiro o das garantias individuais, centrado no conservadorismo da proteção exclusiva do trabalhador empregado e, o segundo, o do reconhecimento no plano coletivo de entidades sindicais legítimas e capazes de atuar em nome dos representados.

Ocorre, todavia, que a sociedade evoluiu em costumes, em tecnologia com a internet, com a robótica e, também, no comportamento social, criando padrão de convivência diverso daquele das gerações anteriores.

A oportunidade trazida pelos meios de comunicação teria permitido, presume-se, a busca de melhor qualidade de vida, privilegiando a liberdade na execução dos serviços e a autonomia nas relações contratuais. Ser empregado, com reconhecimento de direitos trabalhistas, talvez não seja o desejo de grande parte dos jovens que procuram trabalho.

Percebe-se, com todas as transformações tecnológicas ocorridas, forte influência no conteúdo das relações trabalhistas. O smartphone se transformou na extensão natural do ambiente da empresa, permitindo ao empregador acionar o empregado em qualquer momento e local. A prestação de serviços por meio de aplicativo eliminou a presença física do empregador no controle direto do contrato e contribui para alimentar dúvidas na discussão de vínculo de emprego, dificultando a extensão de direitos trabalhistas forjados exclusivamente para proteger o trabalho, do empregado assalariado.

As relações de trabalho se alteraram profundamente e, nem sempre, quando se encontra a pessoalidade, constatamos a subordinação. Ou, quando o trabalho é por conta alheia, pode não haver subordinação, como no caso do trabalho intermitente em que o trabalhador pode recusar a convocação do empregador. Em todas as condições configuradoras de vínculo de emprego, invadidas pela inteligência artificial, parece ter havido uma contaminação de outras relações de trabalho com características próximas, mas não completas de forma absoluta, que, entretanto, em alguns casos, reconhece direitos assemelhados aos do vínculo de emprego, tal como nas cooperativas, no trabalho temporário, no trabalho avulso.

Na relação de emprego, com certa frequência, busca-se um equilíbrio entre ser empregado comum e empregado qualificado, sendo esse último diferenciado pelo cargo, remuneração, nível intelectual, formação profissional em verdadeira estratificação do gênero empregado. Alguns, se é que se pode dizer assim, são mais empregados que outros porque sofrem mais restrições no exercício da liberdade durante o tempo em que se comprometeu a entregar a força de trabalho. Em outras palavras, os elementos que identificam o empregado não se aplicam, de fato, com rigidez, gozando o trabalhador, segundo o nível de qualificação e modalidade de entrega do trabalho, de privilégios especiais. Nesses casos, o empregado se liberta das amarras de controle direto, fazendo-se sentir com liberdade na atividade profissional, figurando quase que como um falso empregado, sem jornada e local de trabalho definidos.

O trabalhador autônomo, pela forma de atuação pessoal e, ainda, pelas demais características que a prestação de serviços pode apresentar, costuma-se dizer que fica na zona cinzenta entre a condição de empregado e a de autônomo. Como independente, goza de liberdade quanto ao tempo e modalidade de prestar serviços. Todavia, não pode trabalhar em qualquer momento porque deve respeitar horários comerciais e outras limitações disciplinares decorrentes da sua própria atividade profissional. É, pois, um falso autônomo, mas não é empregado.

Então o falso autônomo e o falso empregado se confundem em determinado momento quanto à flexibilização na prestação de serviços de um lado, com a limitação da independência no exercício da atividade profissional ou em razão de fatores peculiares do próprio mercado de trabalho. Desse modo, as duas situações, autônomo e empregado, podem encontrar-se e se colocar em igualdade quando se trata de analisar o conteúdo obrigacional do contrato e a forma pela qual o produto de trabalho deverá ser entregue, observadas as condições da execução dos serviços.

A autonomia absoluta não existe, assim como alguns empregados gozam de benefícios na entrega do trabalho que poderiam confundi-los como independentes.

Nesse sentido, o falso autônomo não deveria ser considerado empregado por razões intrínsecas da própria situação de trabalho em que se coloca, por exemplo, padrões de comportamento ou de apresentação de produtos porque são valores e obrigações do exercício da atividade profissional comum a todos que se relacionam mediante contrato. A condição obrigacional e contratual é celebrada para seu cumprimento e sem comprometimento da liberdade do agente.

Talvez a grande dificuldade de compreensão das duas situações comunicantes, mas inconfundíveis juridicamente, esteja no modelo proteção social paternalista estatal que tem a percepção de que somente a condição de empregado assegura garantias imediatas de subsistência.

Muitos foram e serão os debates em torno do reconhecimento do vínculo de emprego ao longo da história dos conflitos trabalhistas ajuizados perante a Justiça do Trabalho. A busca do suposto acolhimento da proteção nas normas da CLT significou, para muitos, o amparo a direitos e a reparação por atos de exclusão praticados na relação de trabalho.

Pois então, essa onda de mudança nas relações de trabalho como resultado do desenvolvimento tecnológico tende a produzir, necessariamente, novo avanço do Direito do Trabalho, com ampliação de seu campo de aplicação, voltando-se também para situações de trabalho em geral e não de emprego apenas, de tal forma que, sem abandonar o caráter garantidor de direitos básicos e de garantias mínimas, mostre-se sem fronteiras, flexível e inacabado a fim de que possa amparar e evoluir para o enfrentamento de novas situações trabalhistas.

De todos os ramos do direito, talvez, o Direito do Trabalho seja o que mais demanda sua reinvenção, sua readequação e adaptação às necessidades que são fruto das alterações sociais e tecnológicas produzidas, seja pelas crises que nos surpreendem, seja pelas transformações técnicas, ou ainda pelas alterações no modelo de comportamento social com novas formas de contratação por meio de pessoa jurídica, de prestação de serviços à distância, trabalho prestado por meio de plataformas numéricas, apenas para citar algumas situações, demonstrando que a atuação na preservação do vínculo de emprego, espinha dorsal formadora do Direito do Trabalho, está cada dia mais difícil de ser mantida com exclusividade.

Referências

AMADO, João Leal. *Contrato de Trabalho*. 3. ed. Coimbra: Almedina, 2011.

ANTUNES, Ricardo. Trabalho intermitente e uberização do trabalho no limiar da Indústria 4.0. In: *Uberização, trabalho digital e Indústria 4.0*. Arnaldo Mazzei Nogueira [*et al.*]. Organização Ricardo Antunes; tradução Murillo van der Laan, Marco Gosales. 1. ed. São Paulo. Boitempo. 2020.

BARROS, Alice Monteiro de. *A proteção constitucional da intimidade e da vida do empregado*. São Paulo: LTr, 2000.

BARROS, Alice Monteiro de. *Curso de Direito do Trabalho*. 10. ed. São Paulo: LTr, 2014.

BARROS, Alice Monteiro de. Direitos da personalidade. In: *Curso de Direito do Trabalho*. 10 ed. Atualizada por Jessé Cláudio Franco de Alencar. São Paulo: LTr, 2016.

BELMONTE, Alexandre Agra. *A tutela das liberdades nas relações de trabalho:* limites e reparação das ofensas às liberdades de consciência, crença, comunicação, manifestação do pensamento, expressão, locomoção, circulação, informação, sindical e sexual do trabalhador. São Paulo: LTr, 2013.

BELMONTE, Alexandre Agra; MARTINEZ, Luciano; MARANHÃO, Ney. *O Direito do Trabalho na Crise da Covid-19*. São Paulo: JusPodivm, 2024.

BENITEZ, Esperanza Macarena Sierra. Visión General de la Regulación del Teletrabajo em España: La Ley 10(2021, de 9 de Julio, de Trabajo a Distancia. p. 176-207. In: *Desafios do teletrabalho*. Organizadores: Guilherme Guimarães Feliciano, Patrícia Helena Azevedo Lima, Larissa Matos. 1. ed. Campinas/SP: Lacier Editora, 2023.

BEZERRA LEITE, Carlos Henrique. *Curso de Direito do Trabalho*. 5. ed. rev. ampl. e atual. São Paulo. Saraiva. 2014.

BITTAR, Carlos Alberto. *Os direitos da personalidade*. Rio de Janeiro: Forense Universitária, 3. ed., revisada e atualizada por Eduardo Carlos Bianca Bittar.

BOTELHO, Paulo Régis Machado. Férias em tempos de Covid-19: Análise da MP n. 927/2020 à luz dos novos princípios contratuais. In: *O Direito do Trabalho na Crise da Covid-19*. Alexandre Agra Belmonte, Luciano Martinez, Ney Maranhão. São Paulo: JusPodivm, 2024. p. 365/380.

CARRION, Valentin. *Comentários à Consolidação das Leis do Trabalho*. 28. ed. atual. São Paulo: Saraiva, 2003.

CESARINO JÚNIOR, Antonio Ferreira. *Direito Social*. São Paulo: LTr, 1980.

COUTURIER, Gérard. *Droit du travail.* 1. Les relations individuelles de travail. Collection Droit Fondamental. 2. ed. Editora Presses Universitaires de France. 1994.

DELGADO, Mauricio Godinho. *Curso de Direito do Trabalho.* 16. ed. ver. e ampl. São Paulo. LTr, 2017.

DELGADO, Mauricio Godinho. *Curso de Direito do Trabalho.* 12. ed. São Paulo: LTr, 2013.

DEVEALI, Mario. *Tratado de Derecho del Trabajo.* 2. ed. Buenos Aires: La ley, 1972. tomo II.

DINIZ, Maria Helena. *Norma constitucional e seus efeitos.* São Paulo: Saraiva, 1997.

DINIZ, Maria Helena. *Curso de Direito Civil Brasileiro:* teoria geral do direito civil. 18 ed. São Paulo: Saraiva, 2002.

DINIZ, Maria Helena. *Curso de Direito Civil.* 12. ed. Vol. I. São Paulo: Saraiva, 1996..

GABROY, Fanny. *La protection du travaillher numérique pas les droits fundamentaux.* Bibliothèque des Thèses. Ed. Mare & Martin. 2024.

GAGLIANO, Pablo Stolze; PAMPLONA FILHO, Rodolfo. *Novo Curso de Direito Civil.* V. I. São Paulo: Saraiva, 2004.

GOMES, Orlando; GOTTSCHALK, Elson. *Curso de Direito do Trabalho.* 12. ed. Rio de Janeiro: Forense, 1991.

GONZAGA, Alvaro de Azevedo; GONZAGA, Luiz Alberto David ARAUJO. *Enciclopédia Jurídica da PUCSP.* Disponível em: https://enciclopediajuridica.pucsp.br/verbete/536/edicao-1/igualdade:-fundamentos-filosoficos Igualdade: fundamentos filosóficos. Tomo Direitos Humanos. Edição 1º mar. 2022.

GOTTSCHALK, Elson. *A participação do empregado na gestão da empresa.* Edição fac-similada. São Paulo: LTr, 1996.

JOÃO, Paulo Sergio. *Dez anos de reflexões trabalhistas.* 1. ed. Campinas/SP: Lacier Editora, 2024.

JOÃO, Paulo Sergio. Direito do Trabalho, Revisitando o Princípio de Proteção: Novos Desafios. In: *Novas Relações de trabalho e novos modelos de proteção: o novo pragmatismo do Direito do Trabalho e a recente jurisprudência do Supremo Tribuna Federal.* Organização Nelson Mannrich, Alessandra Barrichelo Boskovic. 1. ed. São Paulo: Amanuense, 2024.

JOÃO, Paulo Sergio. Tempo de revisão do paradigma histórico de proteção social trabalhista. *CONJUR.* Consultor Jurídico. Coluna Reflexões Trabalhistas.

JOÃO, Paulo Sergio. *Participação no lucros ou resultados das empresas.* São Paulo: Dialética, 1998.

JOÃO, Paulo Sergio. Proteção trabalhista indireta: gestante e nascituro. *CONJUR.* Coluna Reflexões Trabalhistas. 20 set. 2024. Disponível em: https://www.conjur.com.br/2024-set-20/protecao-trabalhista-indireta-gestante-e-nascituro/. Consultado em: 14 mar. 2025, 15h20m.

JOÃO, Paulo Sergio. *Enciclopédia Jurídica da PUCSP.* Disponível em: https://enciclopediajuridica.pucsp.br/verbete/353/edicao-1/aviso-previo. Tomo Direito do Trabalho e Processo do Trabalho, Edição 1, Julho de 2020.

LAMARCA, Antonio. *Contrato Individual de Trabalho.* São Paulo: *Revista dos Tribunais.* 1969.

MAGANO, Octávio Bueno. *As novas tendências do Direito do Trabalho*. (Dissertação para concurso a livre-docência em Direito do Trabalho, na Faculdade de Direito da Universidade de São Paulo). São Paulo. LTr, 1974.

MAGANO, Octávio Bueno. *Manual de Direito do Trabalho*. São Paulo: LTr; Editora da Universidade de São Paulo, 1980-1991. Parte geral.

MAGANO, Octávio Bueno. *Manual de Direito do Trabalho*. São Paulo. LTr; Editora da Universidade de São Paulo. 1981-1992.

MAGANO, Octávio Bueno. *Os grupos de empresas no direito do trabalho*. São Paulo: Revista dos Tribunais, 1979.

MANNRICH, Nelson. *Reinventando o Direito do Trabalho:* novas dimensões do trabalho autônomo. In A valorização do trabalho autônomo e a livre-iniciativa. Coordenação Yone Frediani. Porto Alegre: Magister, 2015. p. 229-256.

MANUS, Pedro Paulo Teixeira. *Direito do Trabalho*. 4. ed.,São Paulo: Atlas, 1995.

MANUS, Pedro Paulo Teixeira. *Direito do Trabalho*. 11. ed. São Paulo: Atlas, 2007.

MANUS, Pedro Paulo Teixeira. Reforma Trabalhista e o descaso com a dispensa coletiva dos trabalhadores. *CONJUR*. Disponível em: https://www.conjur.com.br/2017-set-15/reflexoes-trabalhistas-reforma-trabalhista-descaso-despedida-coletiva-trabalhadores/.

MARTINS, Sérgio Pinto. Participação nos lucros incidência da contribuição previdenciária. *Revista da Previdência Social*, n. 168, nov. 1994.

MARTINEZ, Pedro Romano. *Direito do Trabalho*. 9. ed. Coimbra: Almedina, 2019.

MASCHIETTO, Leonel. *Direito ao descanso nas relações de trabalho:* o trabalho aos domingos como elemento de dissolução da família e restrição ao lazer. São Paulo: LTr, 2015.

MATEUS DA SILVA, Homero Batista. *Estudo crítico da prescrição trabalhista*. São Paulo: LTr, 2004.

MELO, Raimundo Simão de. *Direito ambiental do trabalho e a saúde do trabalhador:* responsabilidades legais, dano material, dano morra, dano estético. São Paulo. LTr, 2004.

MELO, Sandro Nahmias. *Trabalho em ambiente virtual:* causas, efeitos e conformação. 2. ed. rev., atual. e ampl. São Paulo: LTr, 2022.

MORAES FILHO, Evaristo de. *Introdução ao Direito do Trabalho*. 3. ed. rev. e atual. São Paulo: LTr, 1982.

MORAES FILHO, Evaristo de. *A justa causa ma rescisão do contrato de trabalho*. 3. ed. São Paulo: LTr, 1996,

NASCIMENTO, Amauri Mascaro. *Teoria jurídica do salário*. São Paulo. LTr, 1994.

NASCIMENTO, Amauri Mascaro. *Curso de Direito Processual do Trabalho*. 20. ed. São Paulo: Saraiva.

NASCIMENTO, Sonia A. C. Mascaro. Covid-19 — redução de salário e jornada. Constitucionalidade. In: *O Direito do Trabalho na Crise da Covid-19*. Alexandre Agra Belmonte, Luciano Martinez e Ney Maranhão. São Paulo: JusPodivm, 2024.

OLIVEIRA, Paulo Eduardo Vieira de. Direitos da personalidade no âmbito trabalhista. In: SANTOS, Lorival Ferreiro dos; Giordani, Francisco Alberto da Motta Peixoto; TOLEDO FILHO, Manoel Carlos (Coords.). *O direito do trabalho e o processo do trabalho no século XXI.* São Paulo: LTr, 2016.

OLIVEIRA NETO, Celio Pereira. *Trabalho em ambiente virtual: causas, efeitos e conformação.* 2. ed. rev., atual. e ampl. São Paulo: LTr, 2022.

PINTO, Almir Pazzianotto. Participação dos lucros ou resultados. *Trabalho & Processo.* Revista Jurídica Trimestral n. 6, set. 1995, São Paulo, Saraiva.

PIPPI, Félix. *De la notion de salaire individuel à la notion de salaire social.* Paris: Libraire Générale de Droit et Jurisprudence. 1966.

PLÁ RODRIGUEZ, Américo. *Princípios de direito do trabalho.* Tradução de Wagner D. Giglio. São Paulo. LTr, 1978.

PRUNES, José Luiz Ferreira. *A prescrição no Direito do Trabalho.* 2. ed. São Paulo: LTr, 1992.

RAMALHO, Maria do Rosário Palma. *Direito do Trabalho.* Parte I, Dogmática Geral. 2. ed. Coimbra: Almedina, 2009.

ROMITA, Arion Sayão. *A subordinação no contrato de trabalho.* Rio de Janeiro. Forense, 1979.

ROMITA, Arion Sayão. A lei do contrato de trabalho por tempo determinado. *Trabalho e Doutrina.* Revista jurídica trimestral, set. 1998.

ROMITA, Arion Sayão. A participação nos lucros a luz das medidas provisórias. Trabalho e Processo. *Revista Jurídica Trimestral*, n. 6, set. 1995, São Paulo, Saraiva.

ROMITA, Arion Sayão. *Os direitos sociais na Constituição e outros estudos.* São Paulo: LTr, 1991,

SANTORO-PASSARELLI, Giuseppe. *Diritto dei lavori e dell'occupazione.* Nona edizione. Torino: G. Giappichelli Editore, 2022.

SARASATE, Paulo. *Participação no Lucros e na Vida das Empresas.* Rio de Janeiro: Freiras Bastos, s.d.p.

SCHWAB, Klaus. *A quarta revolução industrial.* Tradução Daniel Moreira Miranda. São Paulo. Edipro, 2016.

SERAFIM JUNIOR, Arnor. *A prescrição na execução trabalhista.* São Paulo: LTr, 2006.

SILVA, Antônio Álvares da. *Co-gestão no estabelecimento e na empresa.* São Paulo: LTr, 1991.

SILVA, Floriano Vaz da. A participação nos lucros. *Revista de Direito do Trabalho*, n. 71, ano 13, jan./fev. 1988.

SILVA José Afonso da. *Curso de Direito Constitucional Positivo.* 11. ed. São Paulo: Malheiros, 1996.

SILVA, Walküre Lopes Ribeiro da. *Representação e participação dos trabalhadores na gestão da empresa.* São Paulo: LTr, 1988.

SIMON, Sandra Lia. *A proteção constitucional da intimidade e da vida do empregado.* São Paulo: LTr, 2000.

SOUZA, Rabindranath Valentino Aleixo Capelo de. *Direito geral da personalidade*. Coimbra: Coimbra Editora, 1995.

STURMER, Gilberto; FINCATO, Denise. Teletrabalho em tempos de calamidade por Covid-19: impacto das medidas trabalhistas de urgência. In: *O Direito do Trabalho na crise da Covid-19*. Alexandre Agra Belmonte.

SUPIOT, Alain. Et si l'on refondait le droit du travail... *Le Monde Diplomatique*. Disponível em: https://www.monde-diplomatique.fr/2017/10/SUPIOT/58009. Acesso em: 15 maio 2024.

SUPIOT, Alain. *La gouvernance par les nombres, cours au Collège de France* (2012-2014). Fayard, coll. Pluriel, Paris, 2020

SÜSSEKIND, Arnaldo. *Direito Constitucional do trabalho*. Rio de Janeiro: Renovar, 1999.

ZIPPERER, André Gonçalves. *Manual trabalhista das plataformas digitais*. Leme-SP: Mizuno, 2024.